U0921272

民族文字出版专项资金资助项目

国家珍贵古籍名录

楚雄彝文古籍合编影印本（彝文）

GUOJIA ZHENGUI GUJI MINGLU
CHUXIONG YIWEN GUJI HEBIAN YINGYINBEN（YIWEN）

楚雄彝族文化研究院　编

云南出版集团
云南人民出版社

国家珍贵古籍名录

楚雄彝文古籍合编影印本（彝文）

楚雄彝族文化研究院　编

出 品 人　赵石定
责任编辑　陈浩东
　　　　　熊　凌
责任校对　苏　娅
装帧设计　杜佳颖
责任印制　陆卫华

图书在版编目（CIP）数据

国家珍贵古籍名录楚雄彝文古籍合编影印本：彝文／楚雄彝族文化研究院编. -- 昆明：云南人民出版社，2017.12

ISBN 978-7-222-17159-6

Ⅰ.①国… Ⅱ.①楚… Ⅲ.①彝语—古籍—汇编—楚雄彝族自治州 Ⅳ.①Z422

中国版本图书馆CIP数据核字（2017）第313096号

出　版　云南人民出版社
发　行　云南人民出版社
地　址　昆明市环城西路609号
邮　编　650034
网　址　www.ynpph.com.cn
E-mail　ynrms@sina.com
开　本　720×1010　1/16
印　张　21.25
字　数　160千
版　次　2017年12月第1版第1次印刷
印　刷　昆明合骧琳彩印包装有限责任公司
书　号　ISBN 978-7-222-17159-6
定　价　120.00元

如有图书质量及相关问题请与我社联系
总编室：0871-64109126　发行部：0871-64108507
审校部电话：0871-64164626　印制科电话：0871-64191534

目录

前 言

作为世界六大古文字之一的彝文，具有悠久的历史和强大的生命力，历经数千年的发展，迄今仍在祖国西南地区的部分彝族聚居区广泛使用并活态传承。

明清以来的汉文史书《滇系·杂载》《云南通志》《清一统志》等，开始出现彝文的记载，称彝文为“爨文”“韪书”，明清后称“罗罗文”。按时代，彝文起源有唐代说、晋代说、汉代说、春秋时代说、殷商时代说、龙山文化时代说、半坡仰韶文化时代说等。归纳起来，有三种观点为多数学者所秉持：一种认为彝文创始于唐代而集大成于元末明初；一种认为彝文与汉文同源，西安半坡出土的距今约有六七千年的陶器符号是现今彝文和汉文的原始阶段；一种认为彝文起源于汉代或更早一些。无论哪一种观点，都足以表明彝文的源远流长。同时彝文又是迄今尚在使用的活文字，它不仅仅是彝族文化的精华所在，也是中华民族宝贵文化遗产的重要组成部分。

在彝族六大方言区中，有四个方言区保留有彝文，其余两个方言区彝文已失传。与彝语方言一样，不同地区的彝文亦有差异。彝文在彝族社会中虽然使用年代悠久，流传广泛，但直到19世纪中叶才吸引外界的研究视线。部分西方人以传教士或探险家的身份，踏入云、贵、川彝区，对彝族文化做了一些调查、研究，在搜集了大量彝文文献的基础上，对彝文做了比较系统的研究，研究成果以保罗·维亚尔的《法倮词曲》为代表。我国学者研究彝文始于20世纪30年代，以杨成志《云南罗罗的文字》《罗文起源及其一般内容》和丁文江的《爨文丛刻》，以及马学良的《倮文作斋经译注》《倮文祭经的种类述要》为代表。中华人民共和国成立后，彝族文字研究获得了长足的发展。新中国成立之初，中央政府曾组织强大的队伍对彝族语言文字做了全面调查，基本摸清了全国彝族语言文字分布状况及各方言特点。20世纪70年代，四川省对彝族文字进行规范，并向凉山彝区全面推行，规范彝文在四川收到了良好的社会效果。实行改革开放后，一大批研究彝族语言文字的彝族学者脱颖而出，他们利用熟悉彝语和了解彝族文化背景的优势，发表了一批高质量、高水平的学术著作，把彝文研究推向了前所未有的高度。

用彝文书写的载体多样、卷帙浩繁的彝文古籍，客观地反映了彝族社会生活的方方面面，内容涉及政治、历史、宗教、经济、军事、哲学、文学、艺术、地理、伦理、天文历算、医药、语言文字等。流传至今的彝文古籍绝大部分为明、清两代传抄本和少量木刻本及众多彝文摩崖、碑刻，现存最早的彝文文献是明朝中叶的碑碣。迄今，全国各地收集到的彝文文献在10000册以上，分别珍藏于滇、川、黔、桂和北京等地的民族工作部门、高等院校、科研机构、图书馆、博物馆及海外的一些文博单位。另据各地民族文化工作者多次普查数据显示，尚有数万册彝文古籍散存于彝族民间。

楚雄彝族文化研究院作为单一民族研究机构，目前已收集了近千部彝文古籍。并始终将彝文古籍的收集、翻译、整理作为重要的科研内容紧抓不放，为彝族文化的系统研究提供了汉文献所没有或缺失的文献资料，也为抢救珍贵濒危的文化遗产做出了历史性贡献。自2010年5月始，楚雄彝族文化研究院珍藏的18部彝文古籍分别入选了第三批（8部）、第四批（7部）、第五批（3部）国家珍贵古籍名录，其中3部（全省共10部）参加了2010年8月在北京国家图书馆举办的“国家珍贵古籍特展”。

本书以影印的方式，将入选国家珍贵古籍名录的彝文古籍合编成册，公开出版发行，以飨彝族古文字工作者、爱好者。

楚雄彝族文化研究院

2017年12月

指路经（嘉庆七年）

《指路经》，佚名著，清嘉庆七年（1802年）抄本。存一卷，一册。板框高十九点八厘米，广十二点一厘米。半页八行，行十六字，白口，上下单边。旧写本，本色绵纸，线订册页装，墨书，有朱色句读。

指路经（嘉庆七年）

《指路经》，佚名著，清嘉庆七年（1802年）抄本。存一卷，一册。板框高十九点八厘米，广十二点一厘米。半页八行，行十六字，白口，上下单边。旧写本，本色，绵纸，线订册页装，墨书，有朱色句读。

《指路经》又译《教路经》，彝族丧葬仪式经书，系云南省武定县万德一带彝族的指路经书。《指路经》是彝族祭师毕摩在丧葬祭礼中举行指路仪式指引和教导亡灵回归祖界也就是祖先发祥地的经书，灵魂不灭和送灵归祖是其核心内容，一站接一站的亡灵回归祖界地名是彝族迁徙的清晰路线图。彝族原始宗教灵魂观认为人有三魂，人一旦去世，灵魂其一经祭奠附于灵牌在家堂享受供奉；其二随灵柩到坟山守望坟茔；其三经指路祭仪，回归祖先发祥地。《指路经》说："人死不指路，不知祖先发祥地，不能与祖先团聚；人死毕摩指路，回归道路明朗朗，高高兴兴回到祖先身旁。"是书为现今居住武定县万德乡更歹村一带彝族指引亡灵回归祖先发祥地的经书。其路线为更歹节—涛纳矣黑—撒昭鲁—矣鲁歹—火期罗尼本—色麻火期—得阿撒洪—阿更黑姆—睹乌涛歹—洪克基普—比谷且戛—色殊色戛—形豪更普—采尼更金—吉图达姆—达纳额莫—莫作罗诗德—麻努矣迟都—基图伍阔—硕纳峨争—珠曲枯子额山崖—祖界。至此已是祖先发祥地，也是彝族子裔亡逝后回归与祖先相见的团聚地。《指路经》最后说："君死归君列，臣死归臣列，民死归祖列。"教导彝族子裔切记准确找到自己安栖的位置。《指路经》是研究彝族历史源流、彝族迁徙史、彝族宗教文化、西南彝族古地名的重要彝族文献史料。

云南省楚雄彝族文化研究院藏。国家珍贵古籍名录号09721。

指路经（嘉庆七年）

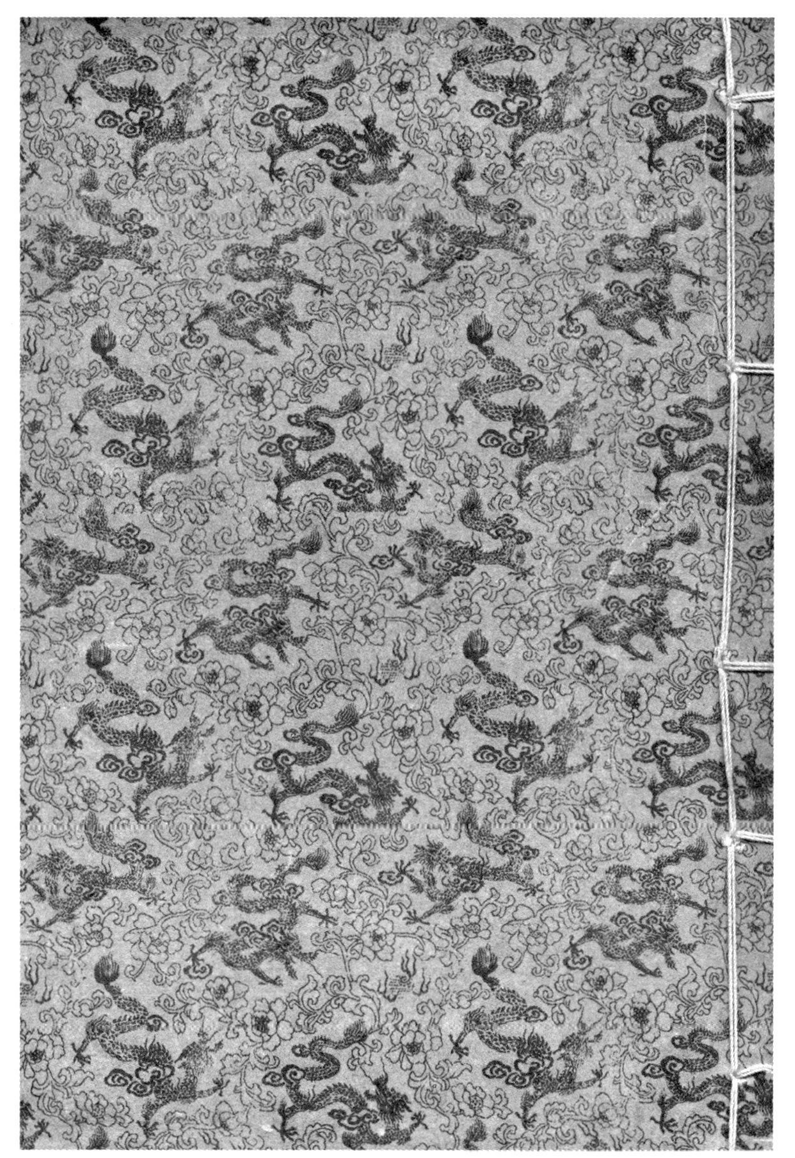

指路经（嘉庆七年）

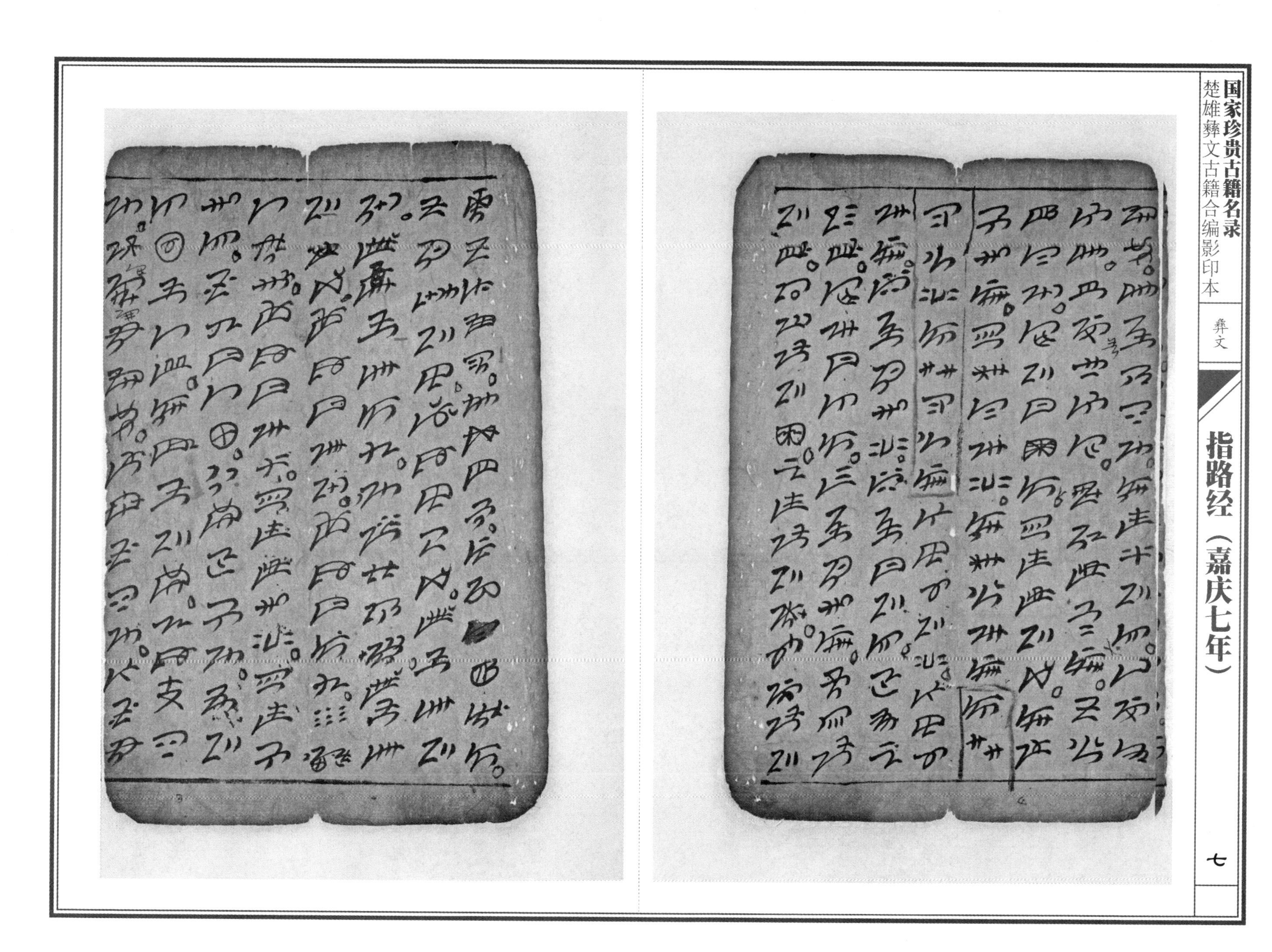

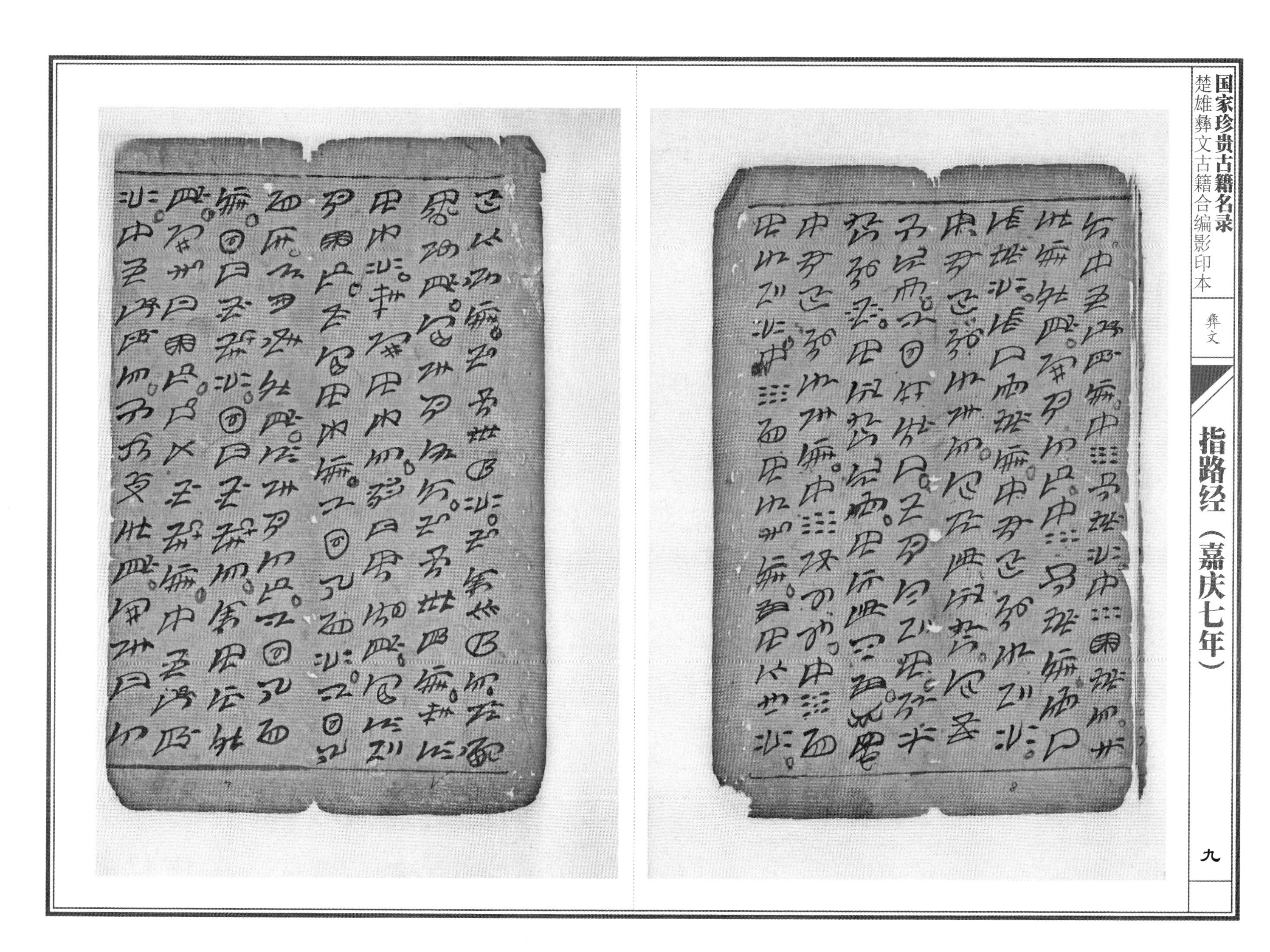

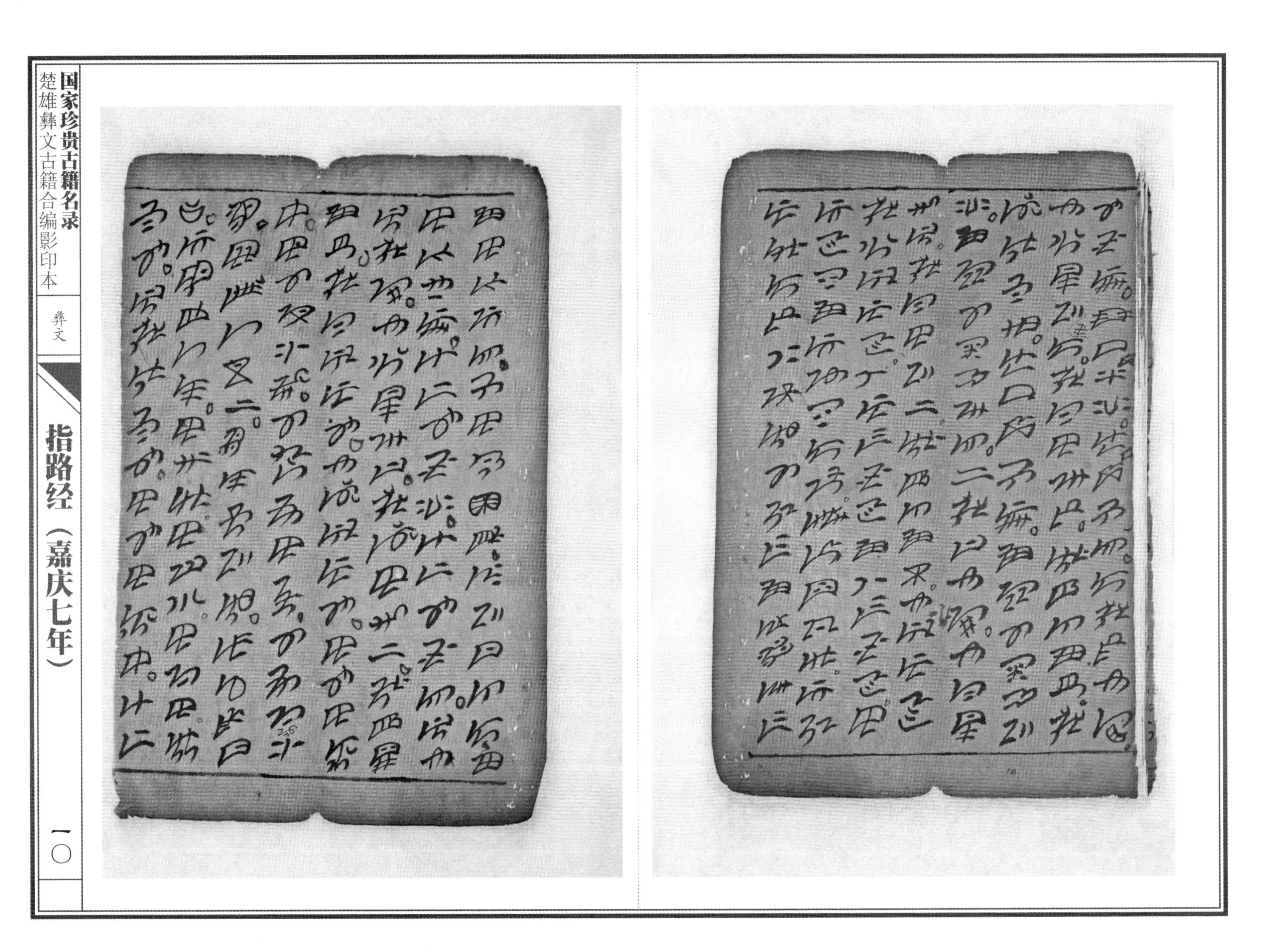

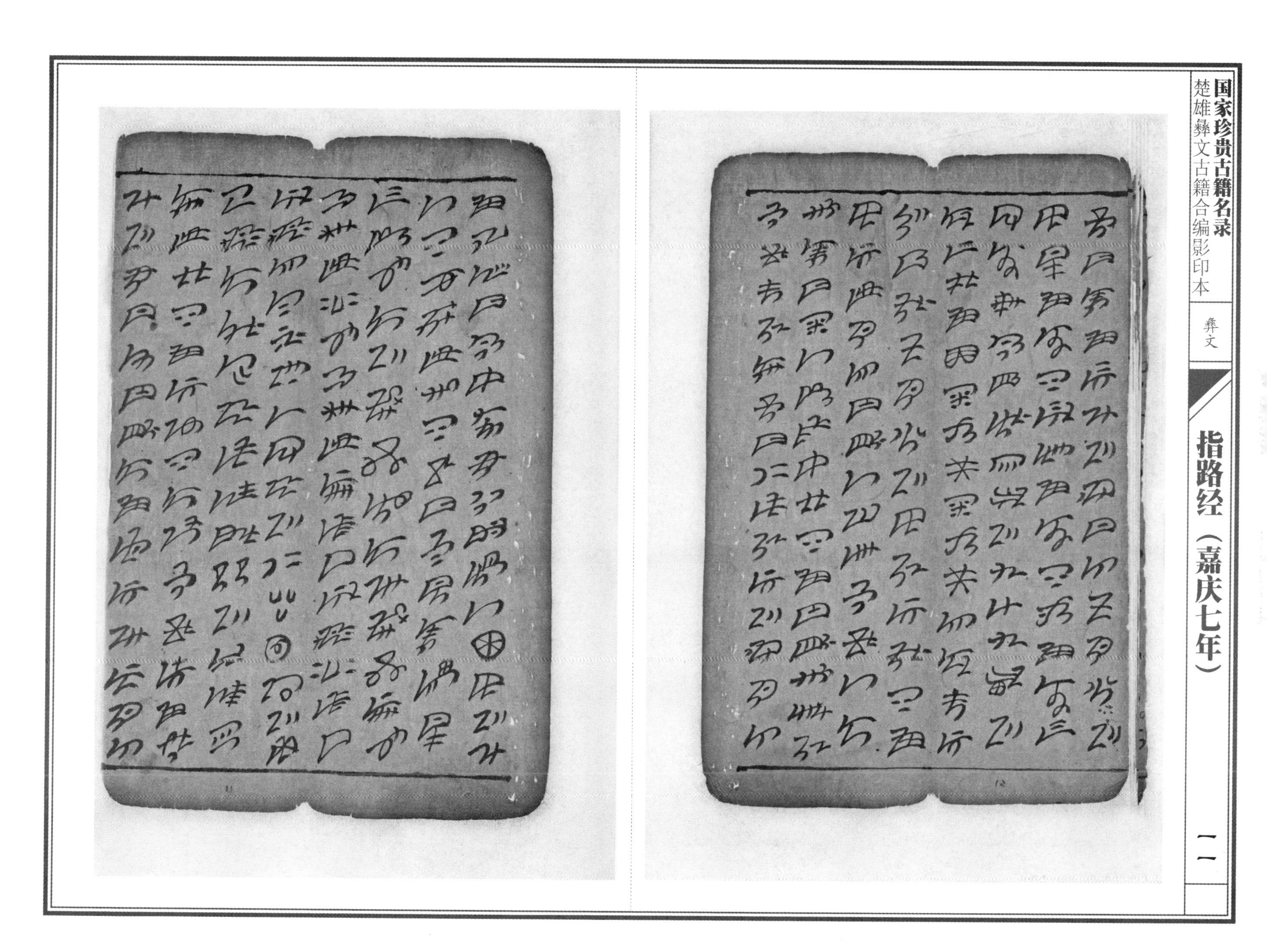

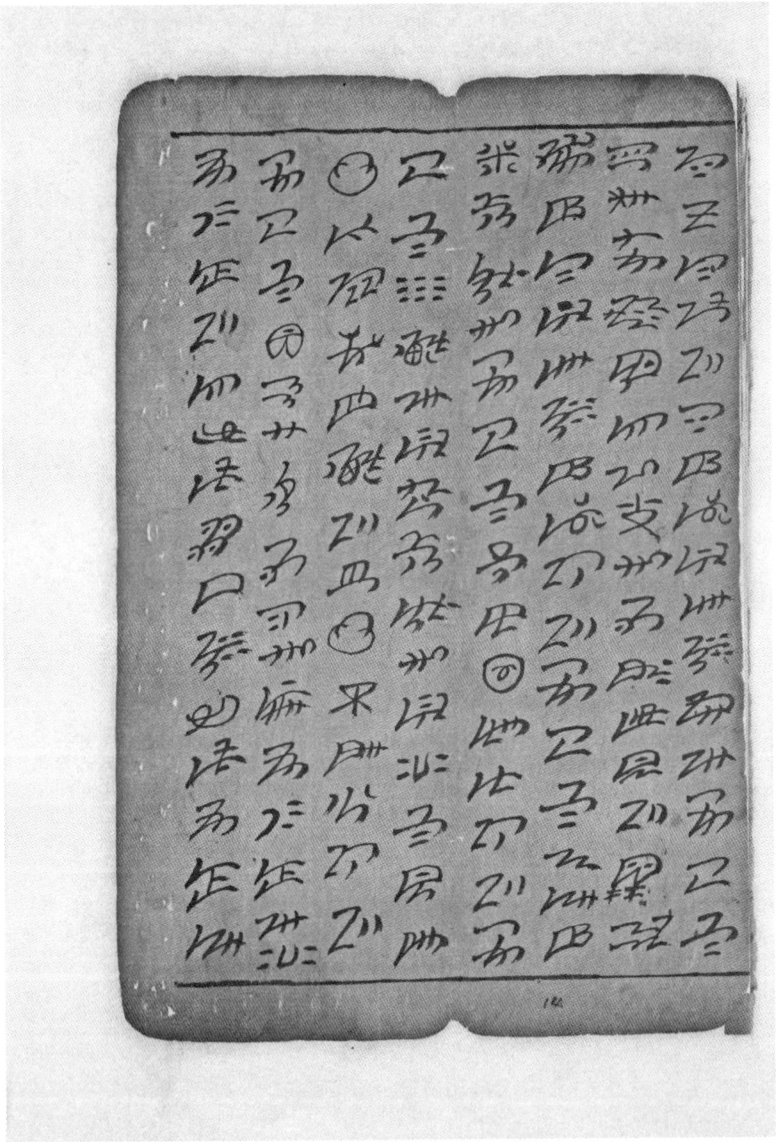

指路经（嘉庆七年）

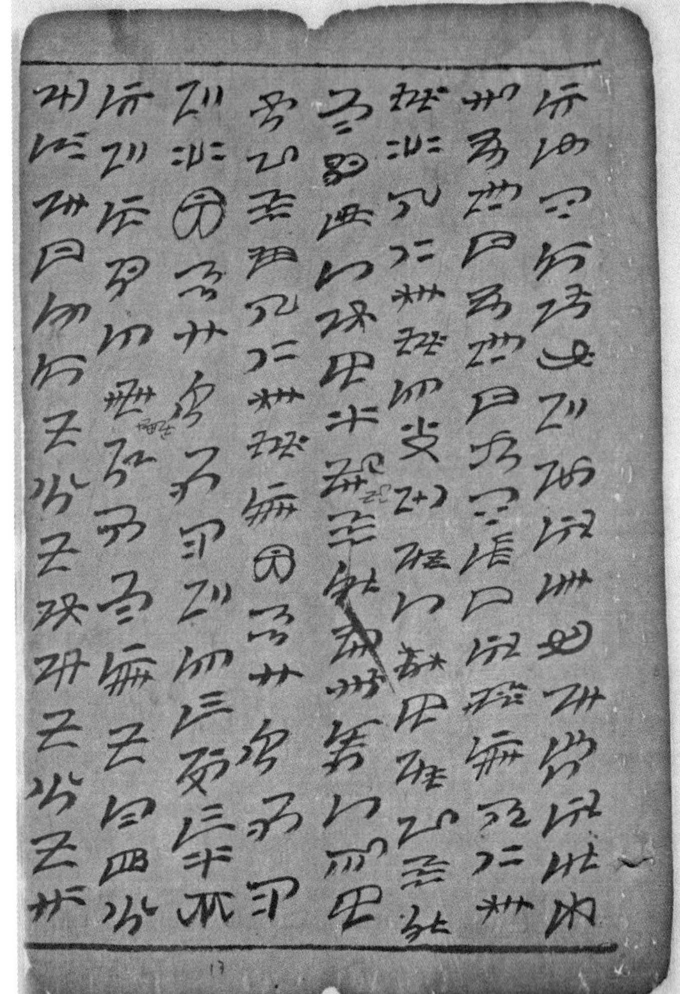

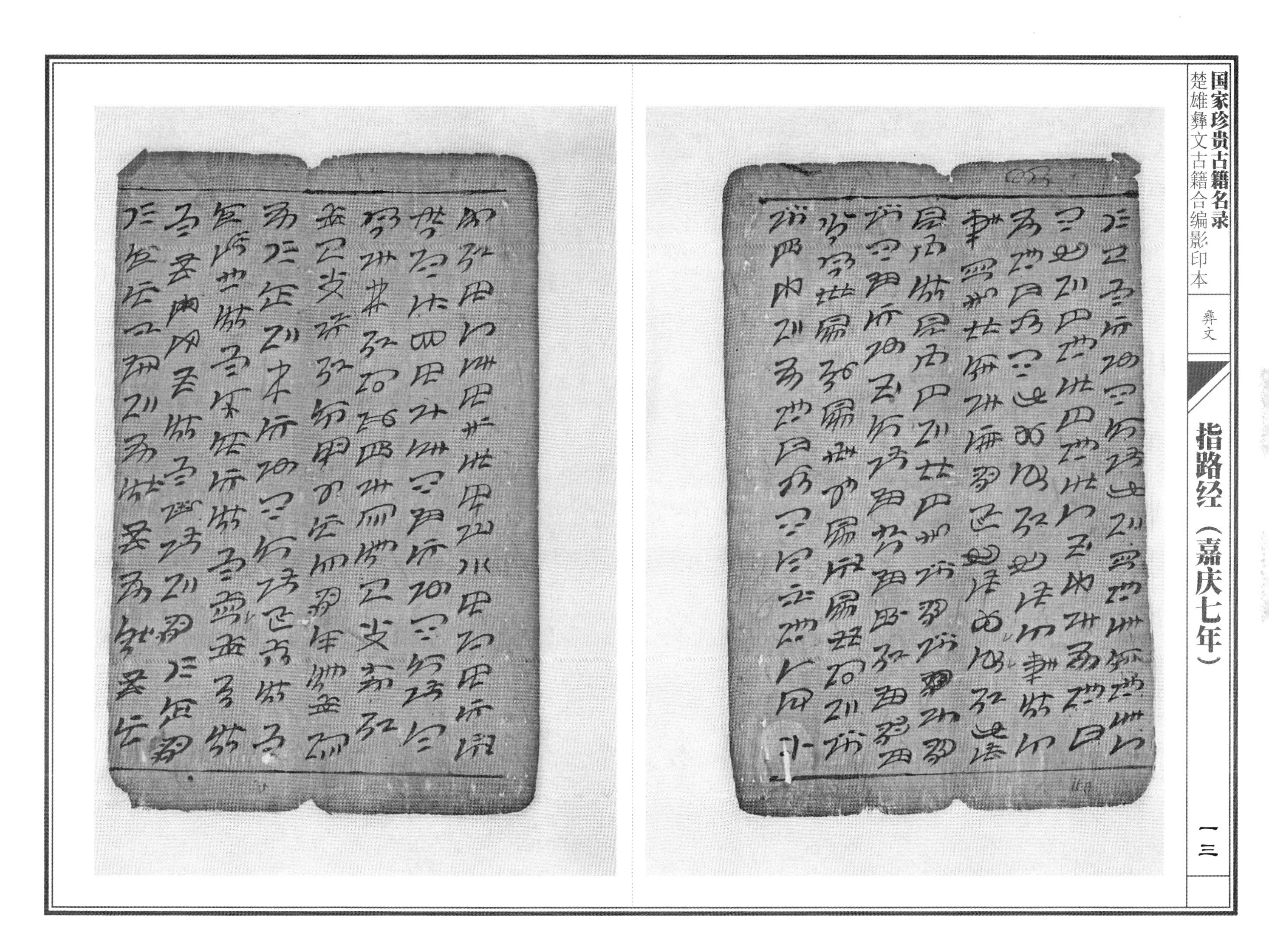

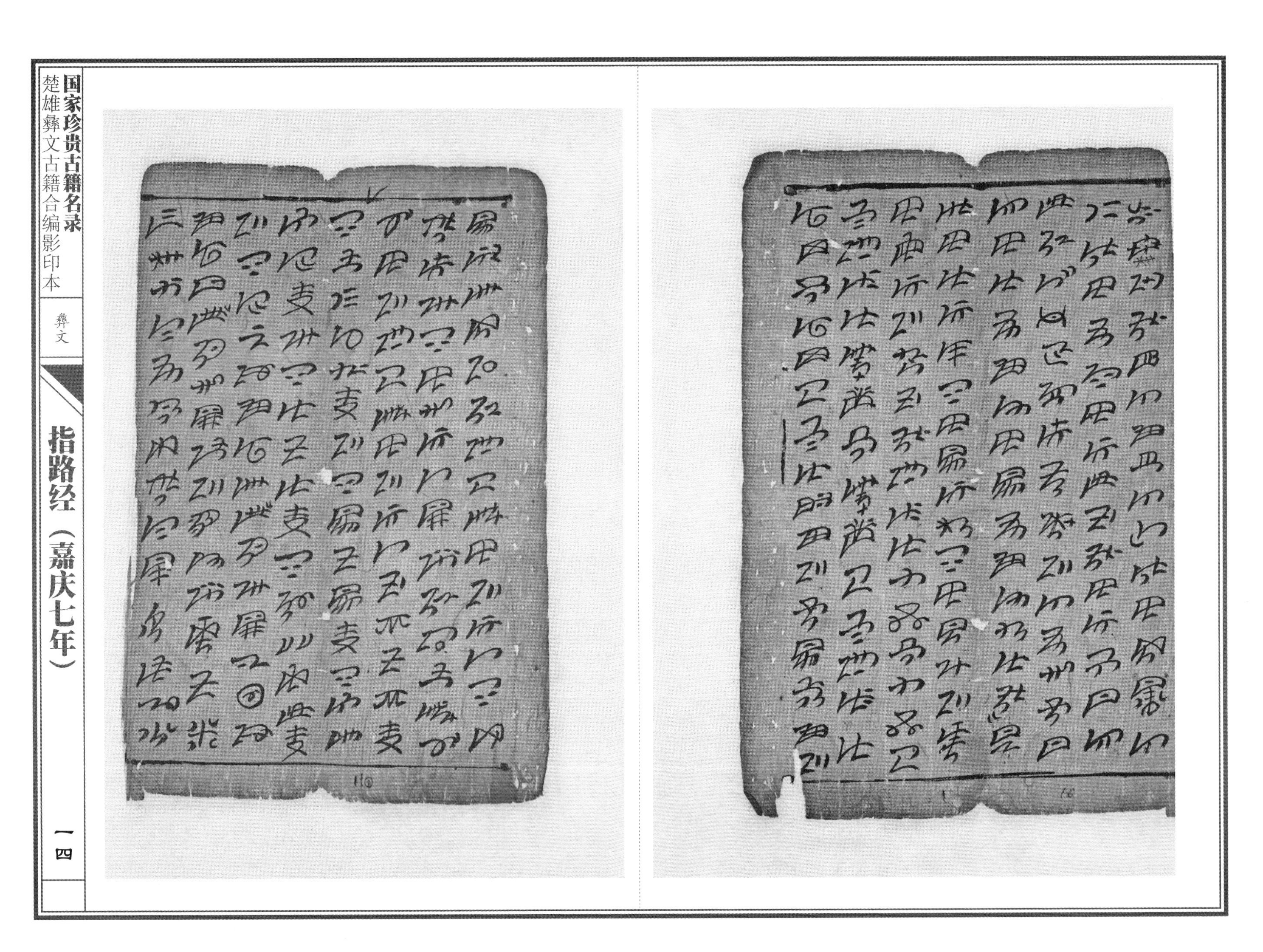

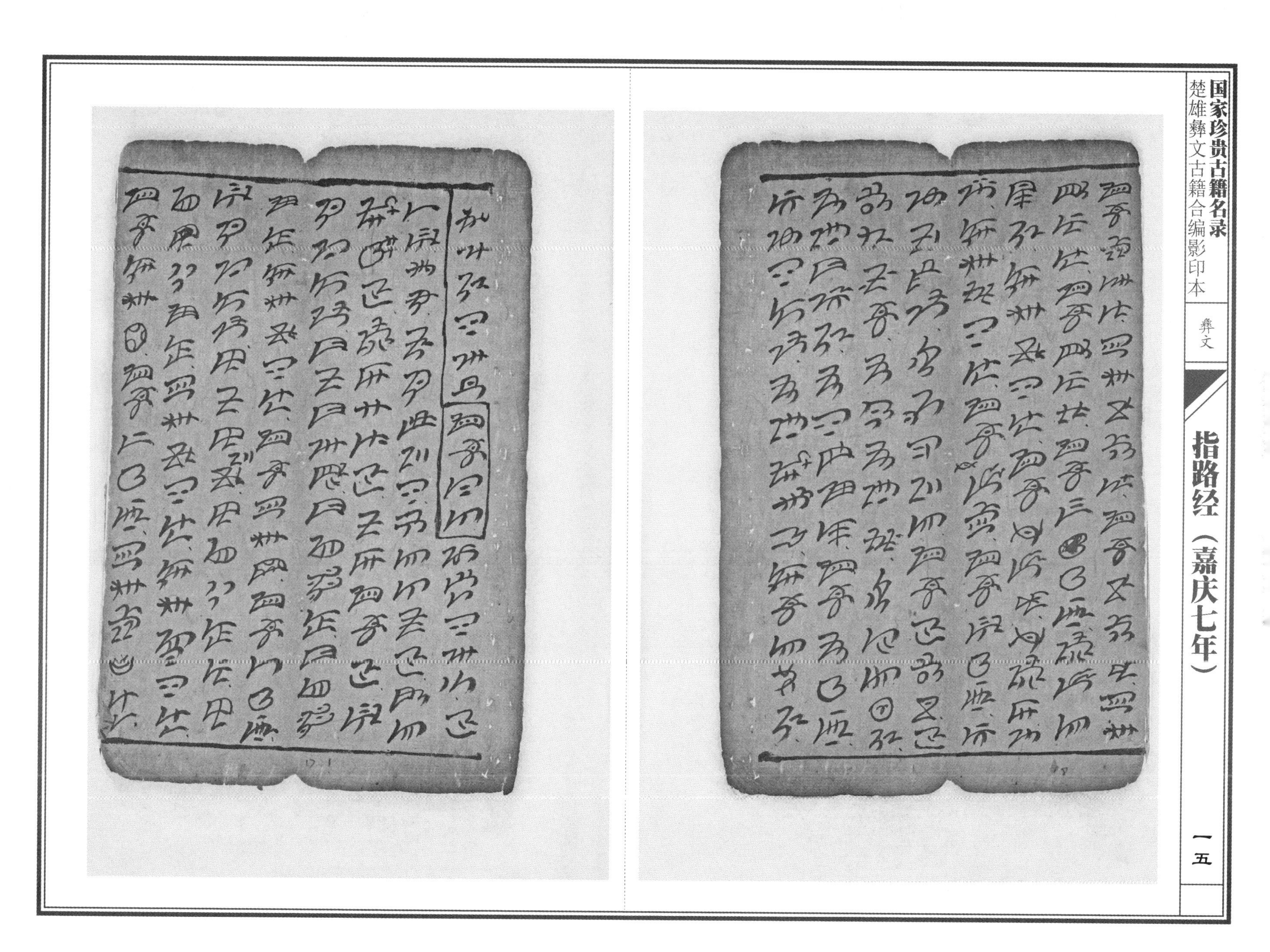

指路经（嘉庆七年）

指路经（嘉庆七年）

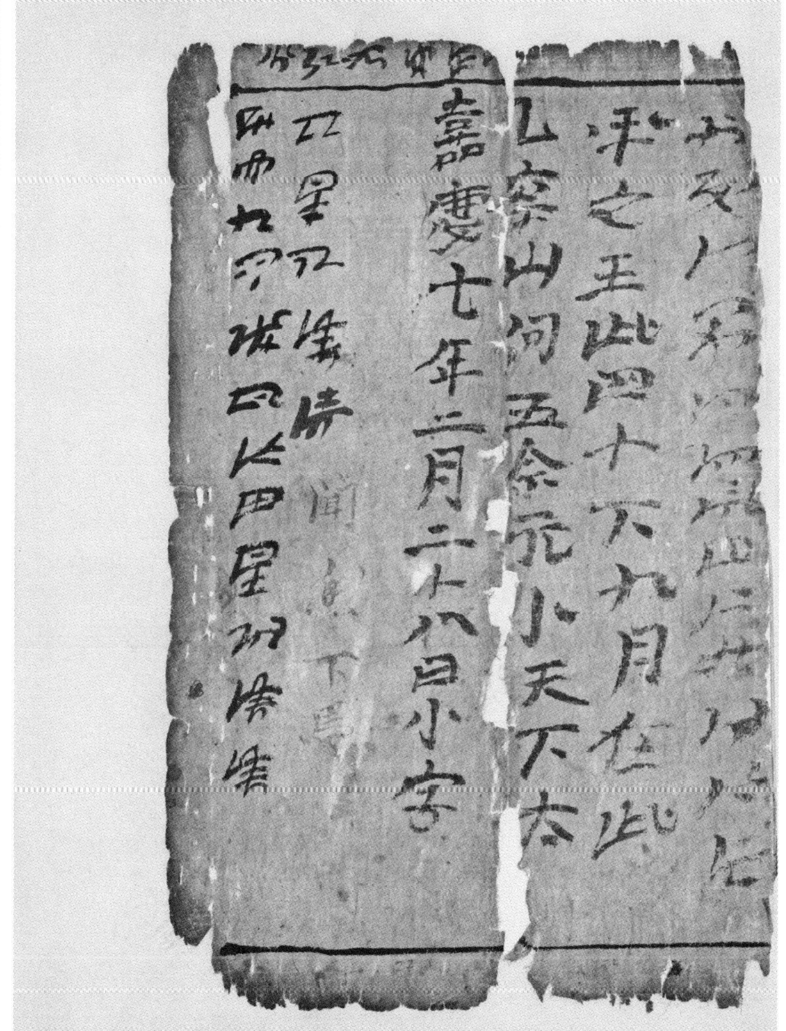

指路经（嘉庆七年）

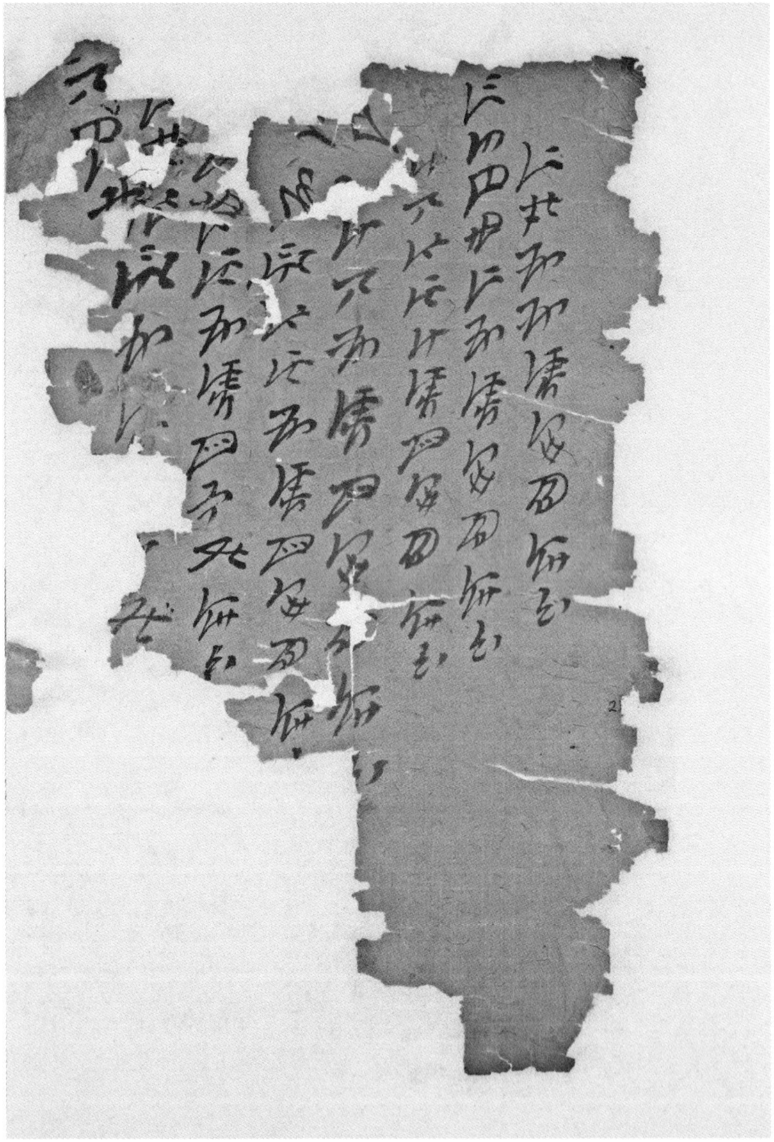

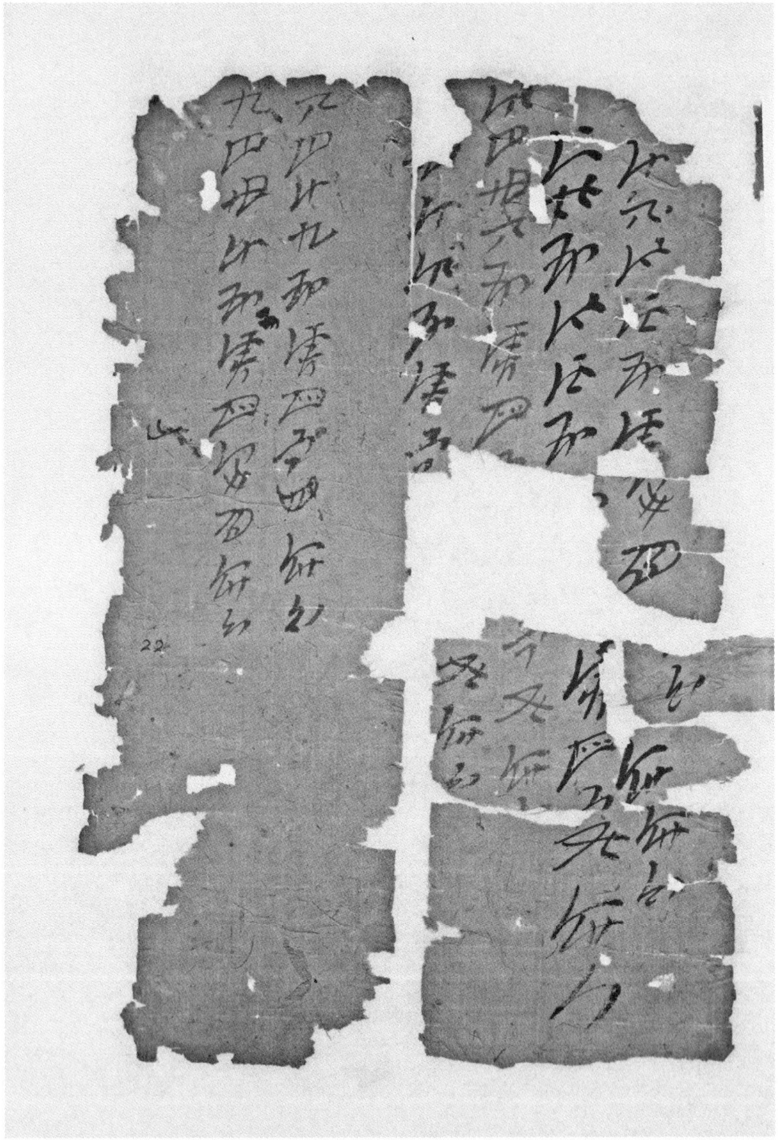

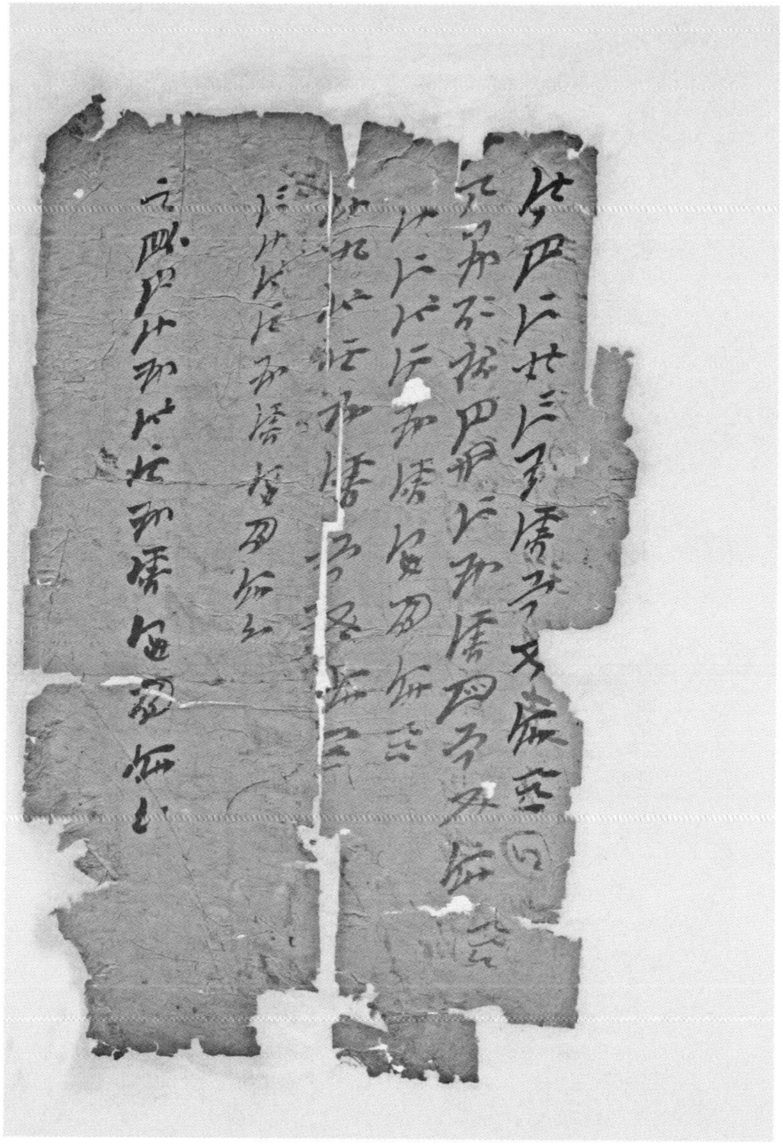

指路经（嘉庆七年）

北方尼诺史

《北方尼诺史》，佚名著。清宣统三年（1911年）李芝林抄本。存一卷，一册。页面高二十三点二厘米，广十七厘米。半页八行，行二十四至二十五字。白口，无边框。旧写本，本色，绵纸，线订册页装，墨书，有句读。

北方尼诺史

《北方尼诺史》，佚名著。清宣统三年（1911年）李芝林抄本。存一卷，一册。页面高二十三点二厘米，广十七厘米。半页八行，行二十四至二十五字。白口，无边栏。旧写本，本色，绵纸，线订册页装，墨书，有句读。

《北方尼诺史》又译《北方尼氏族史》。该书是流传于滇东北武定县、禄劝县一带彝族民间的历史典籍。《北方尼诺史》记载：历史上的彝族在罗尼山下举行"六祖分支"以后，六祖中的长房即武、乍二支向南方（今滇南及滇西南）开拓迁徙；次房即尼、恒二支向北方（今川南）开拓迁徙；幼房即布、默二支则沿金沙江南岸向东西方（今滇东北、黔西北）开拓迁徙。是书记述了尼支即尼氏族首领召能矣琼带领氏族众人，在慕俄格祭祖分宗支并与俄柱部落激战后迁居纪俄格，在纪俄格繁荣发展后又祭祖分宗支迁居德歹普卧，尔后不断发展壮大往北方（今川南）开拓迁徙的历史。书中说："到了北方地，北方树林密，林中有兽群，众人齐动手，狩猎度时日。"经过艰苦创业，尼氏族在北方定居下来，蓄养猪牛羊发展畜牧业。紧接其后尼氏族人在阿保那一带发现铜矿，在洪罗布和嘎纳布地区发现了铁矿，不断提高冶炼技术，铸造弓弩剑戟兵器和农用铁具。尼氏族经济快速发展、势力不断壮大，从此在北方兴旺发达。是书为研究中国西南民族史和彝族历史及迁徙史的重要文献资料。

云南省楚雄彝族文化研究院藏。国家珍贵古籍名录号11323。

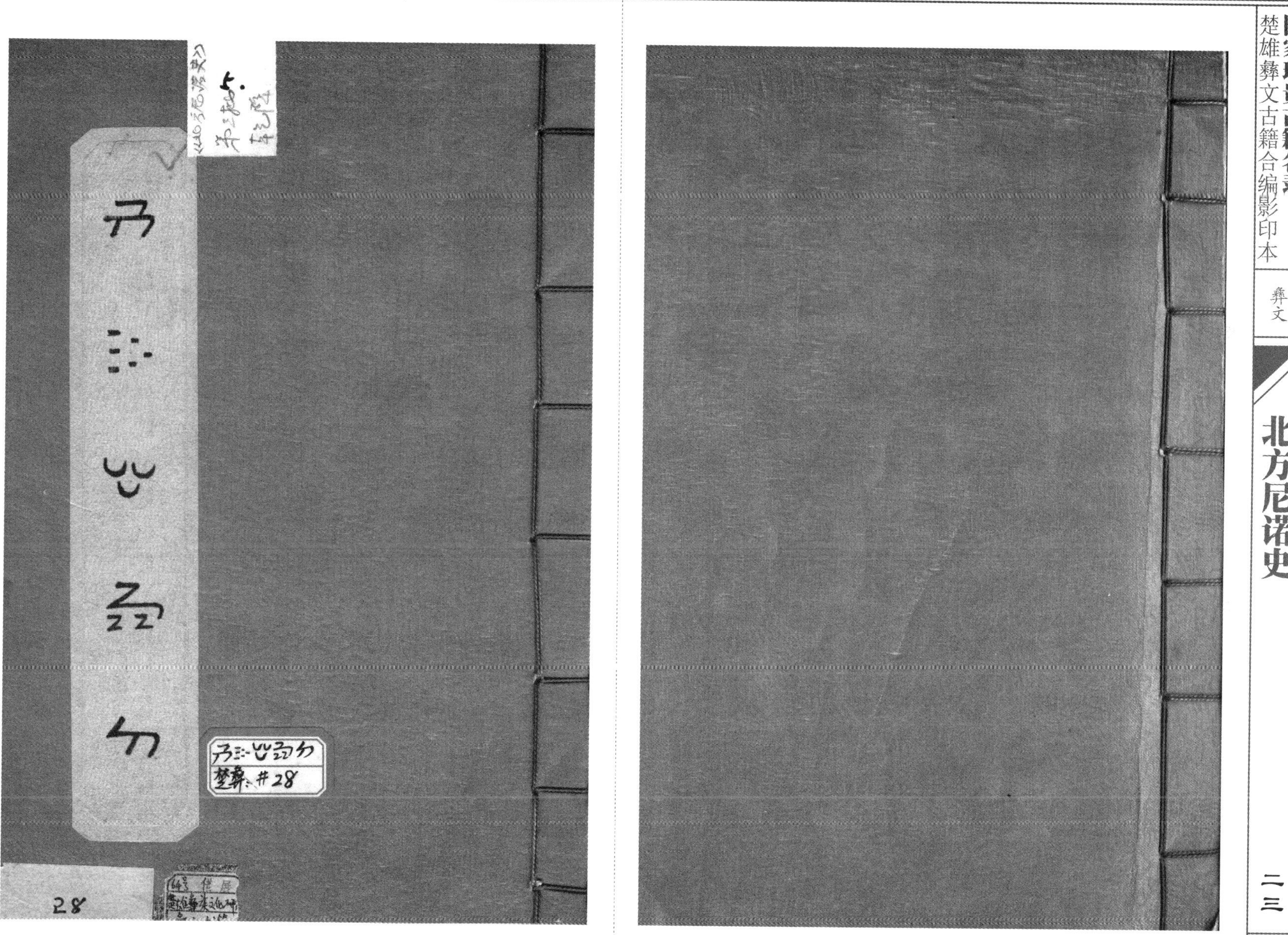

北方尼诺史

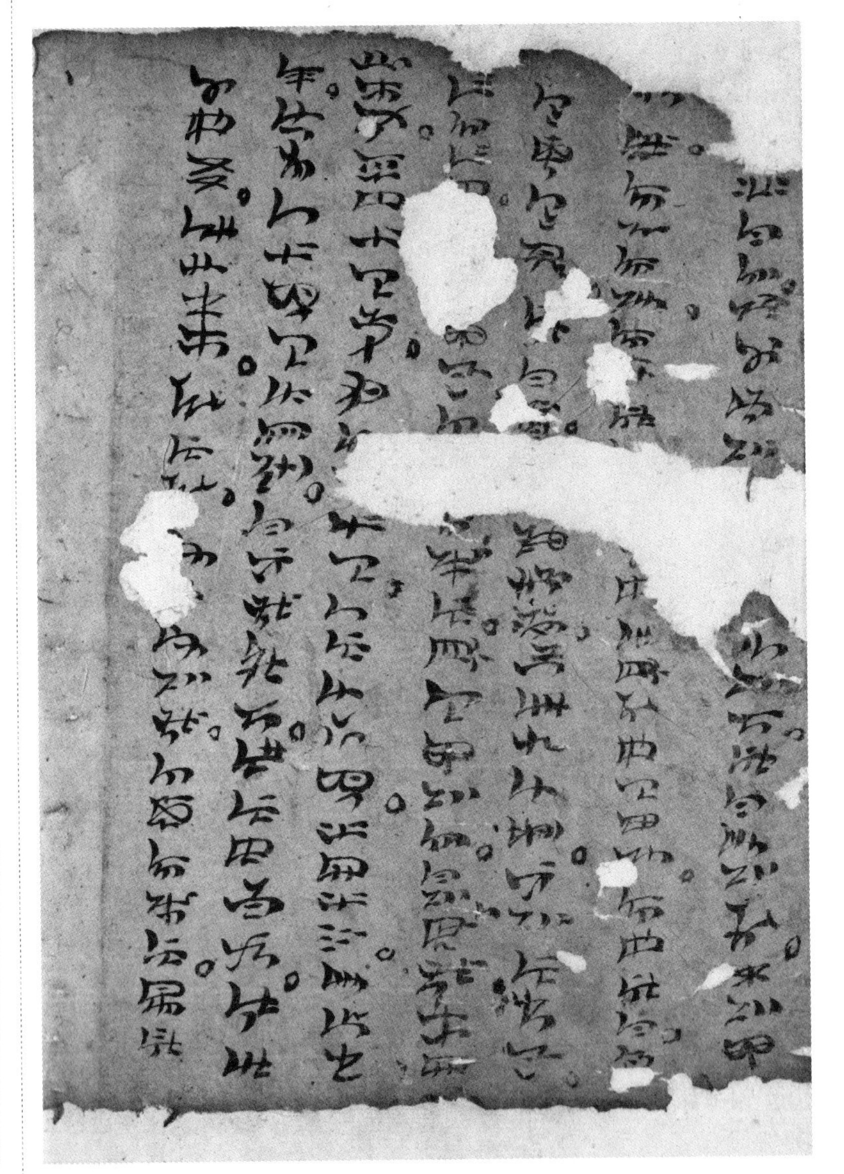

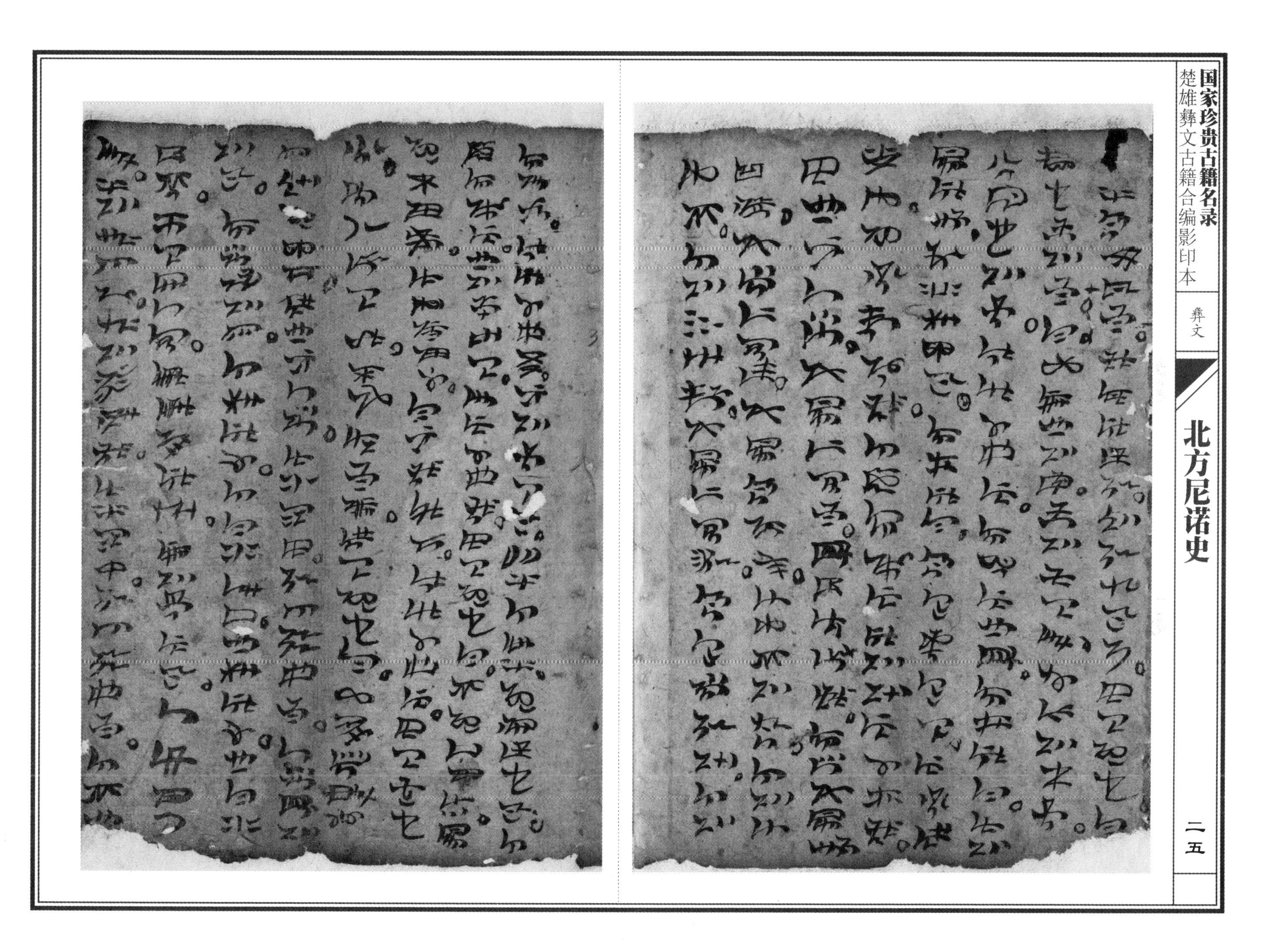

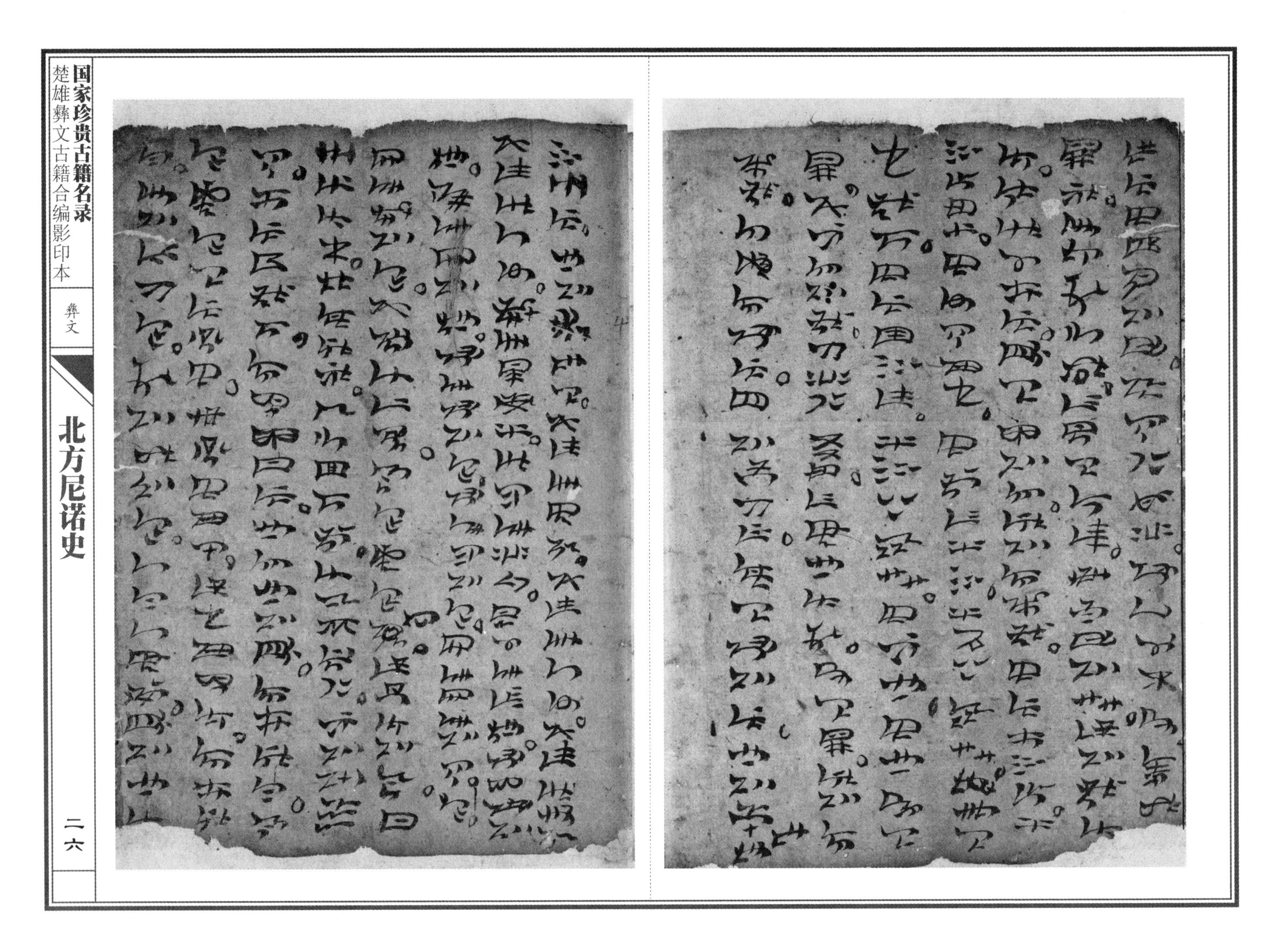

北方尼诺史

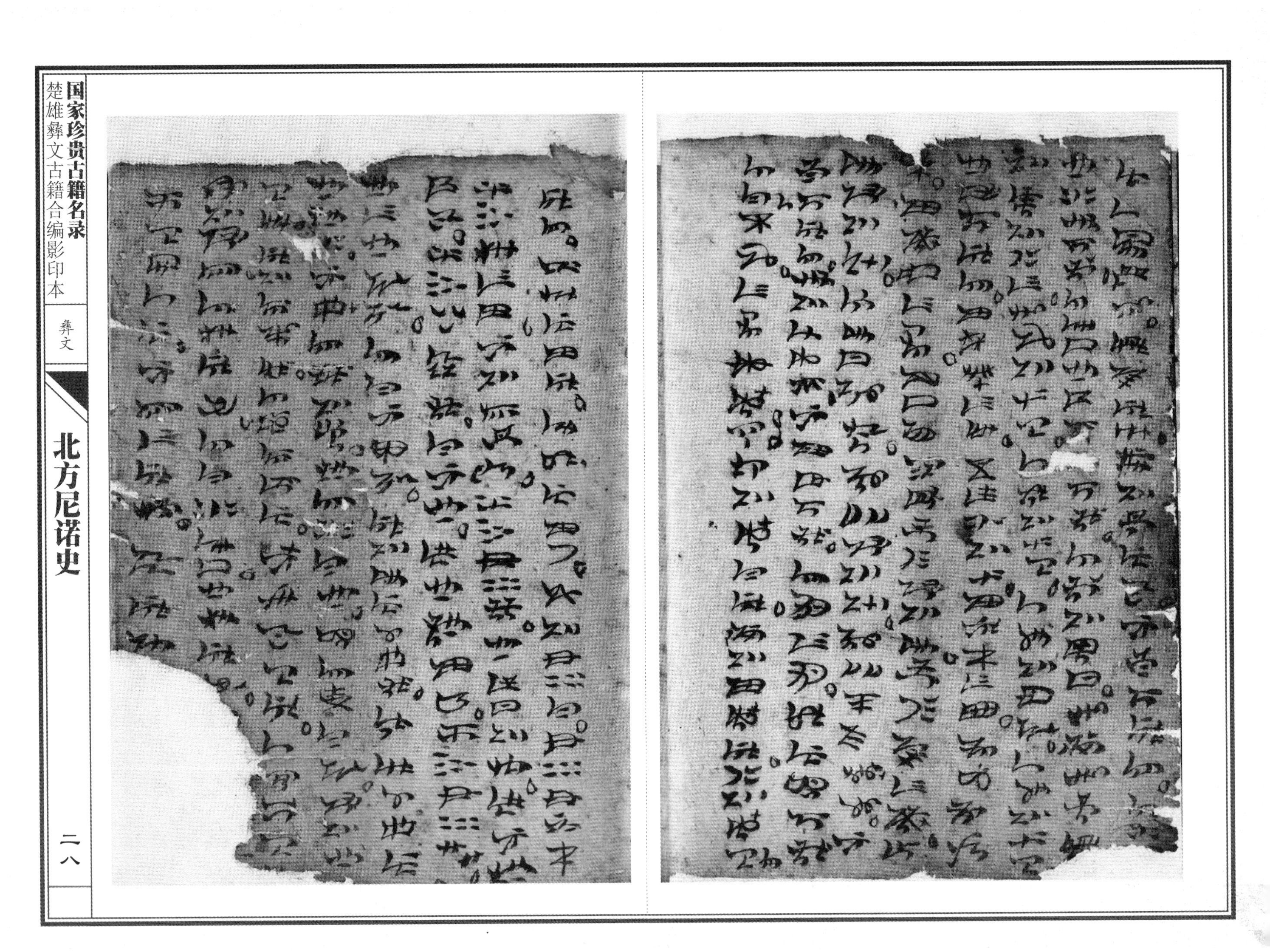

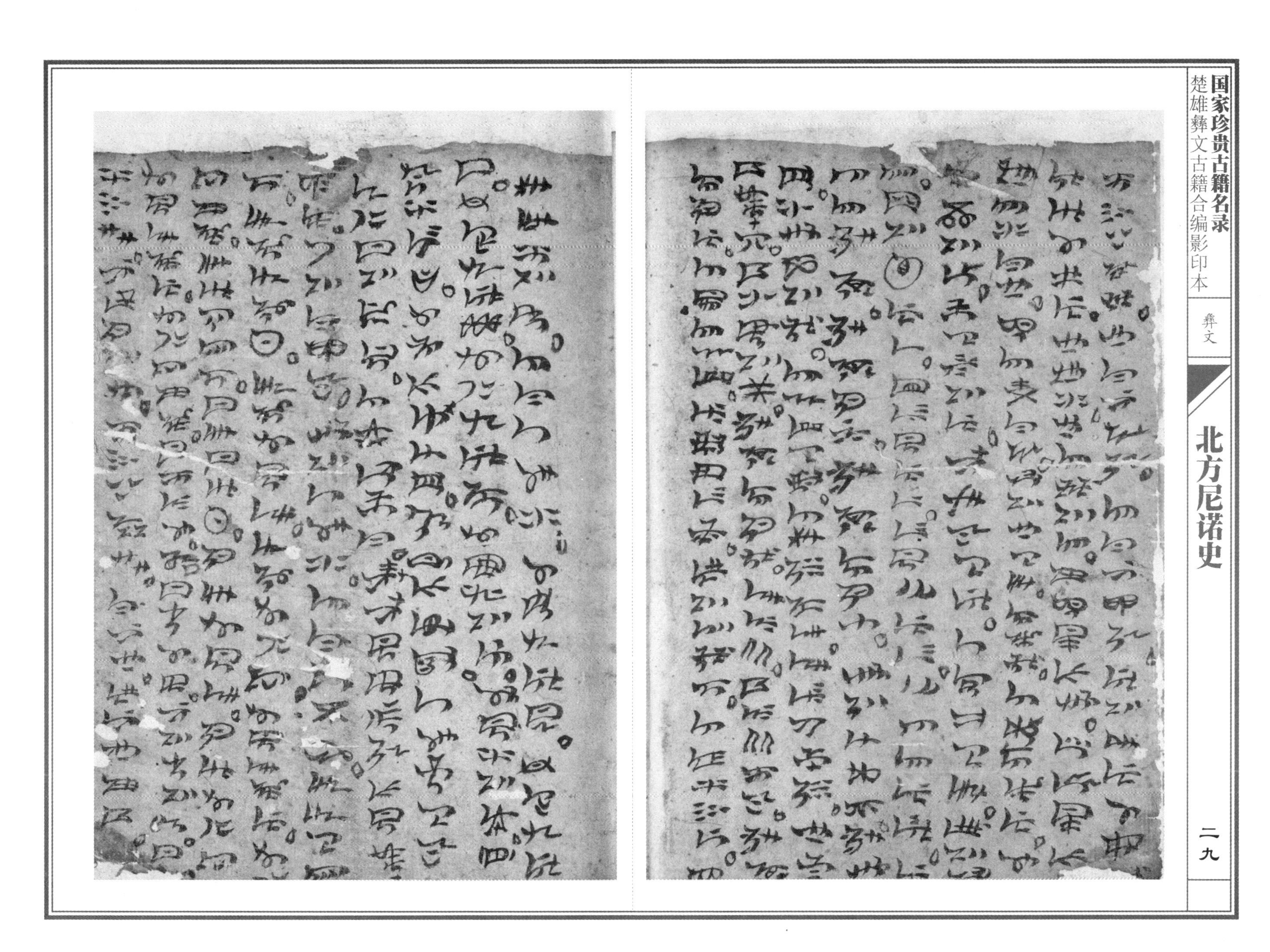

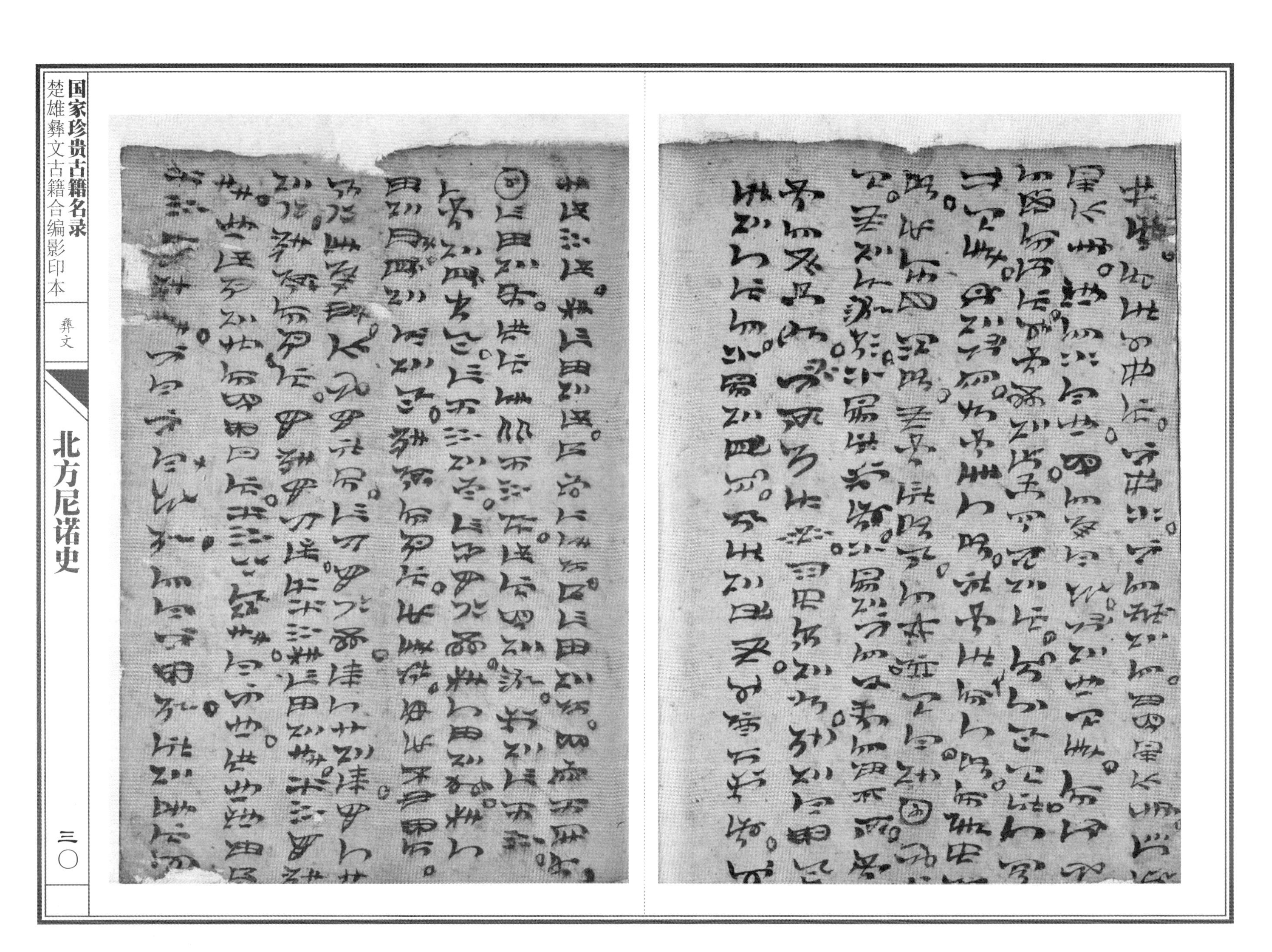

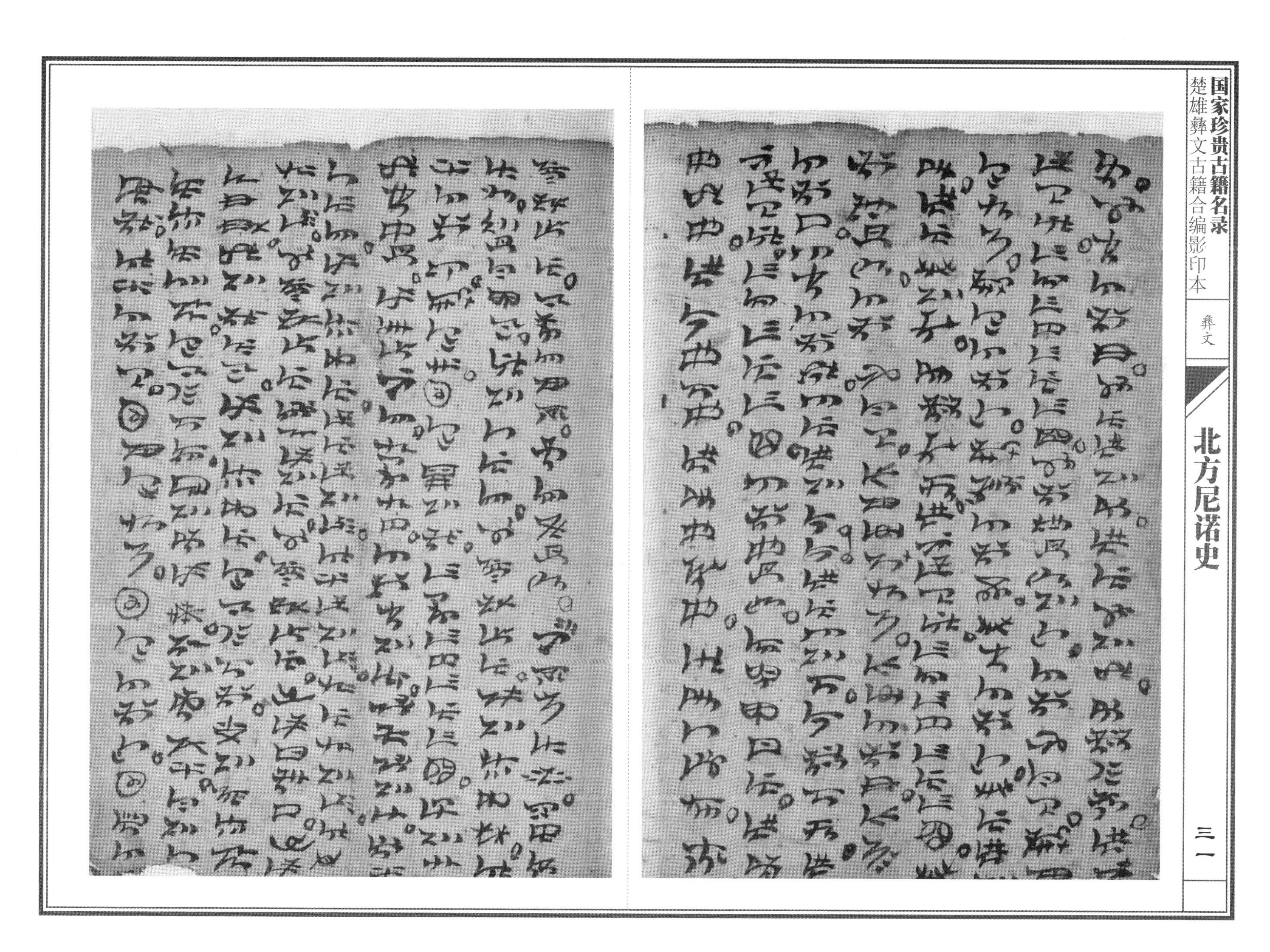

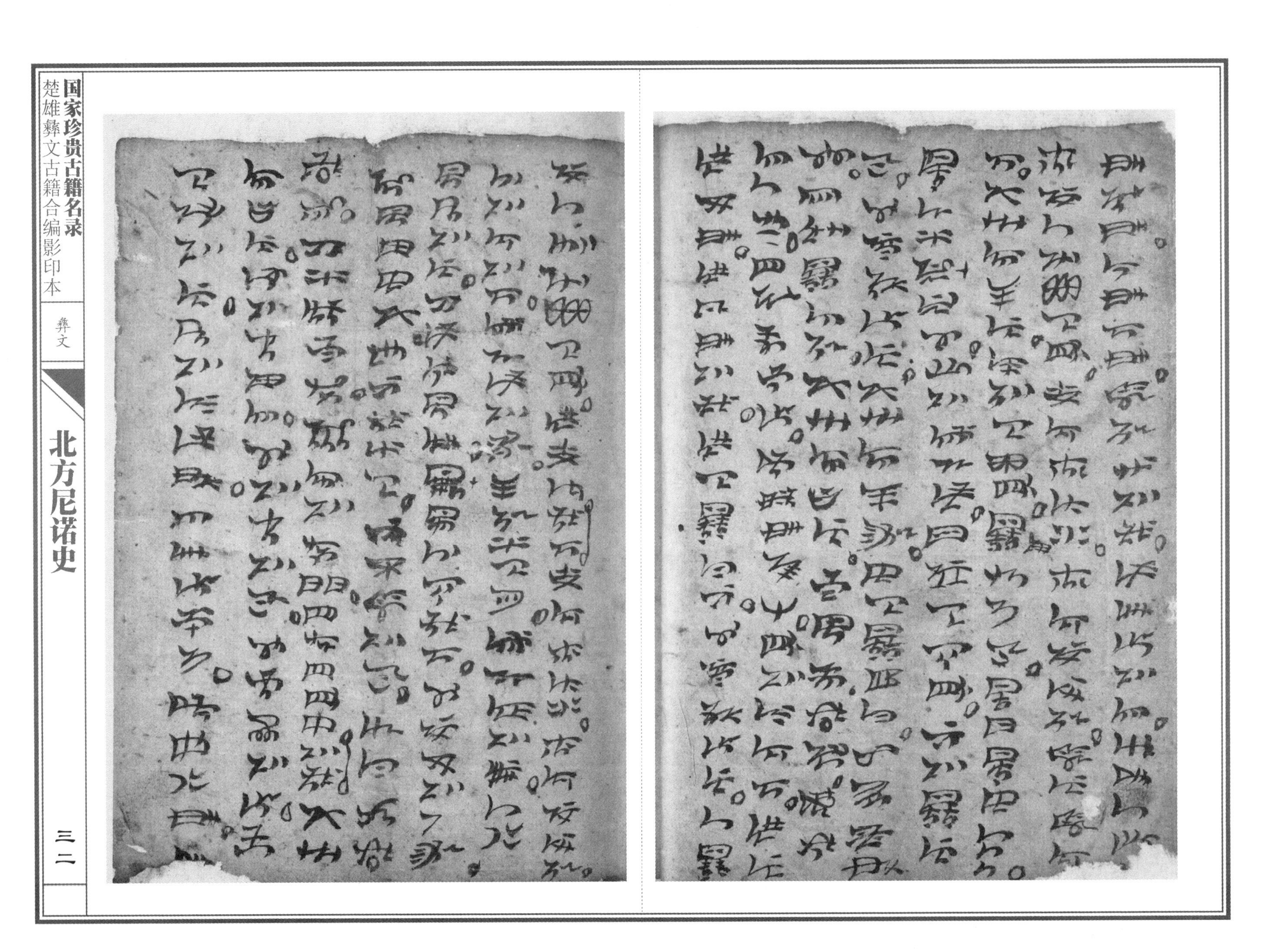

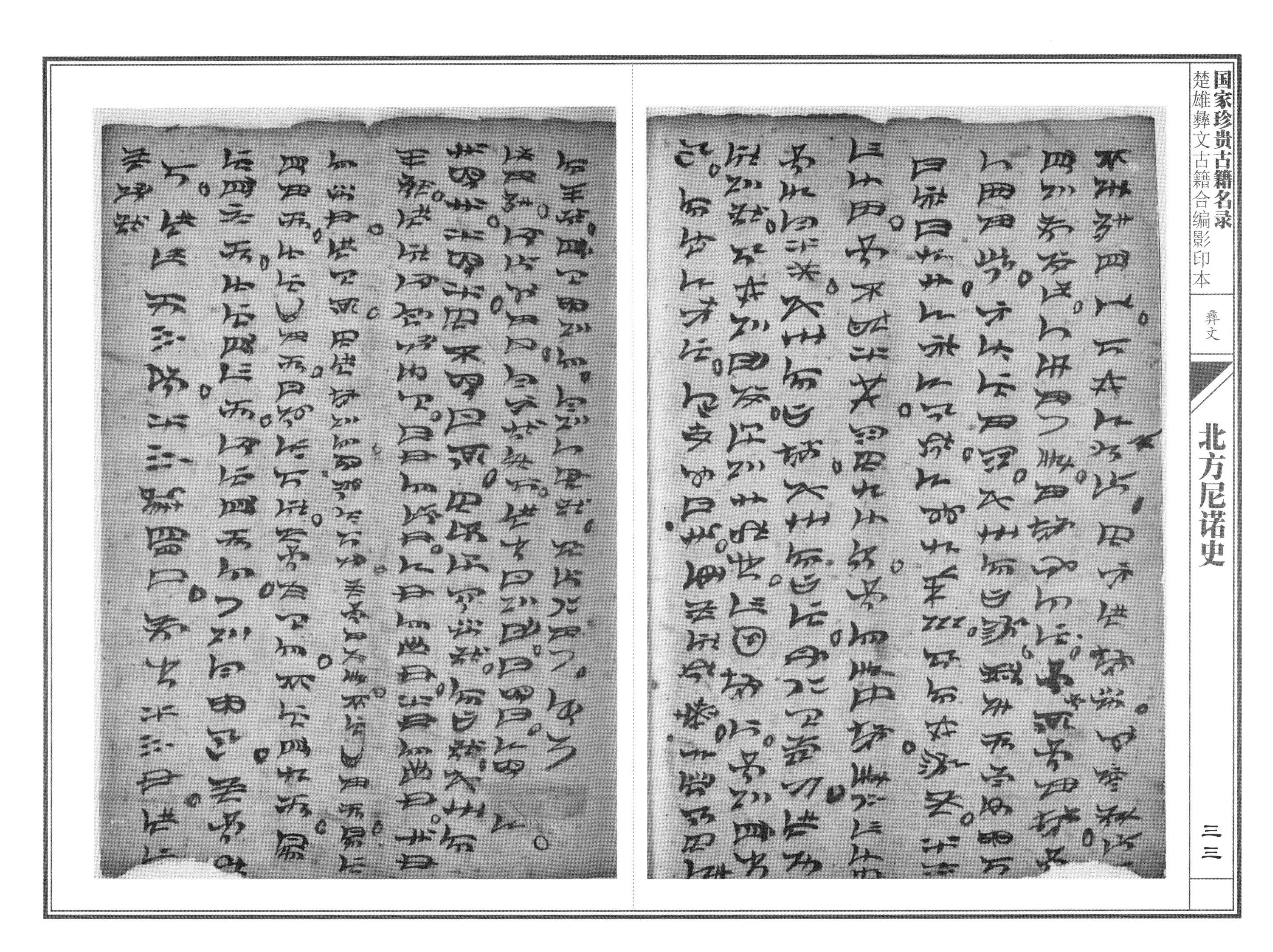

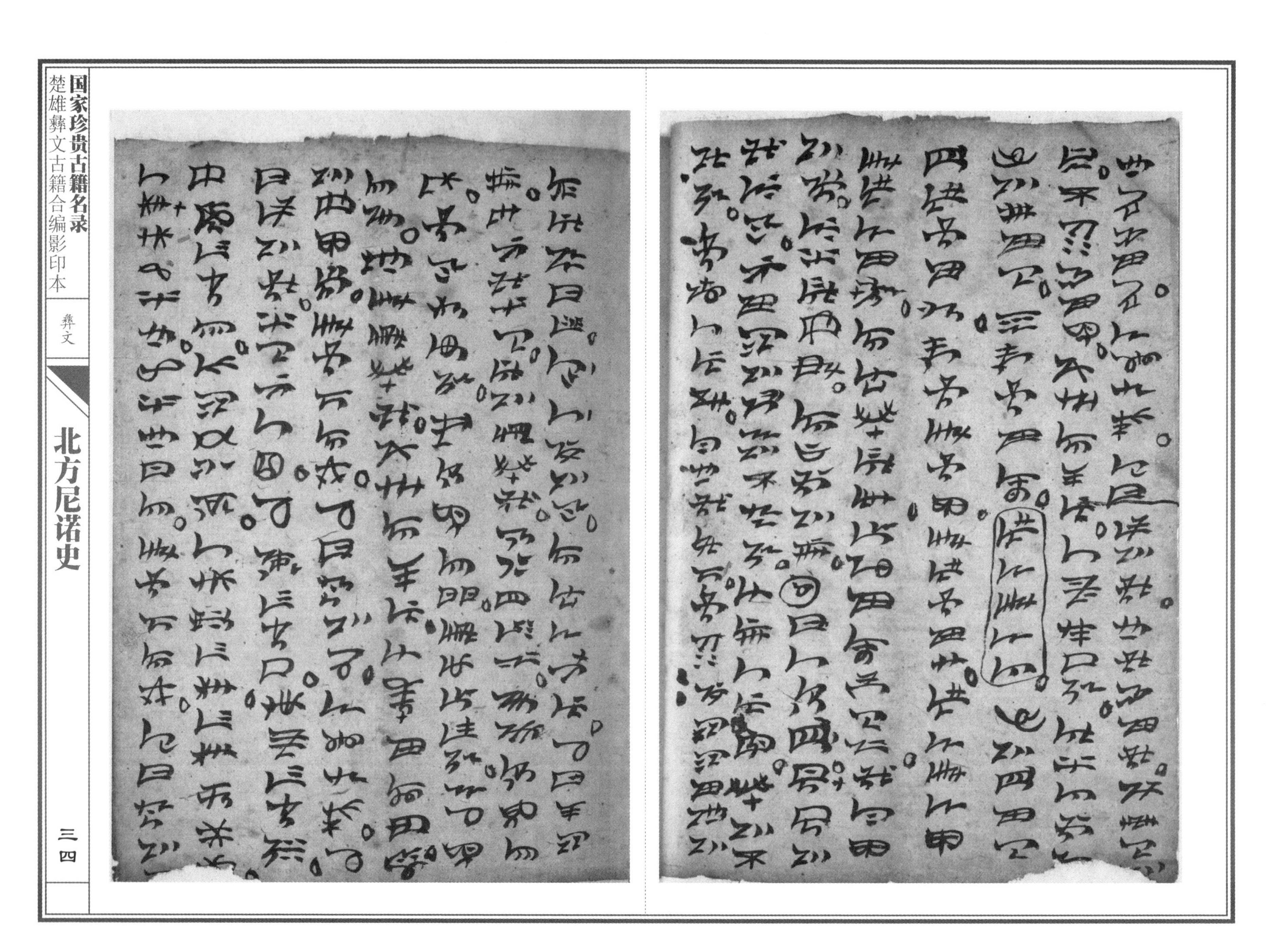

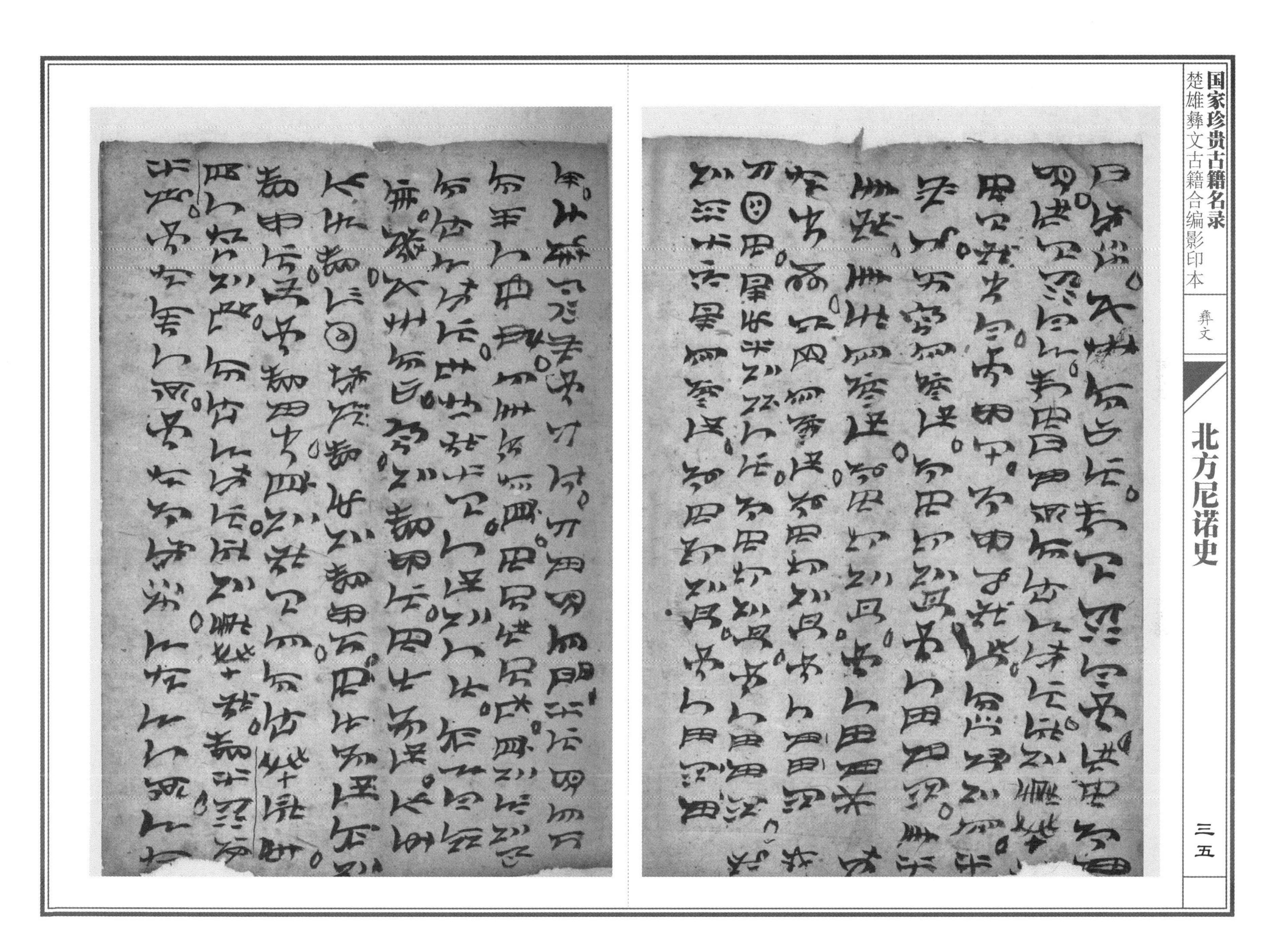

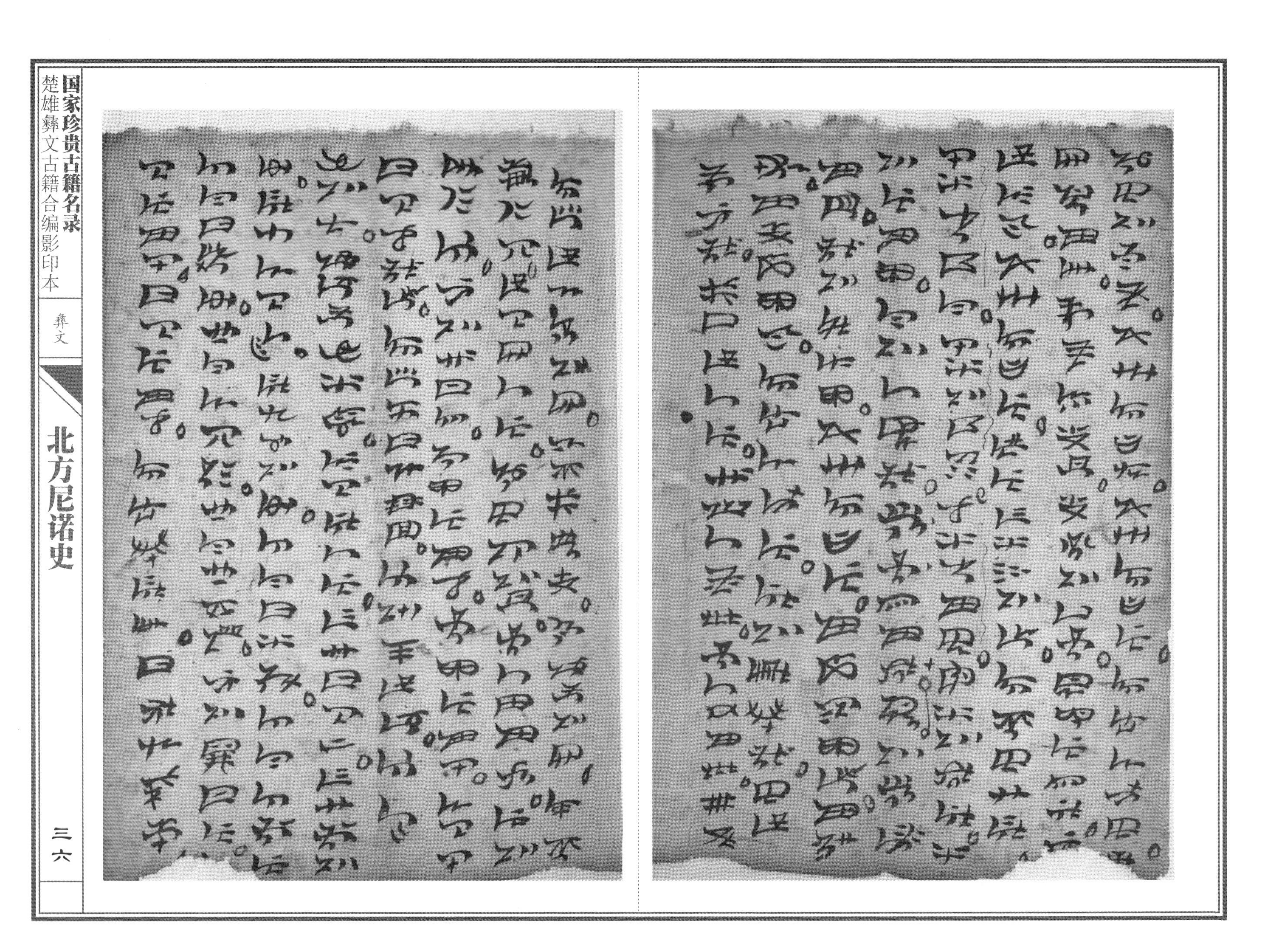

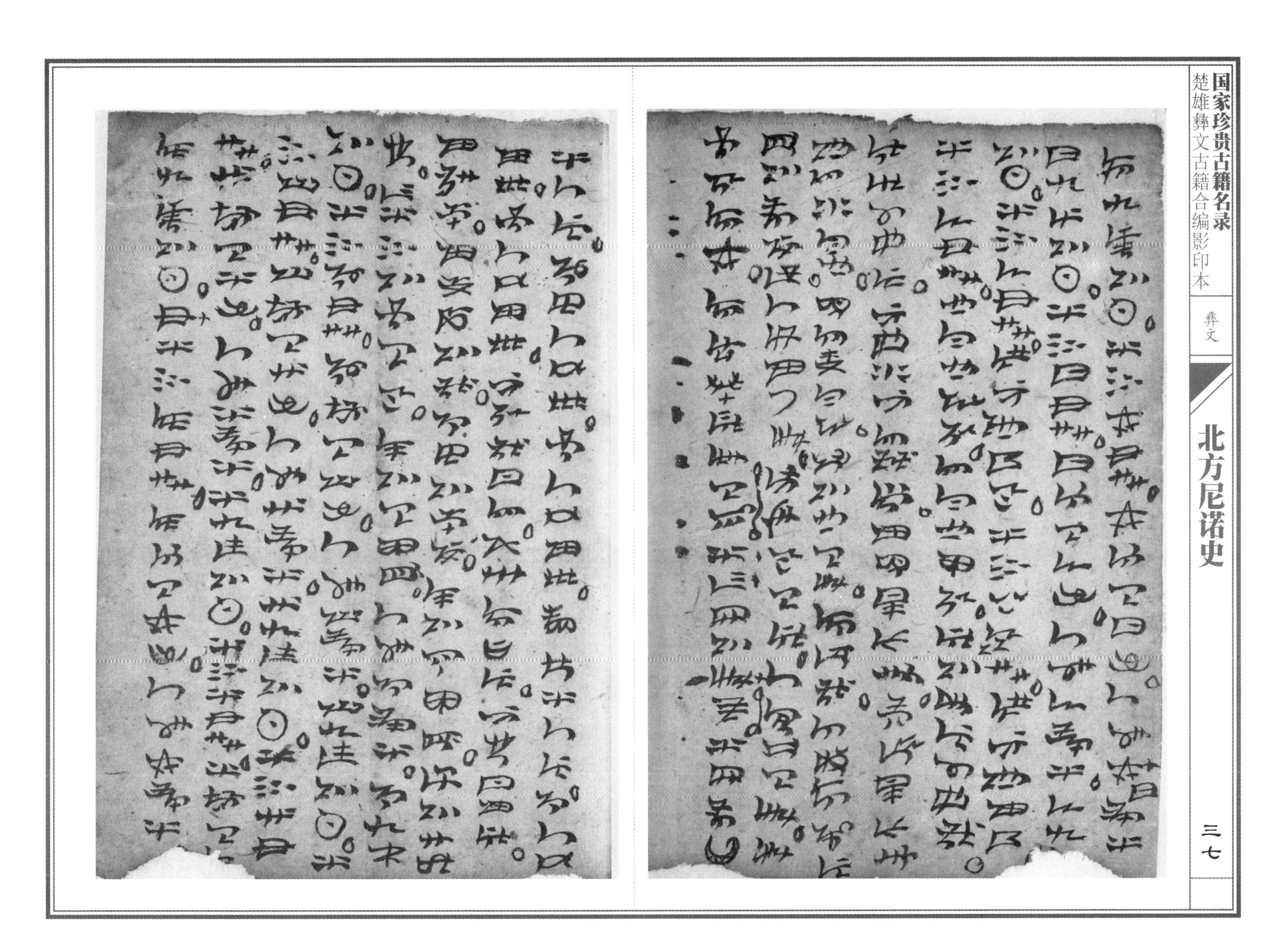

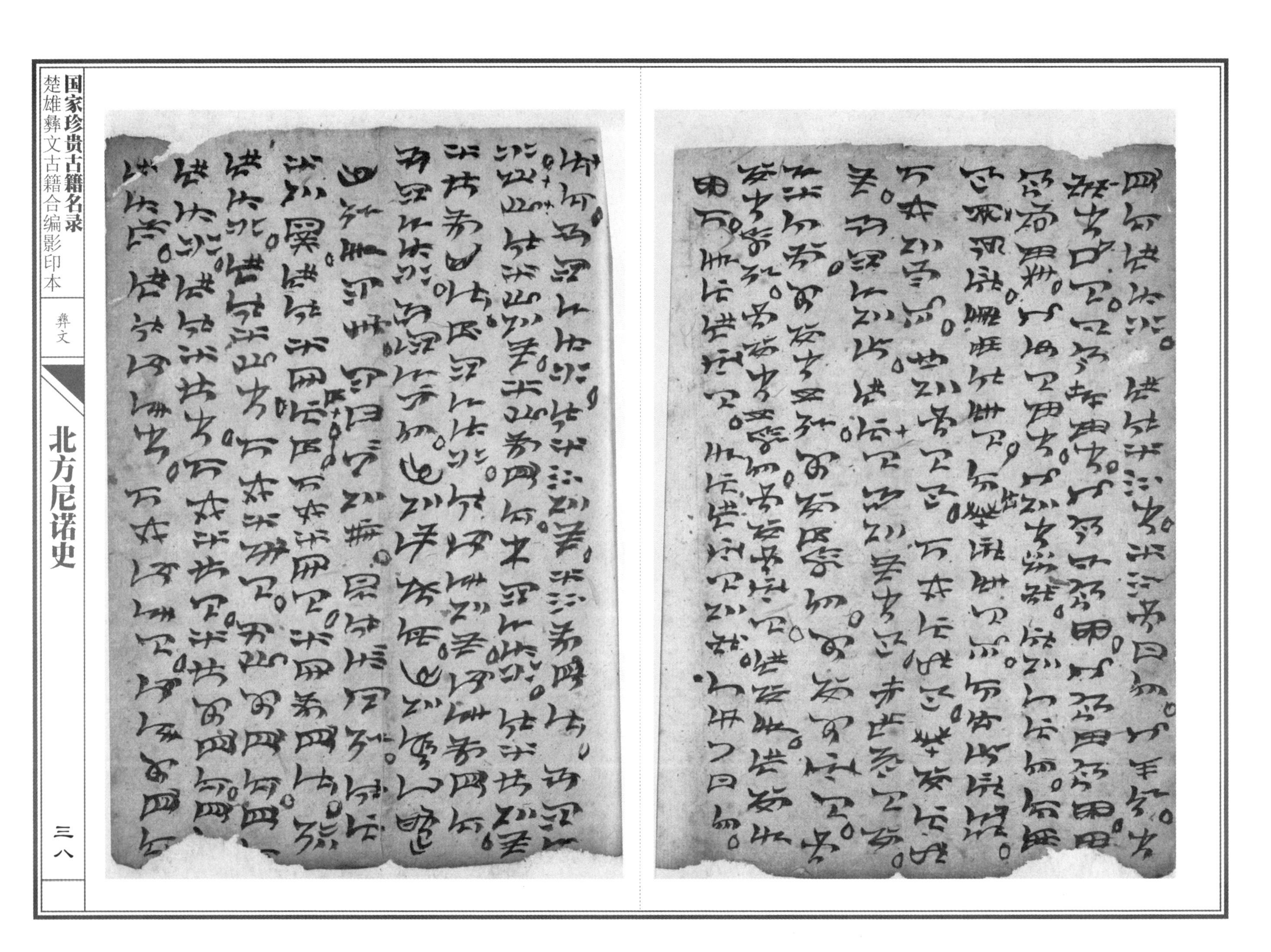

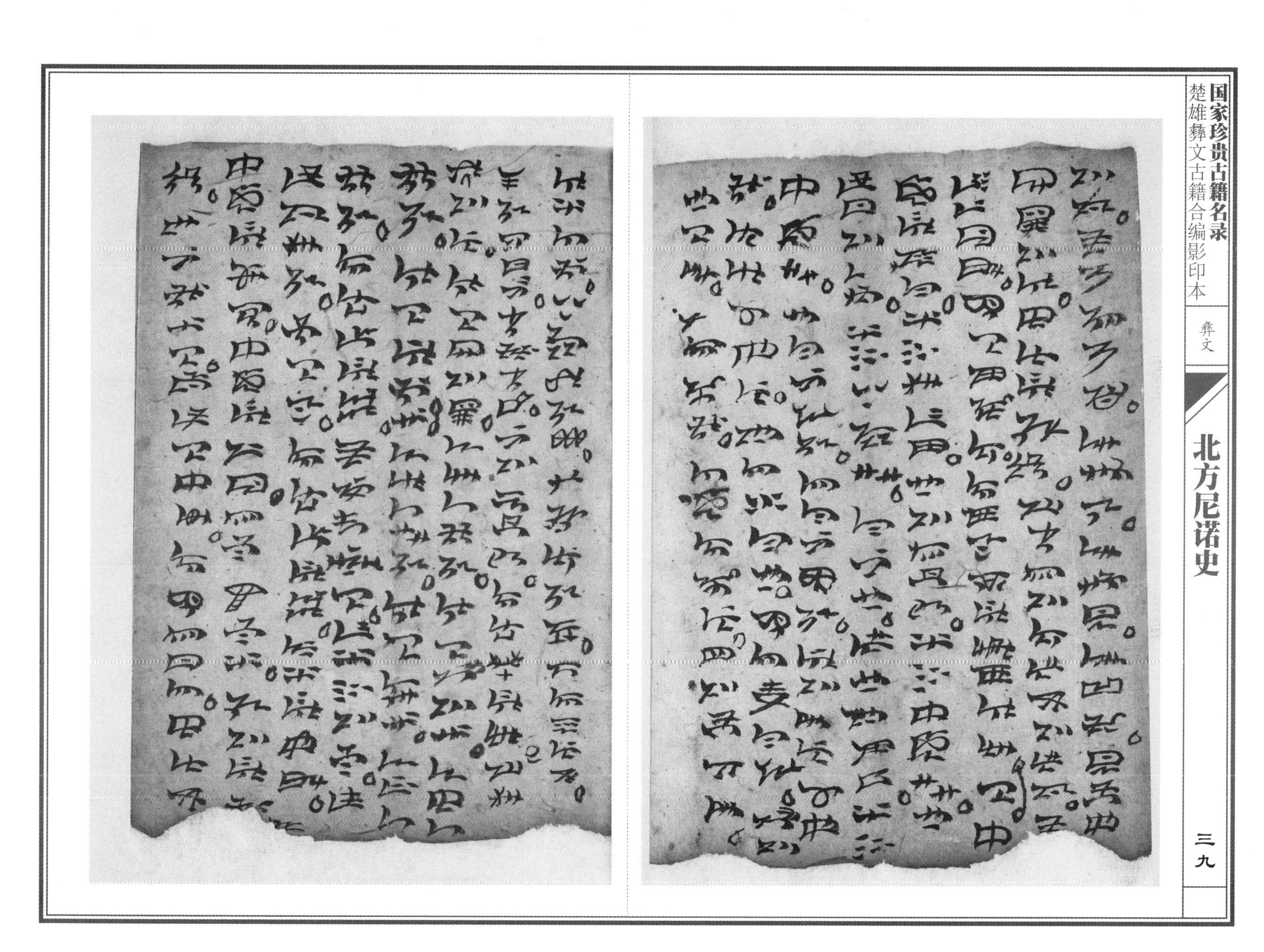

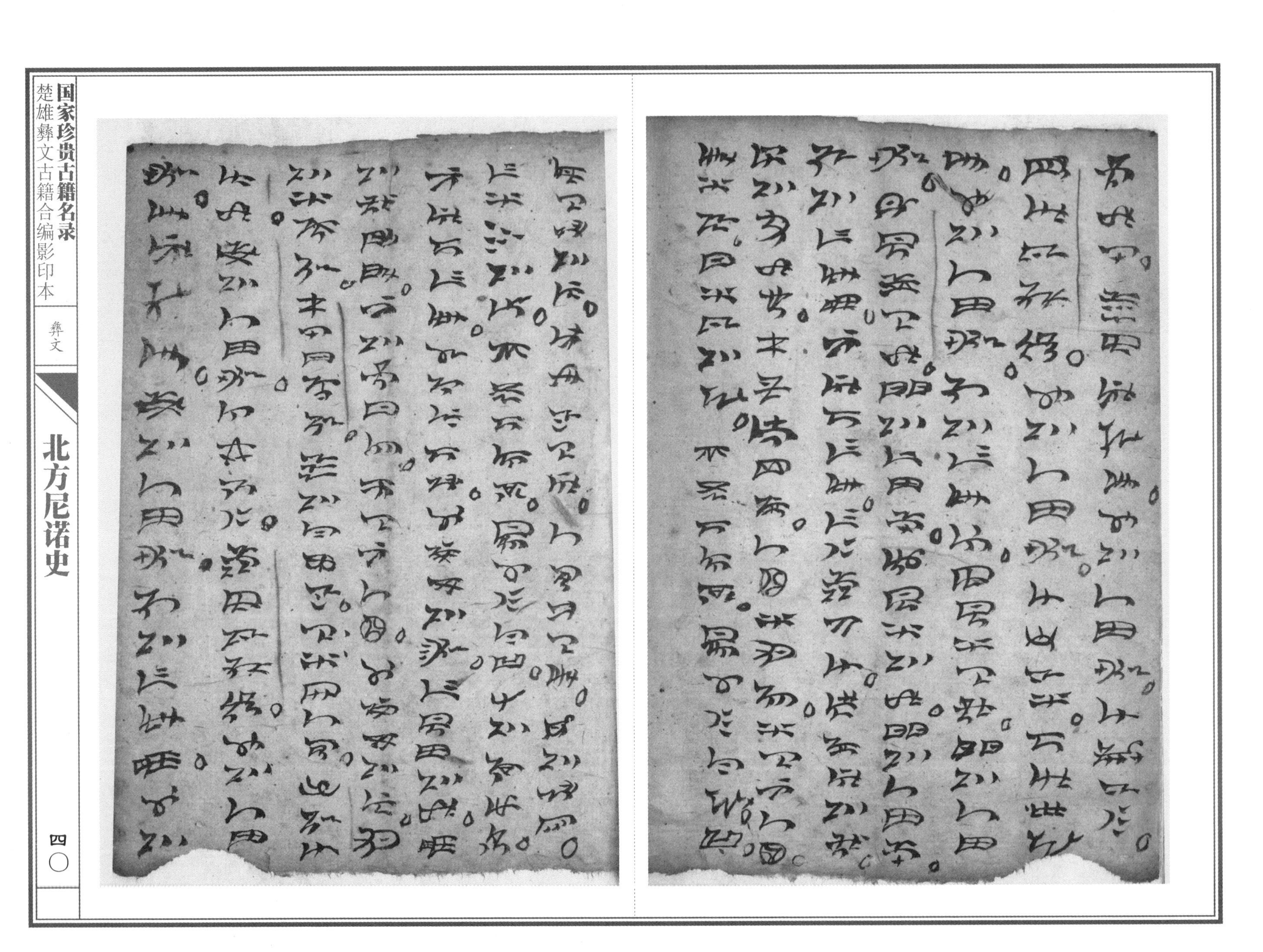

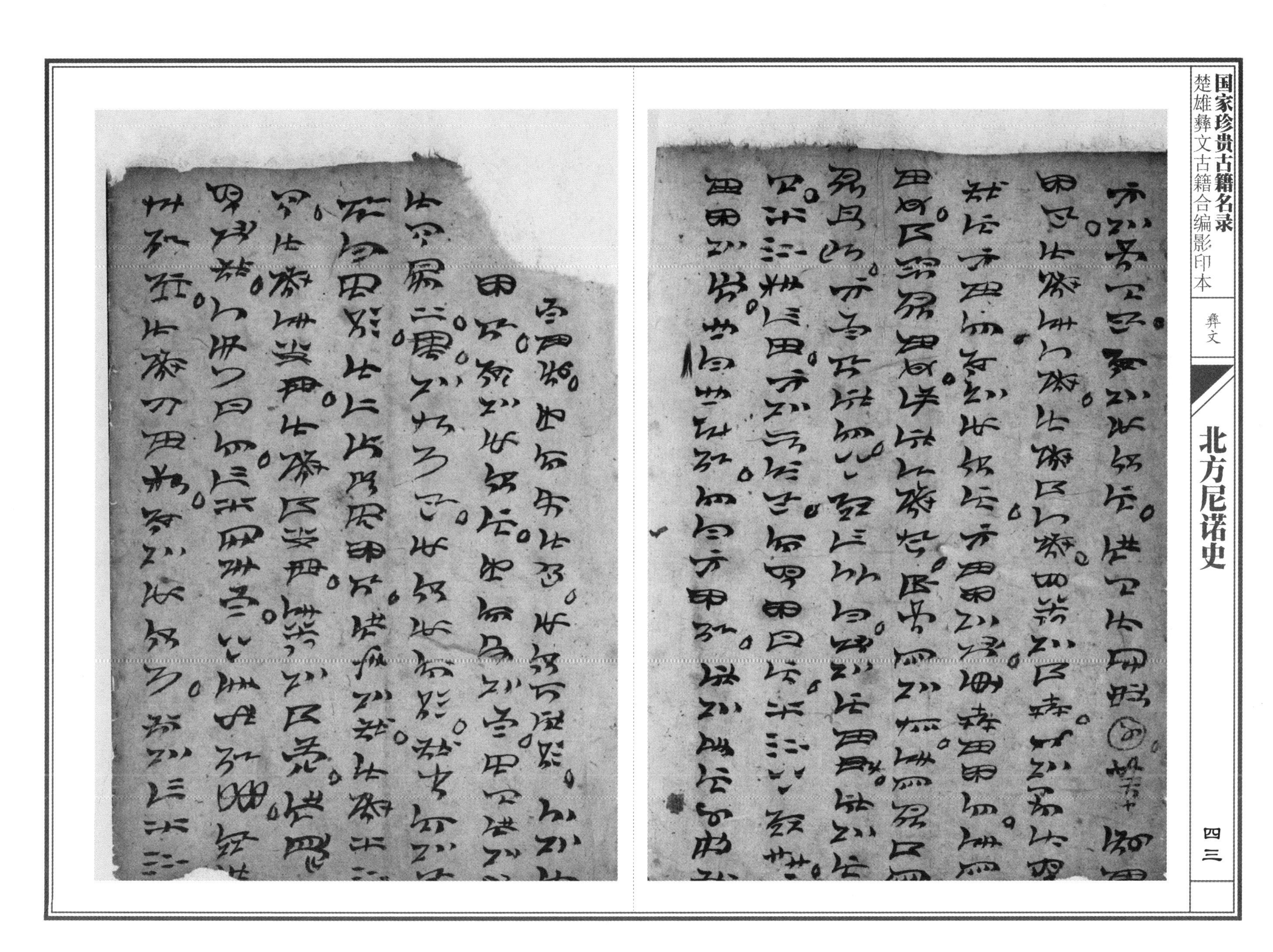

呗三小伙和叽红赛姑娘的故事

《呗三小伙和叽红赛姑娘的故事》，彝文，清抄本，线订册页装。存一卷，一册。板框高十九点五厘米，广二十四厘米。每页二十五行，行十五字，白口，无边栏。回写本，本色，绵纸，手抄体，墨书，保存完好。

呗三小伙和叽红赛姑娘的故事

《呗三小伙和叽红赛姑娘的故事》，彝文，清抄本，线订册页装。存一卷，一册。板框高十九点五厘米，广二十四厘米。每页二十五行，行十五字，白口，无边栏。旧写本，本色，绵纸，手抄体，墨书，保存完好。

彝族南部方言民间爱情故事书。讲述了远古时候，居古赛城诞生了一个小孩，取名呗三。呗三十一岁时染上怪病，周身剧痛，寻医问药不见好，瘫在床上三年。家人请来四位大毕摩设祭坛寻病源，方知呗三长成了小伙子，需找到一个名叫叽红赛的姑娘为妻便可除病根。呗三小伙骑着白骏马，戴上法帽，披上黑毡子，领着花脖颈猎狗，带上避邪的黑猎鹰去寻找称心如意的情人。经过三年的艰辛寻找，在一个叫阿吉本的寨子里找到了叽红赛姑娘。呗三小伙与叽红赛姑娘相互倾心，一起度过了三年的美好时光。三年后，呗三小伙想起了家中的亲人，不听叽红赛姑娘劝阻，踏上了归乡的路。因逢不吉年月，途中遭阴箭所伤，染上了不治之症。叽红赛姑娘听到乌鸦叫，听到狐狸吼叫，听到赶马雀鸣预感到自己的情人遇到不祥的事，她不顾路途遥远，向恋人的家乡找去。当她找到恋人时，恋人呗三已病得奄奄一息。叽红赛姑娘暗下决心，无论付出多大的代价都要找到更兹不死药和索番不病方救治自己的恋人，她找遍了所有集市、店铺，没有买到更兹不死药，没有讨得索番不病方。她赶回到恋人家时恋人已断气三天，正逢恋人尸体焚烧日，看到熊熊火焰正焚烧自己的恋人，趁旁人不注意，跳入火中自焚殉情。全书由呗三小伙出生、成长、思伴、寻伴、热恋、受伤、死亡和叽红赛姑娘择夫、救郎、殉情，及二人化身松树和杉树，最后化蝶升天等几个部分组成。反映了彝族历史上从妻居向从夫居转变时期的婚姻形态和忠贞不渝的爱情观。可供研究彝族婚姻形态和习俗时参考。

云南省楚雄彝族文化研究院藏。国家珍贵古籍名录号12214。

呗三小伙和叽红赛姑娘的故事

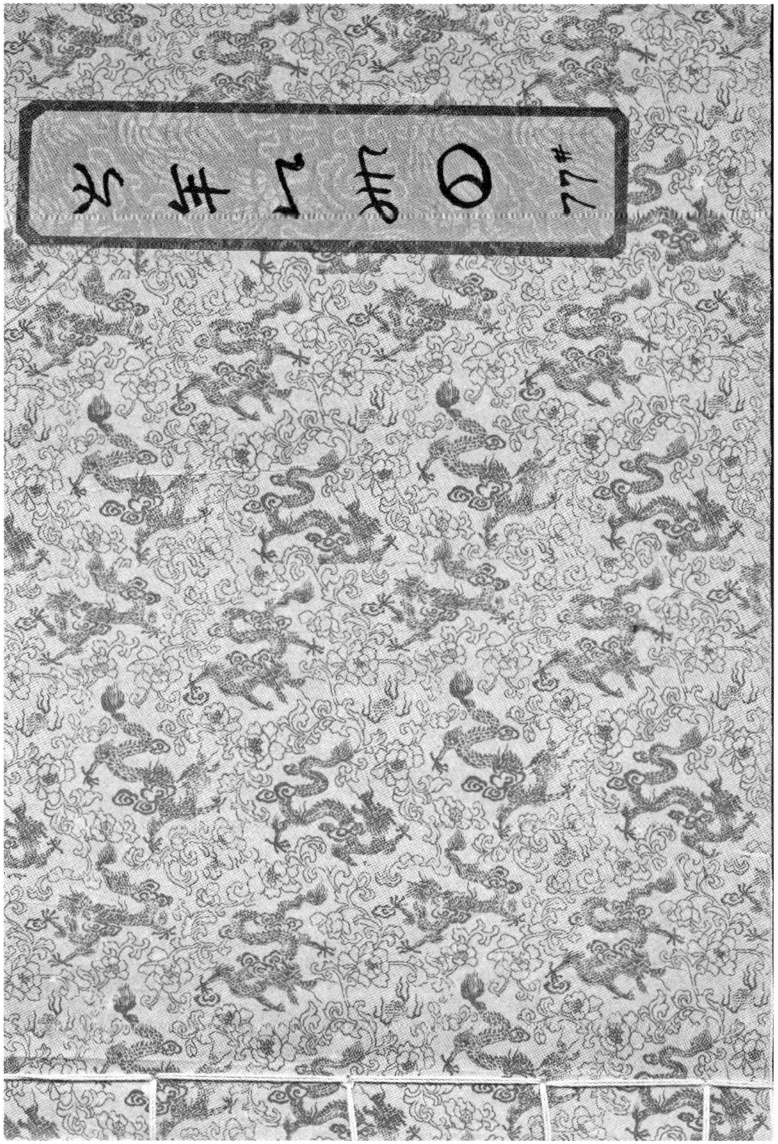

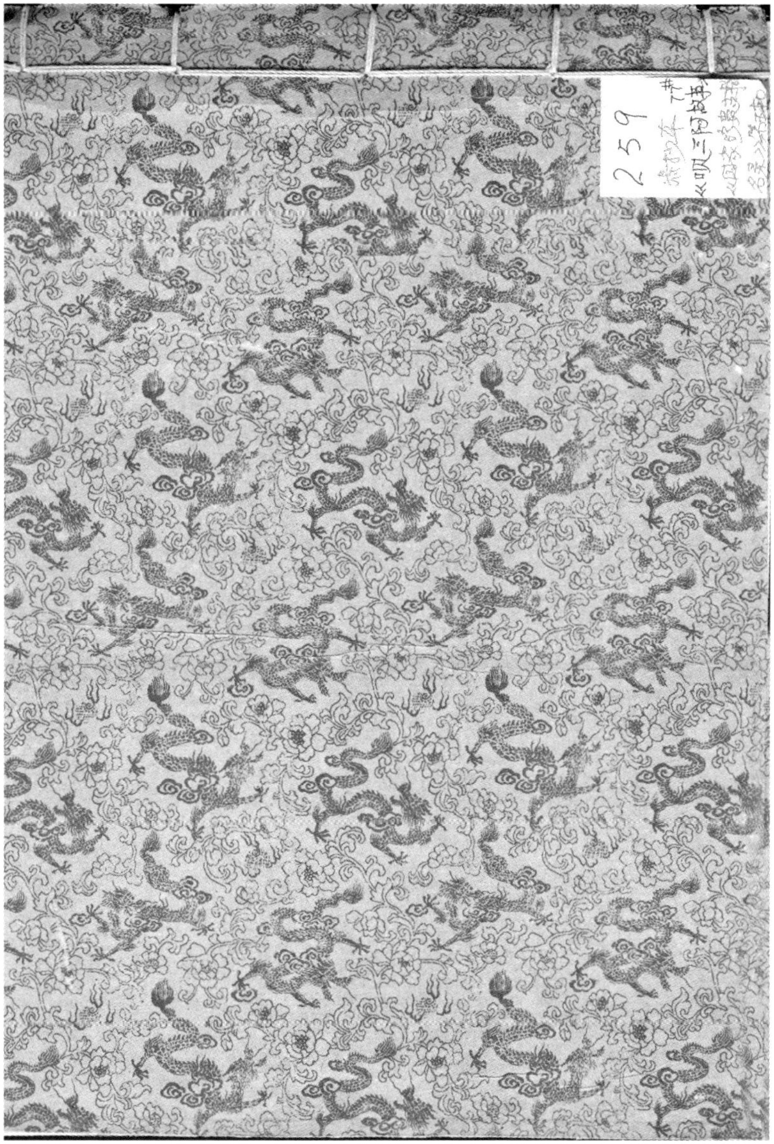

彝文

呗三小伙和叽红赛姑娘的故事

呗三小伙和叽红赛姑娘的故事

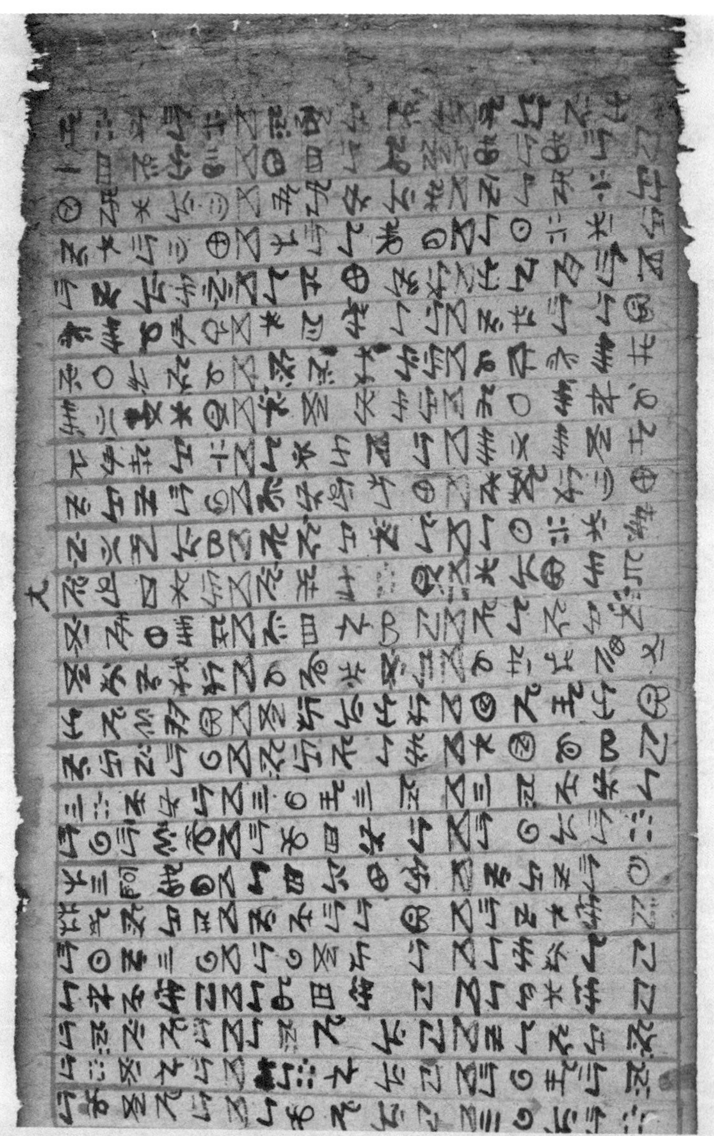

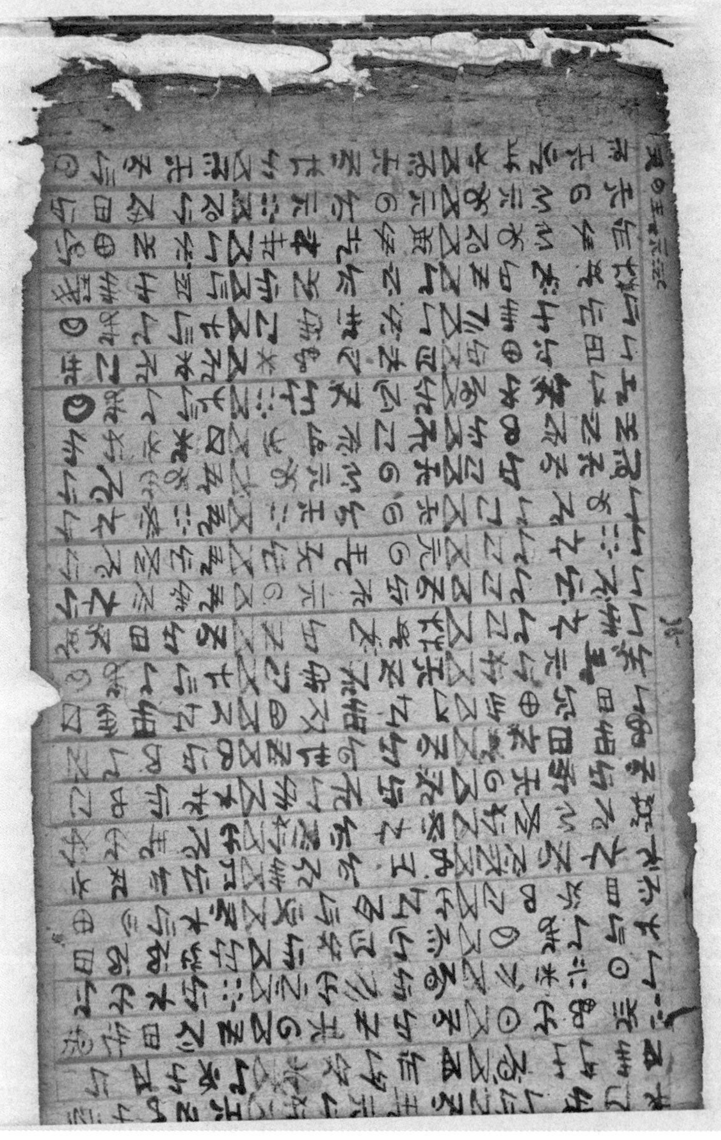

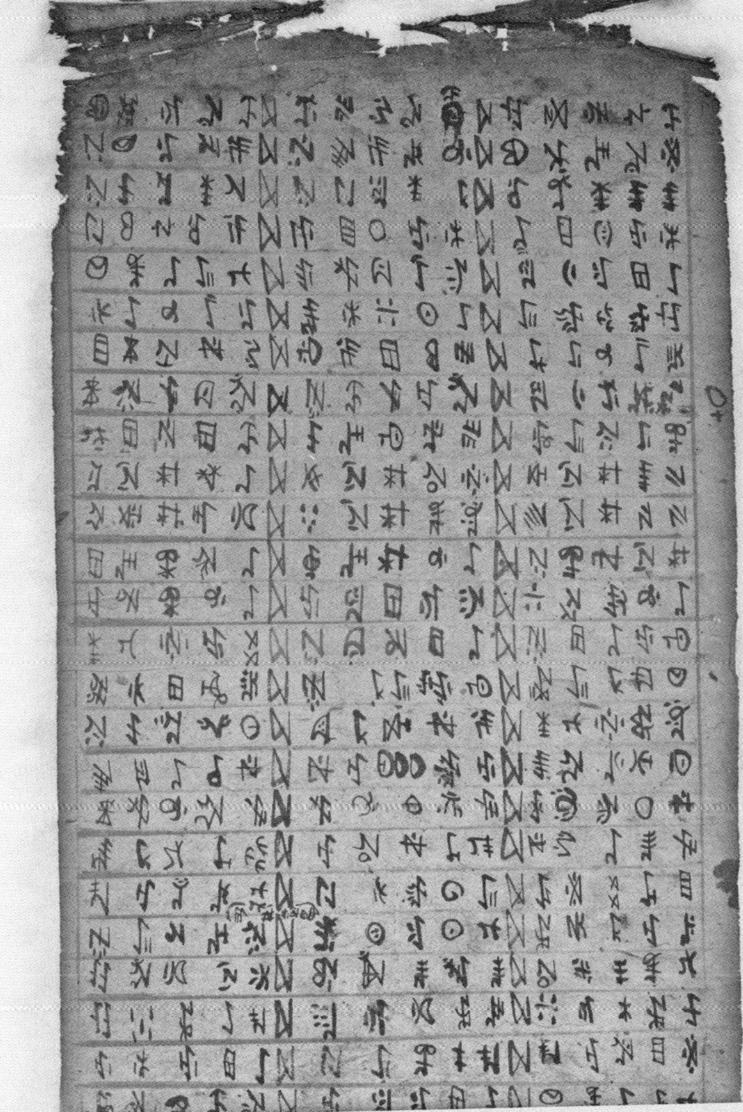

呗三小伙和叽红赛姑娘的故事

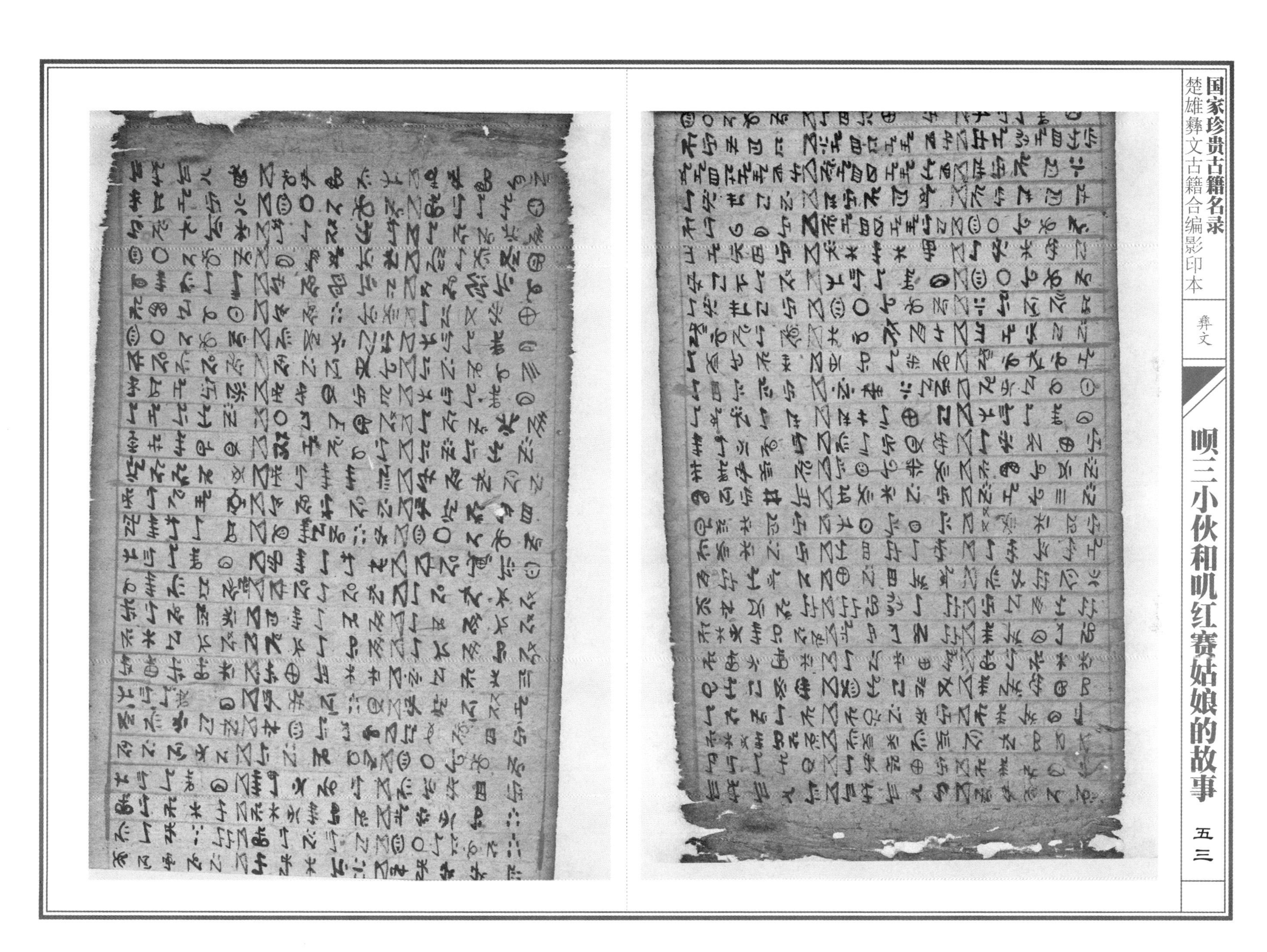

呗三小伙和叽红赛姑娘的故事

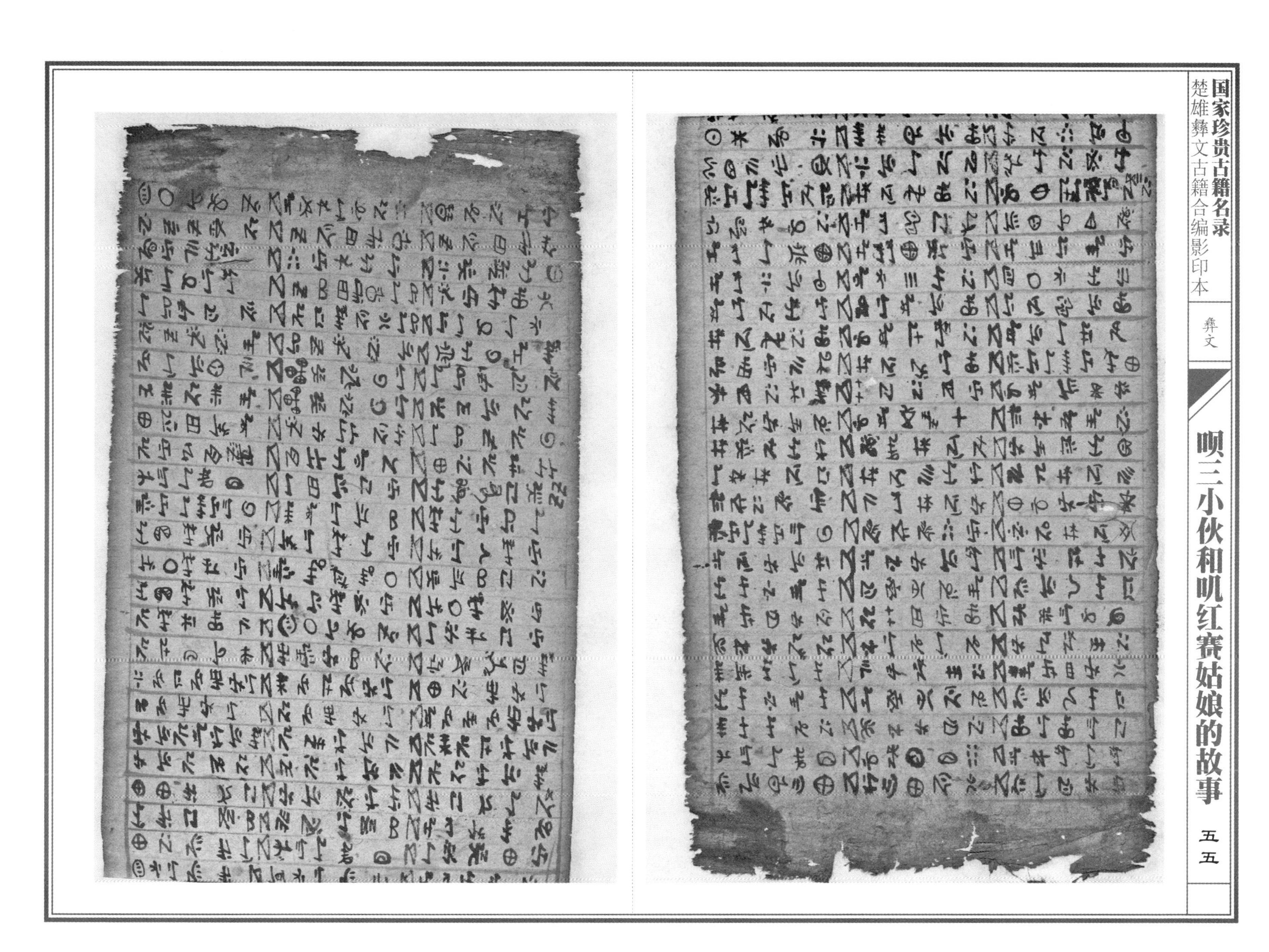

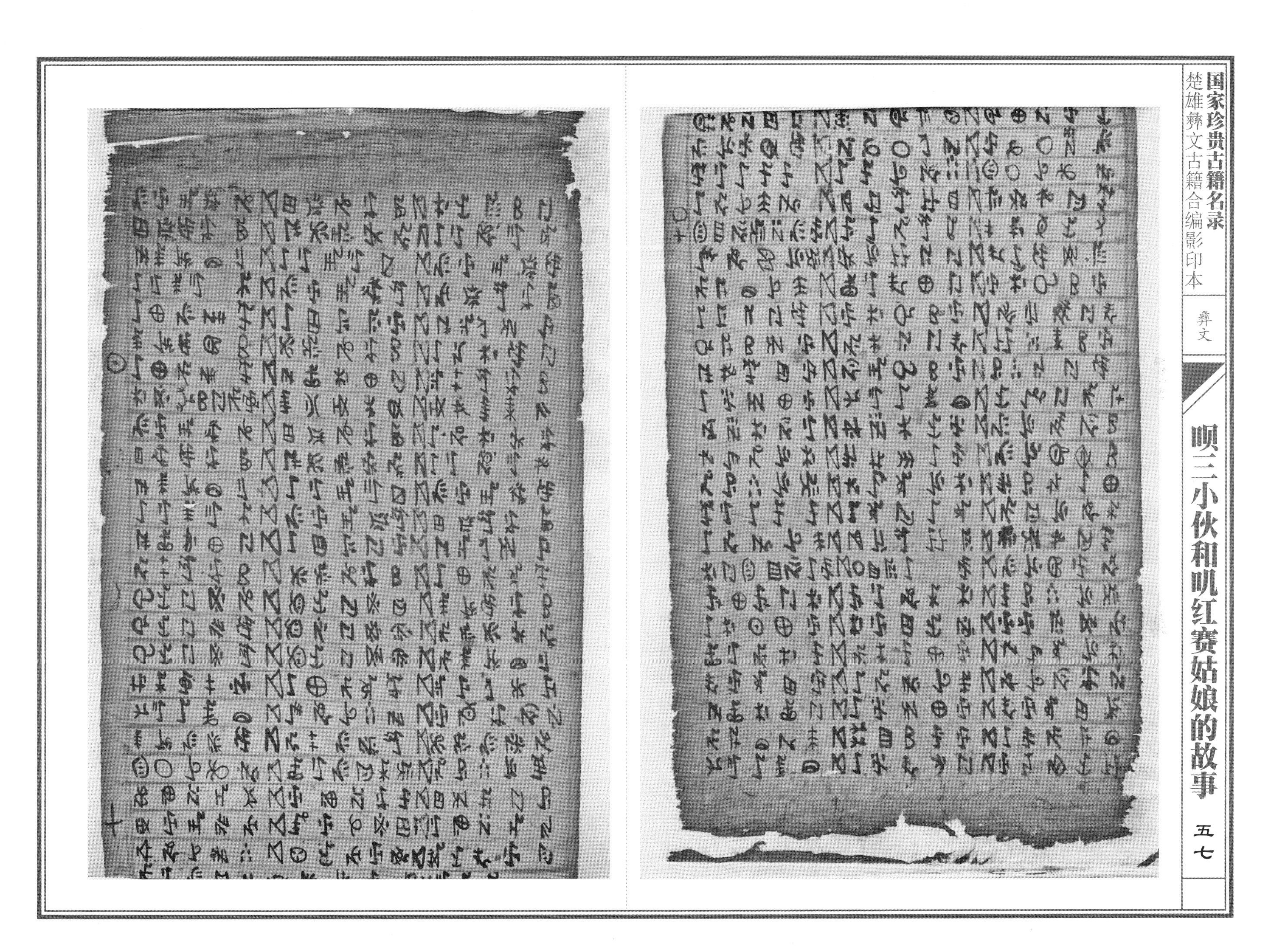

呗三小伙和叽红赛姑娘的故事

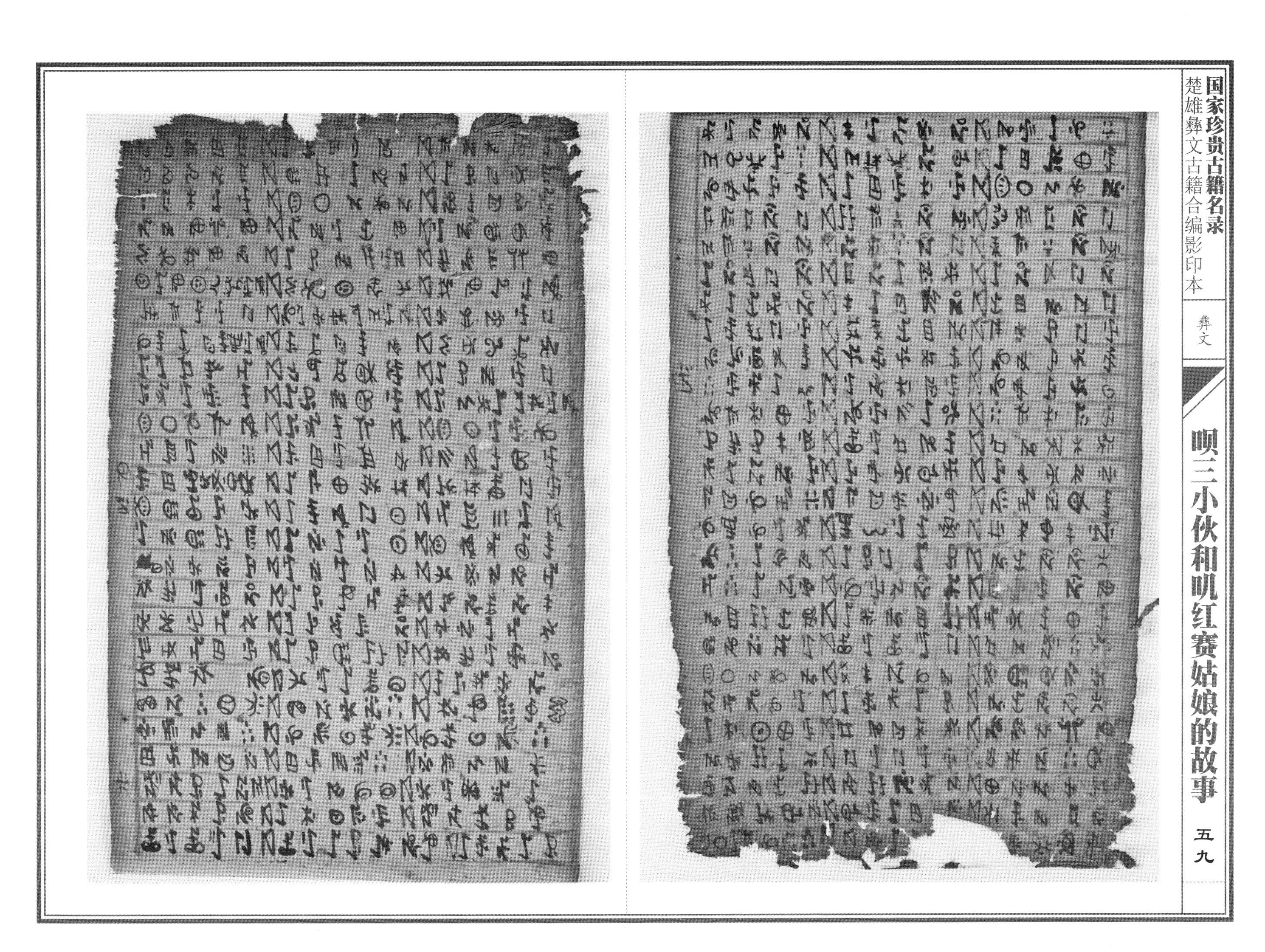

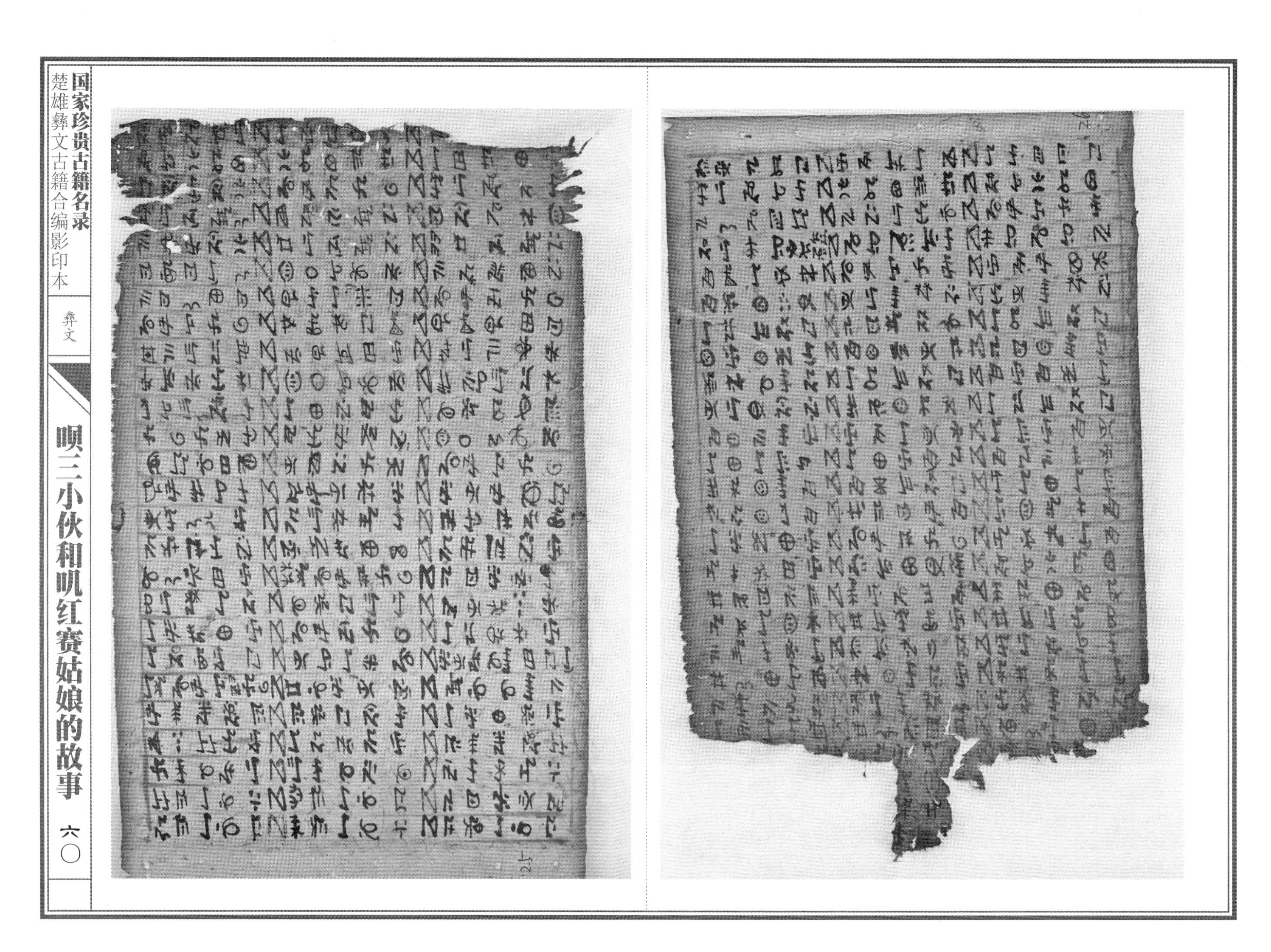

池普纳氏族辖地及叙谱书

《池普纳氏族辖地及叙谱书》，佚名录，清道光十年（1830年）东戴抄本。存一卷，一册。板框高十六点六厘米，广十二点一厘米。半页八行，行十五字。白口，四周单栏。回写本，本色，绵纸，线订册页装，标题有墨框。

池普纳氏族辖地及叙谱书

《池普纳氏族辖地及叙谱书》，佚名录，清道光十年（1830年）东戴抄本。存一卷，一册。板框高十六点六厘米，广十三点一厘米。半页八行，行十五字。白口，四周单栏。旧写本，本色，绵纸，线订册页装，标题有墨框。

《池普纳氏族辖地及叙谱书》为彝族池普纳氏族曾居地记录及叙谱书。为云南省武定县境内彝族池普纳氏族用彝文记录的家谱。其内容记述了池普纳氏族历史上因迁徙曾经居住过的发块、纳默、乍基、谷支、万德、格黑铺等八处地名以及四十五代祖先名和该氏族历史上举行的二十次祭祖大典时迎取福禄水的地名。彝族举行的祭祖大典彝语称为“耐姆”。彝族传统灵魂观念认为，人亡逝后有三个灵魂，一魂守在坟山上；一魂经指路祭仪回归祖先发祥地，与祖先同聚；一魂附于灵牌，在家堂享受子孙供奉，经祭祖大典后顺利升天成为祖先神，庇佑子孙后代。祭祖分宗大典是彝族一项耗资巨大、祭仪繁多、意义深远的标志性大型祭祀活动，一般二至三代举行一次，规模不一。彝族举行祭祖大典时，第二天的一个重要仪式就是汲取福禄水的仪式。取福禄水并分发予氏族成员之后，还以汲取福禄水处的地形、地貌、生长物特征等作为该次祭祖取福禄水的名记写入氏族谱牒。此地名一般并不是公认或大家熟悉的地名，比如取水处有一个大石头，就叫“大石福禄水”，有马缨花树，就叫“马缨福禄水”等。祭祖汲取福禄水处，即成为该氏族成员繁衍发展后追叙同宗的根源与依据。可供研究彝族历史、迁徙史及古地名时参考。

云南省楚雄彝族文化研究院藏。国家珍贵古籍名录号11296。

清道光十年（1830年）抄本《池普纳氏族辖地及叙谱书》

6

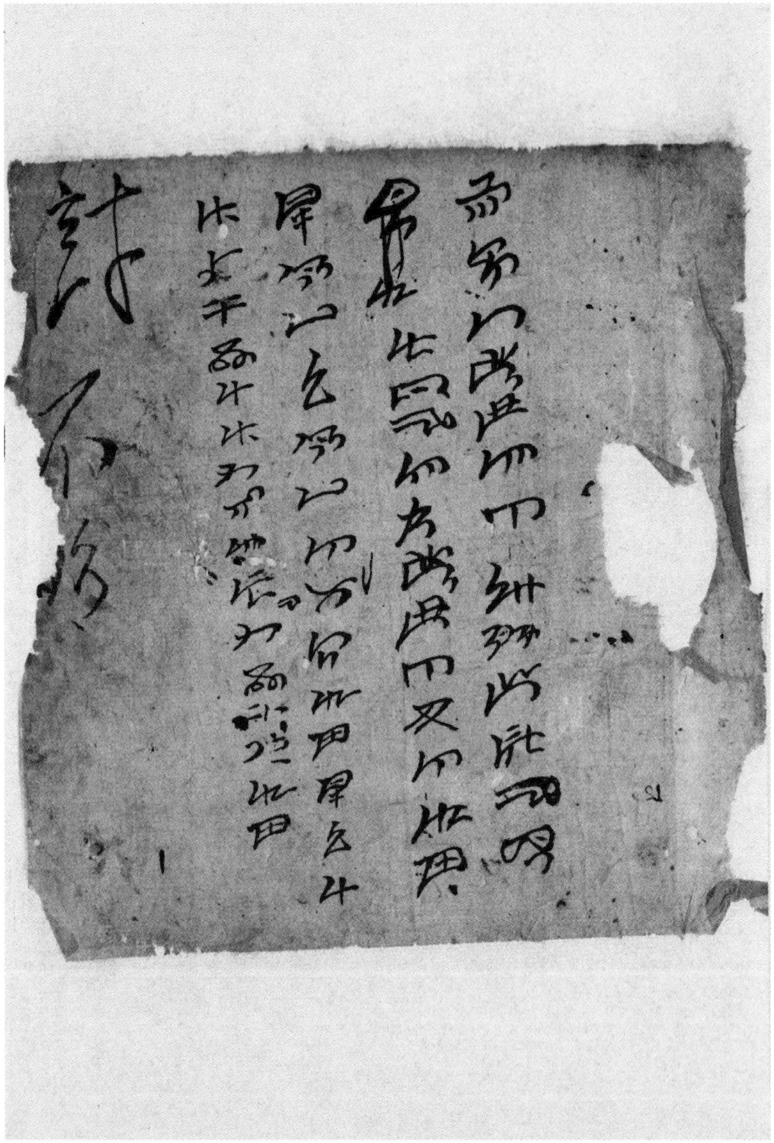

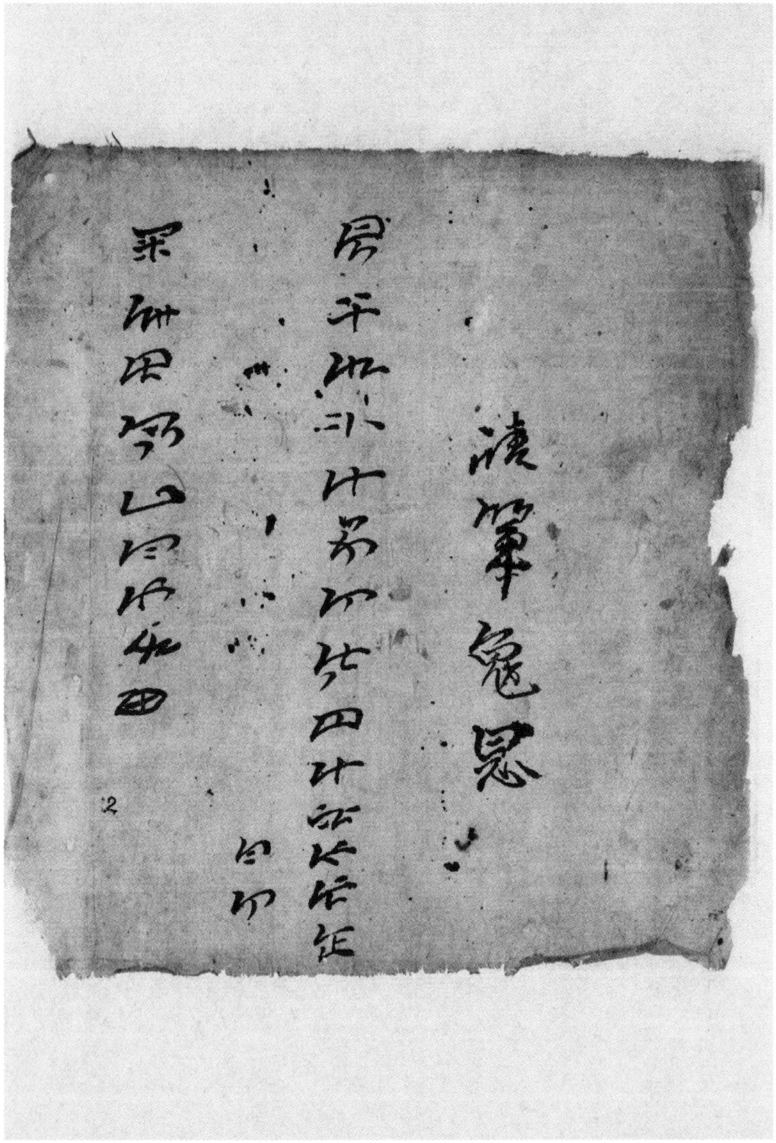

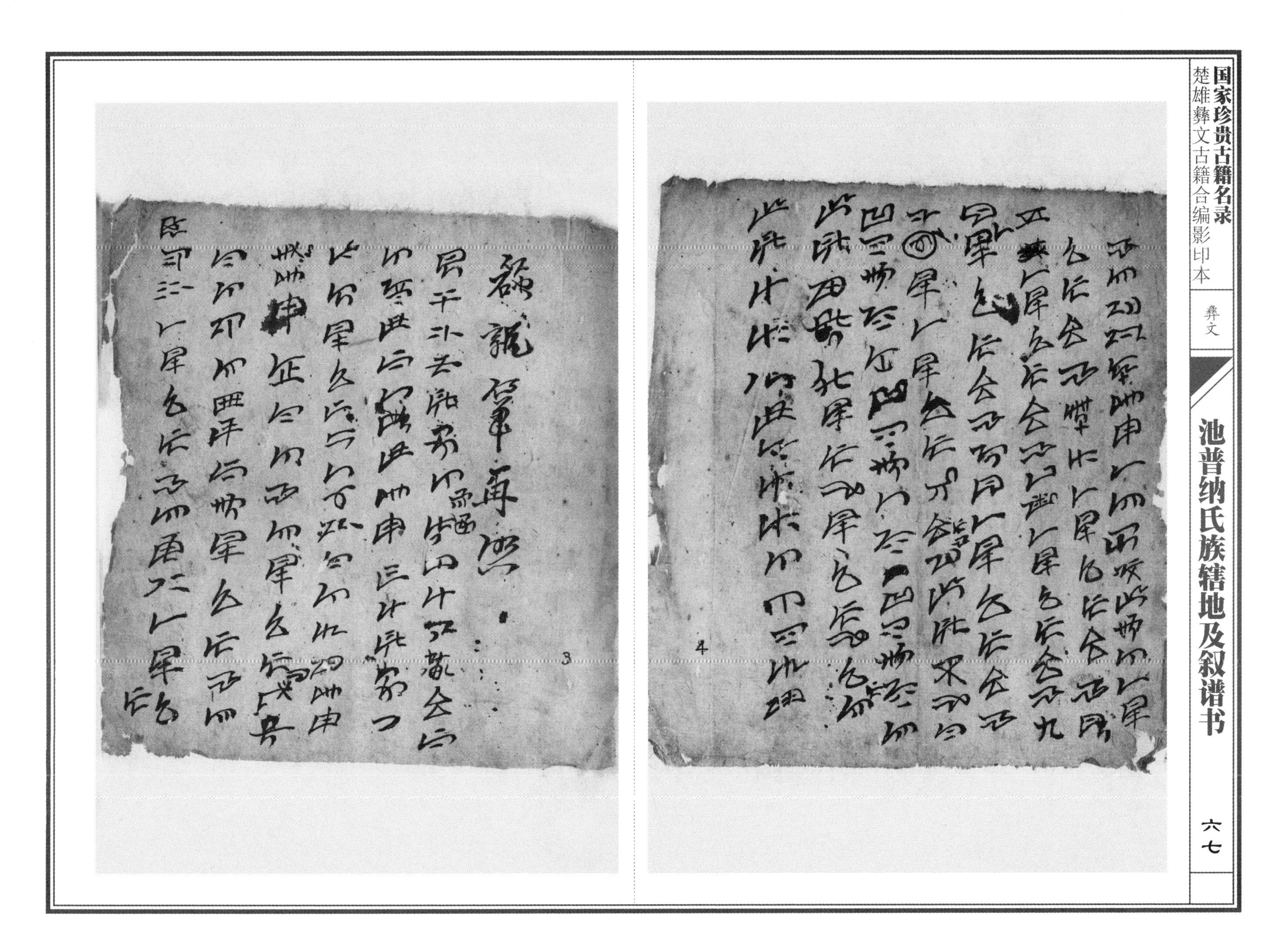

3

4

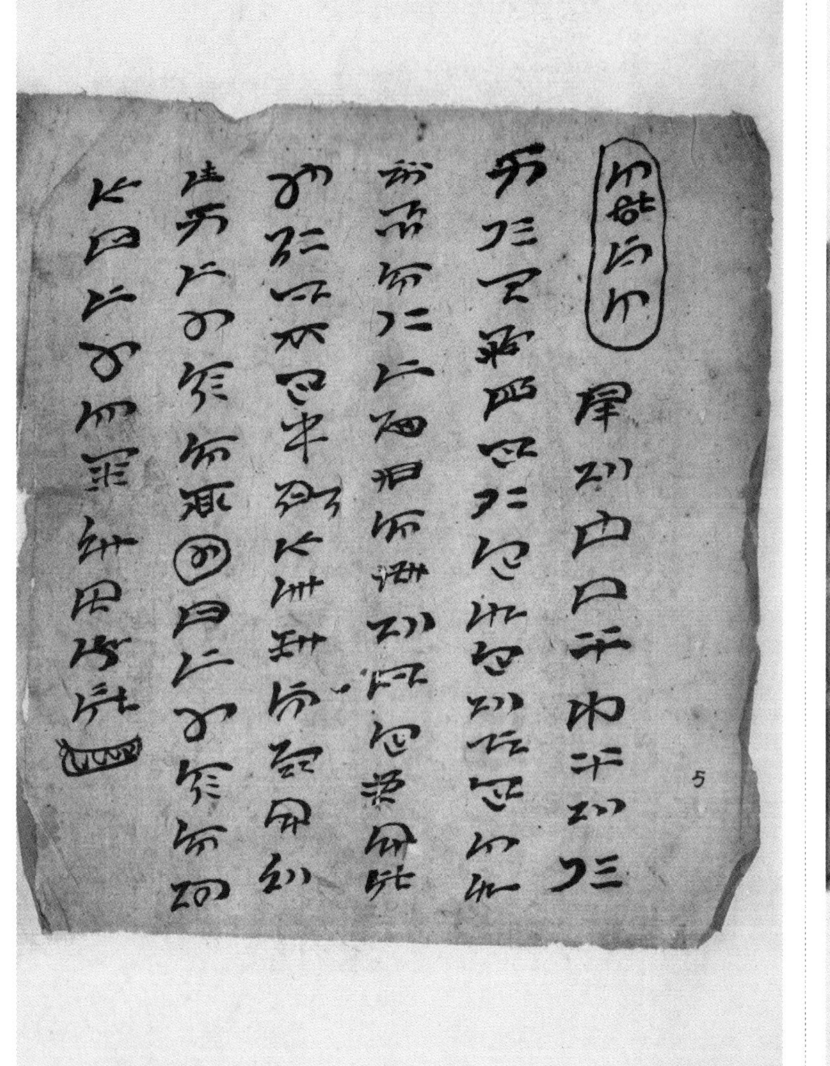

7

8

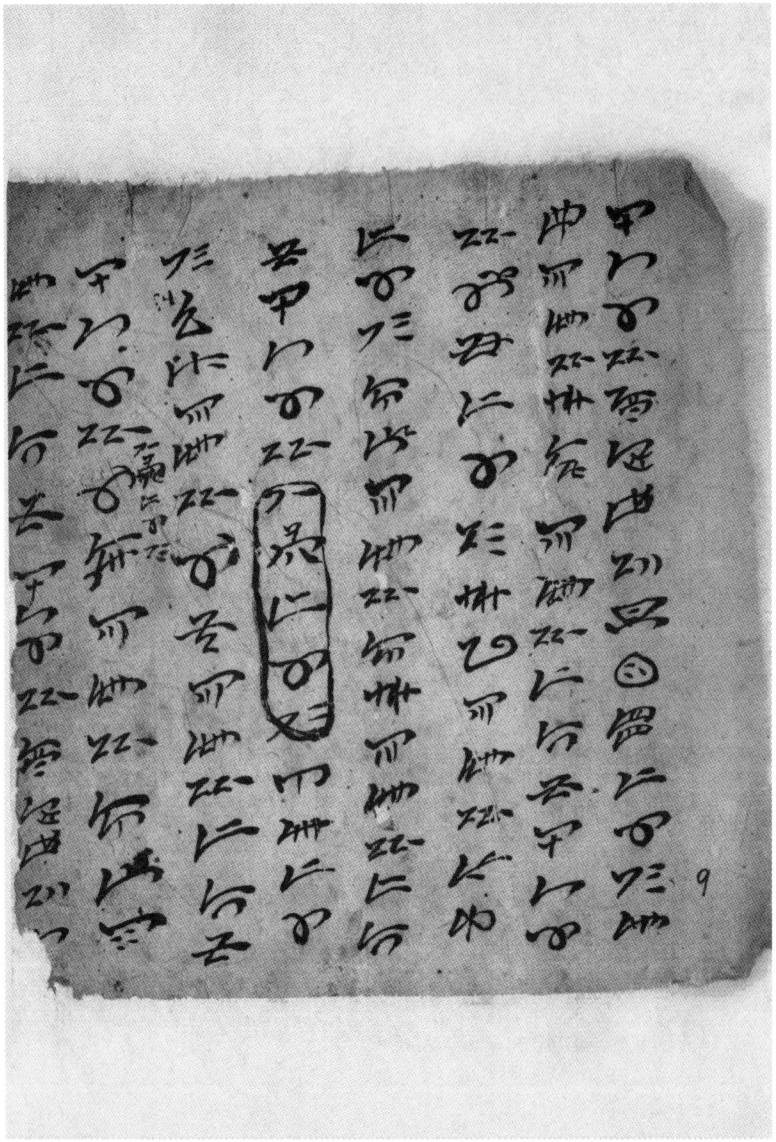

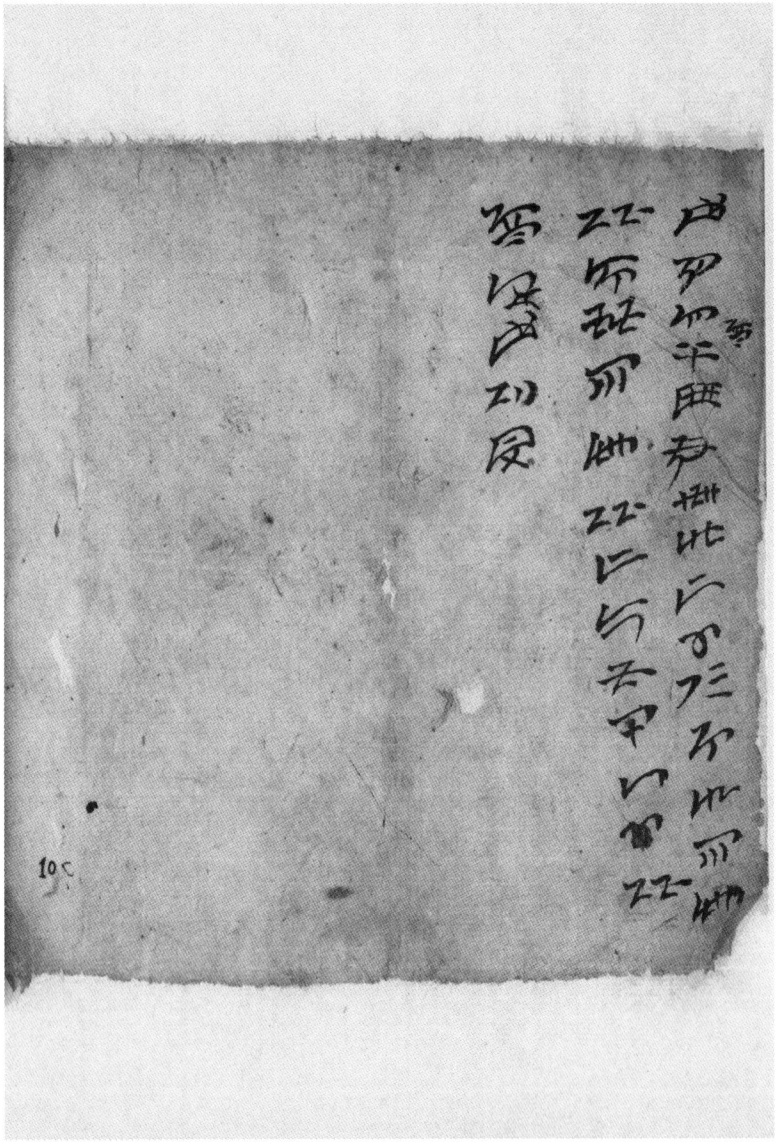

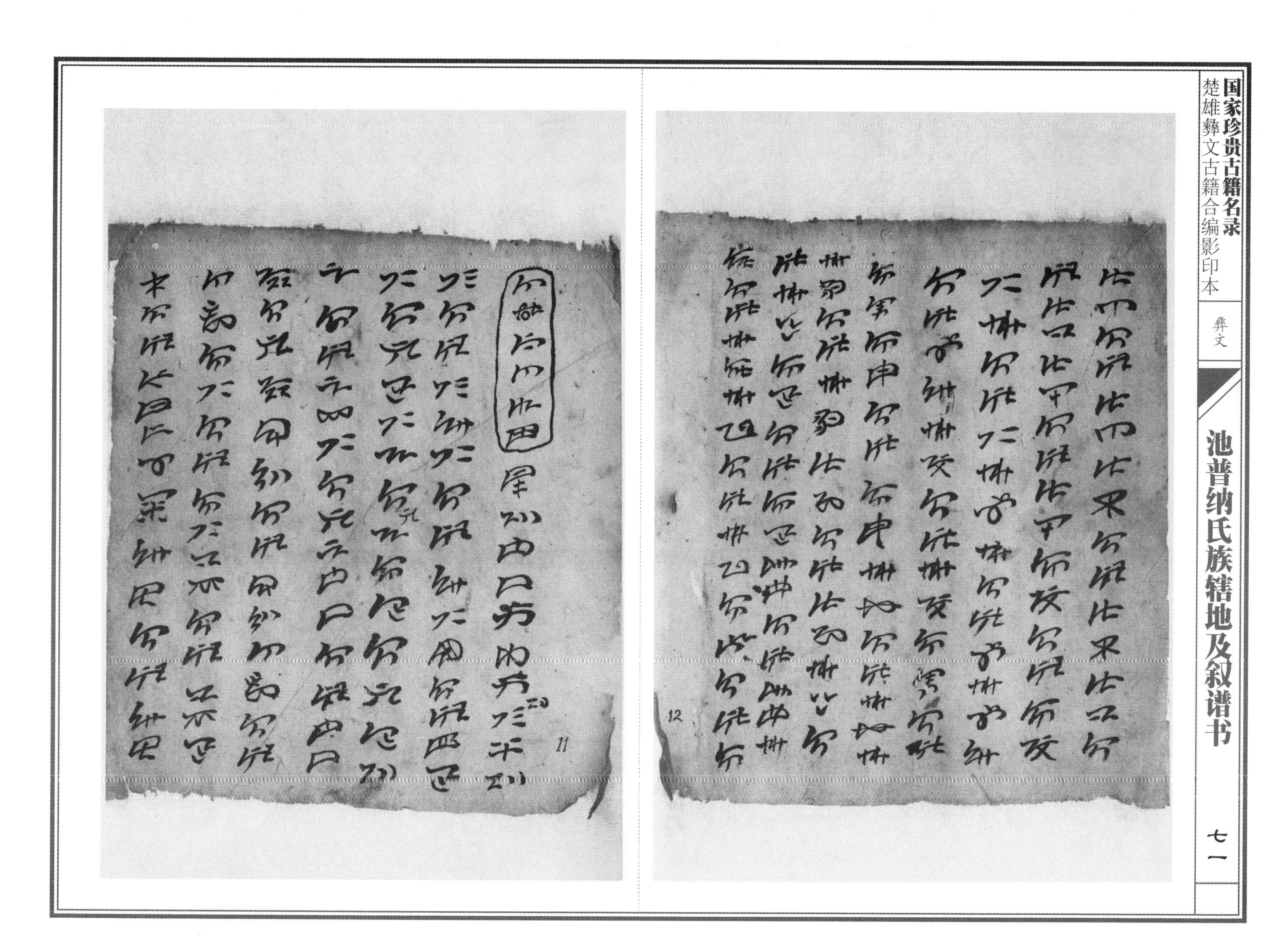

立借銀文約人乚係昂木丹下村至為因正用急
迫無處出辦清愿情憑中人將自己

立借銀文約人係昂木丹住人為因年
歲饑荒無力充餓買到大徙義村錢世溢
名下苞谷京三斗合價銀伍兩貳錢

13

現俞至期無力酧還情愿請出保
立約借到世溢名下苞谷價艮伍兩弍
錢整即日憑恁証定明年内得还無
利倘銀恁原外自任隨三系管什補
自十七年五月十八起算時保二比照廿
情愿並無中人壓合勒逼恐口無憑
立此借約為據是
光緒拾九

14

15

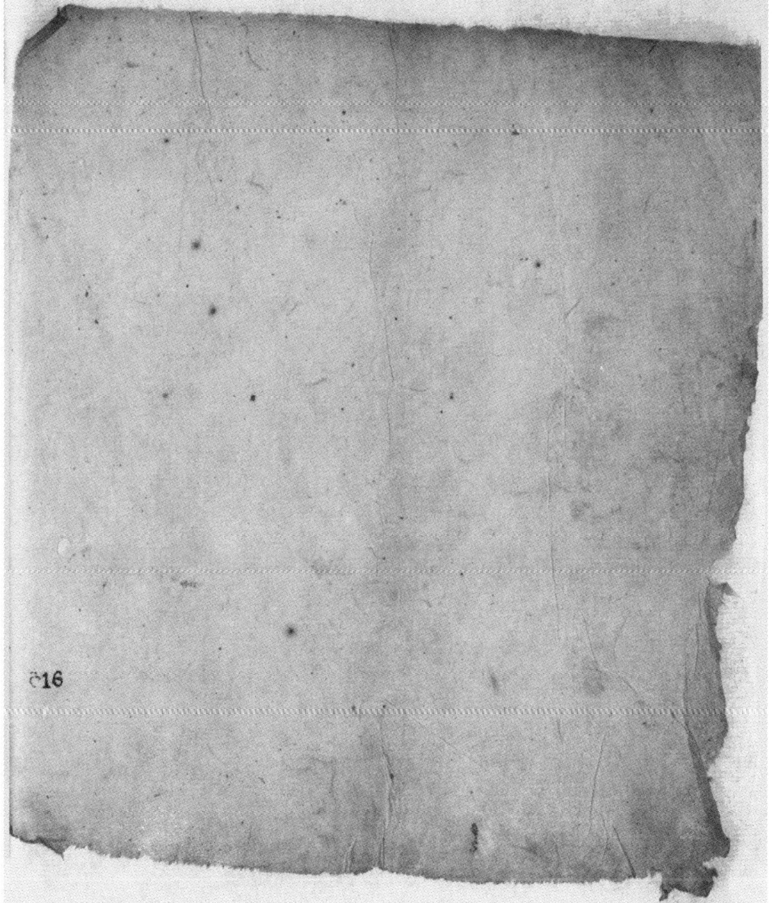

816

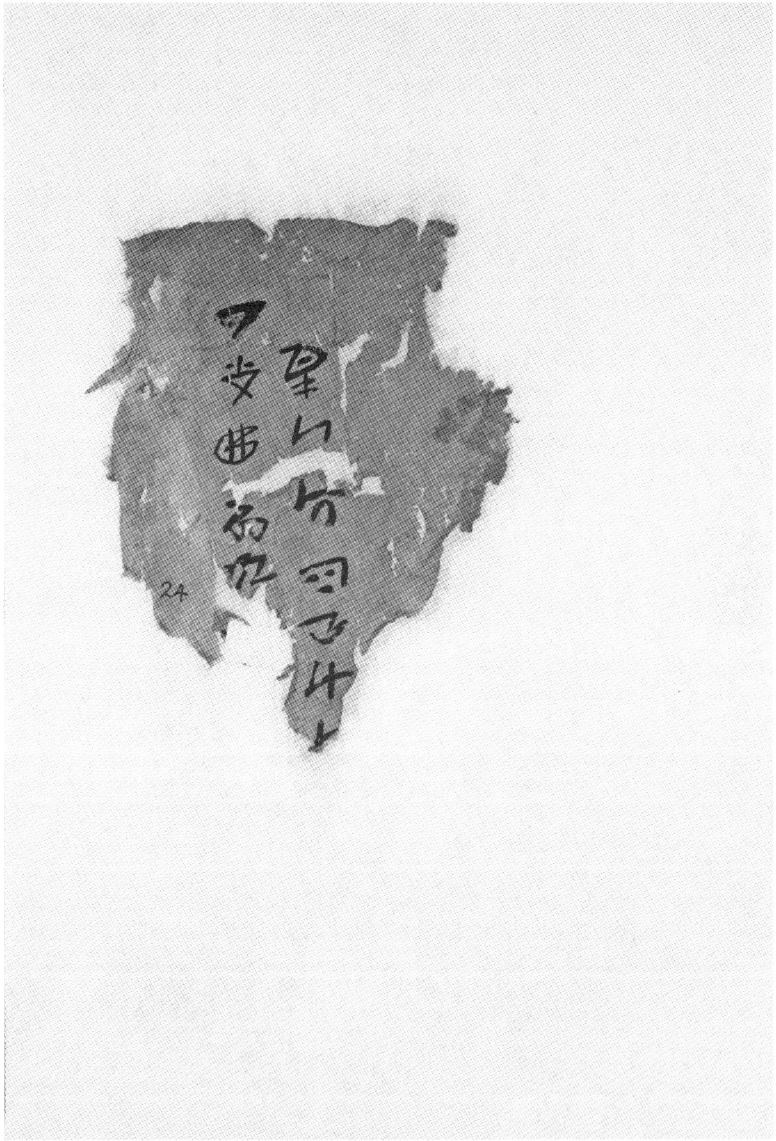

贿赂经

《贿赂经》，佚名著，清乾隆年间抄本，页面高十九厘米，广一一四厘米。半页三行，每行十七至十八字，白口，无边栏。旧写本，本色，绵纸，经折装，墨书，有朱色句读。

贿赂经

《贿赂经》，佚名著，清乾隆年间抄本，页面高十九厘米，广一一四厘米。半页三行，每行十七至十八字，白口，无边栏。旧写本，本色，绵纸，经折装，墨书，有朱色句读。

《贿赂经》又译《压土邪经》《压土邪气经》。彝族丧葬压土邪仪式中使用的经书。流传于云南省武定县、禄劝县彝语东部方言彝区。武定、禄劝一带的彝族传统观念认为地面土层分为熟土层和生土层，熟土层中的气体与地面气体是完全一样的，适合人类予取予求生存使用，狩猎放牧、栽种稼穑、蓄养牲畜……熟土层怎么折腾都对人畜、庄稼无害。生土层中的气体与地面气体完全不一样，是不祥有害的邪气，但凡动及生土层的活动，都会导致邪气外泄，都需延请毕摩诵经请神压制生土层中的邪气。生土层里的邪气不但对人畜、庄稼不利，对亡逝的逝者灵魂也有害。在为逝者举行丧葬祭奠活动的时候，免不了动土深及生土层，所以必须举行压土邪仪式，通过宰杀供奉一头小猪给各路神尊和祖先神灵，祈求各路神灵以他们的神威法力压制、抵御生土层中的邪气作祟。祭辞内容为祭告祖先神灵和逝者亡魂，逝者生前不曾被土邪侵犯，亡逝后已为其祛除土邪，其亡魂是干净清白的，祈望祖先接纳他顺利回归祖先发祥地。同时也祈求各路神尊和祖先神灵安享供奉之后荫庇氏族成员，保护子裔平安。可供研究彝族原始宗教与丧葬习俗。

云南省楚雄彝族文化研究院藏。国家珍贵古籍名录号 09720。

贿赂经

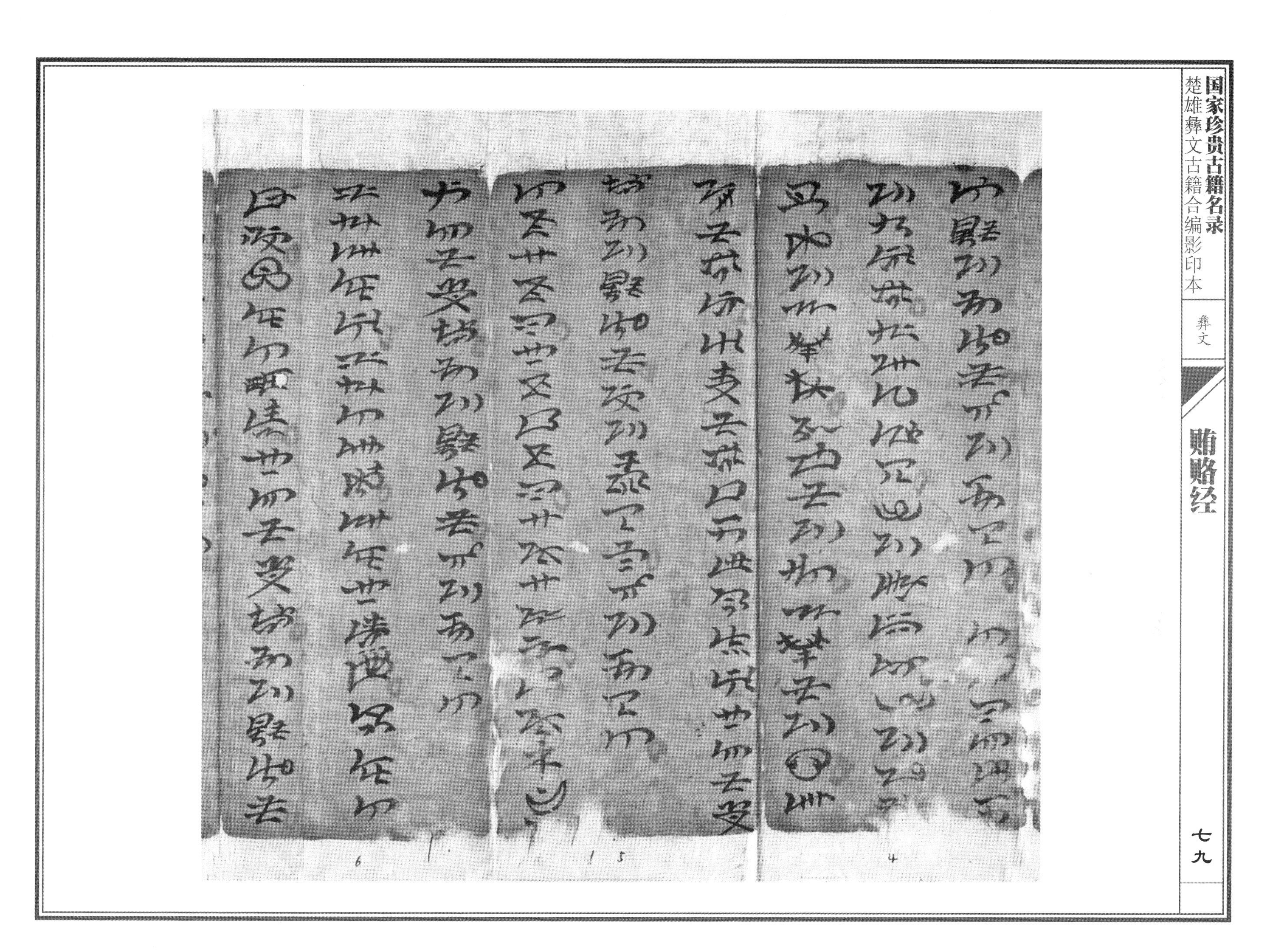

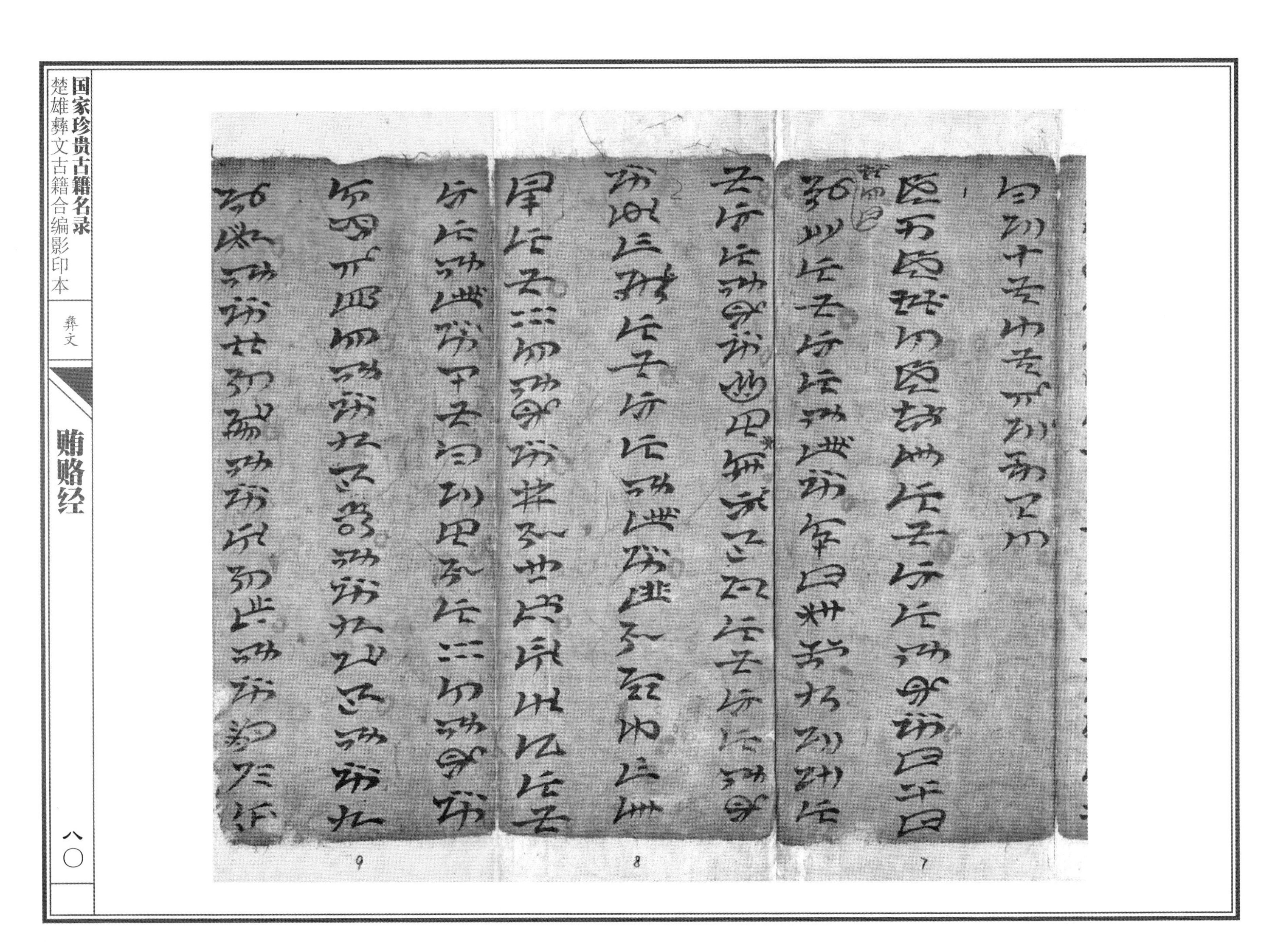

9 8 7

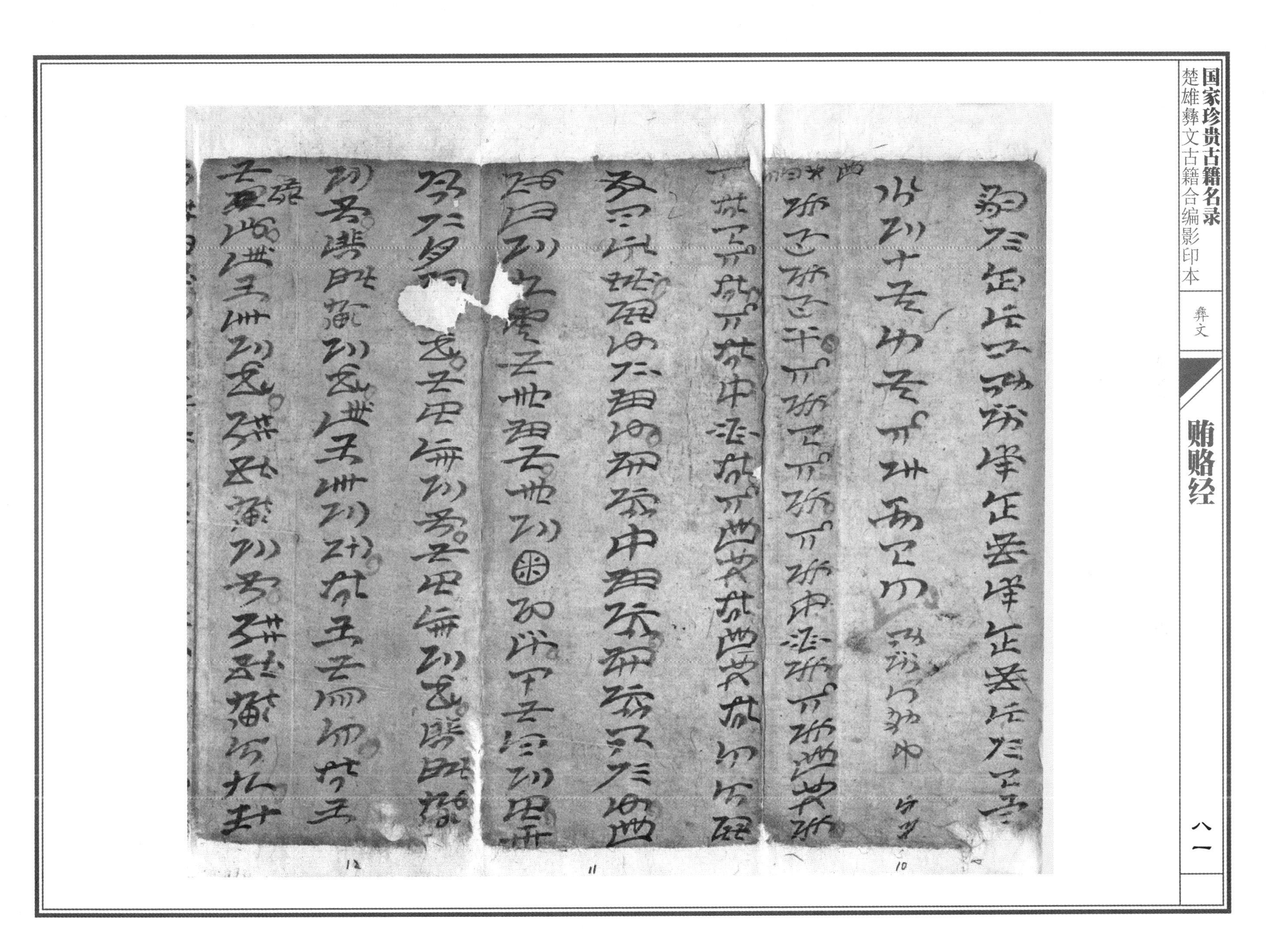

10

11

12

贿赂经

15 14 13

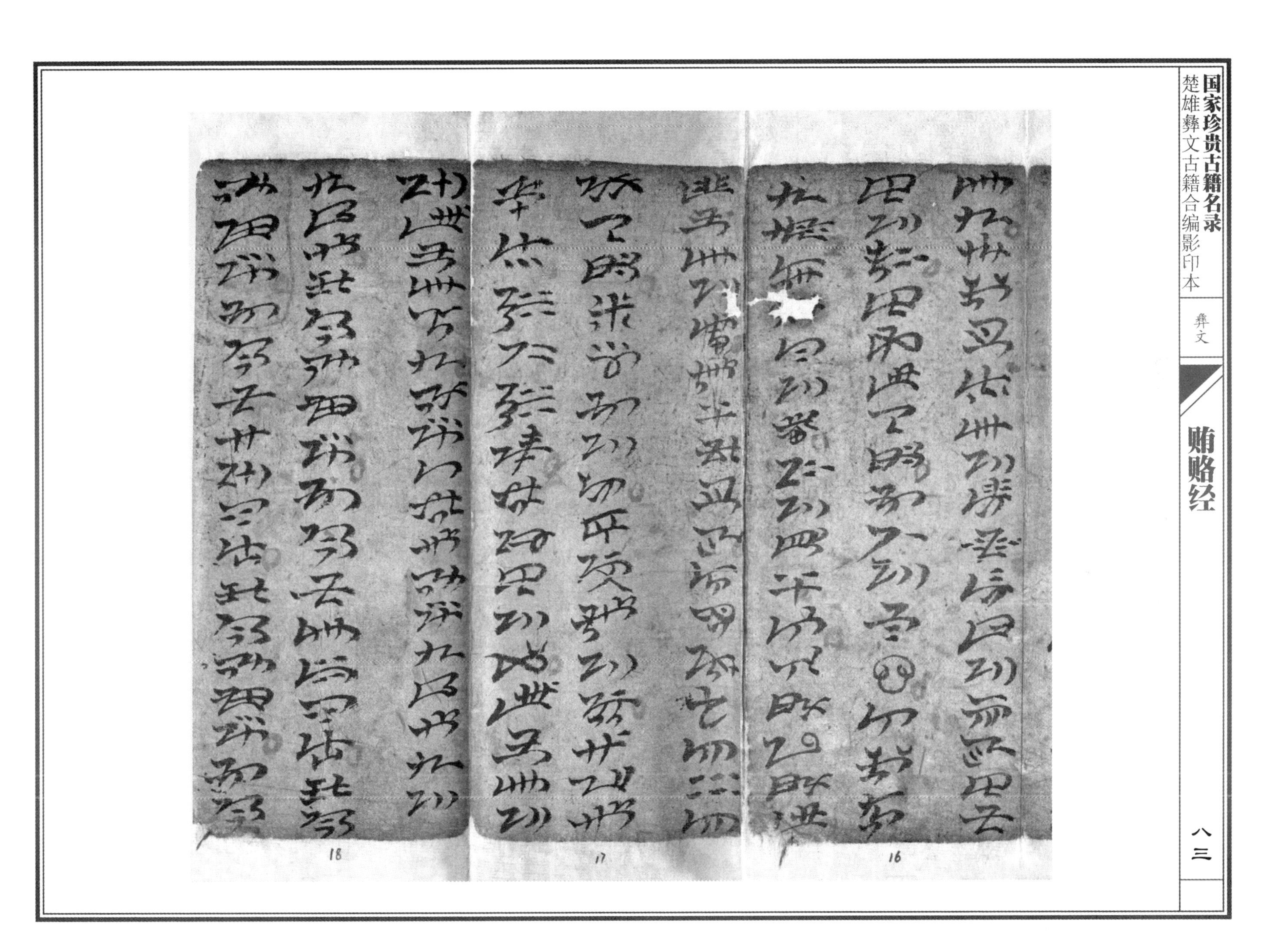

18

17

16

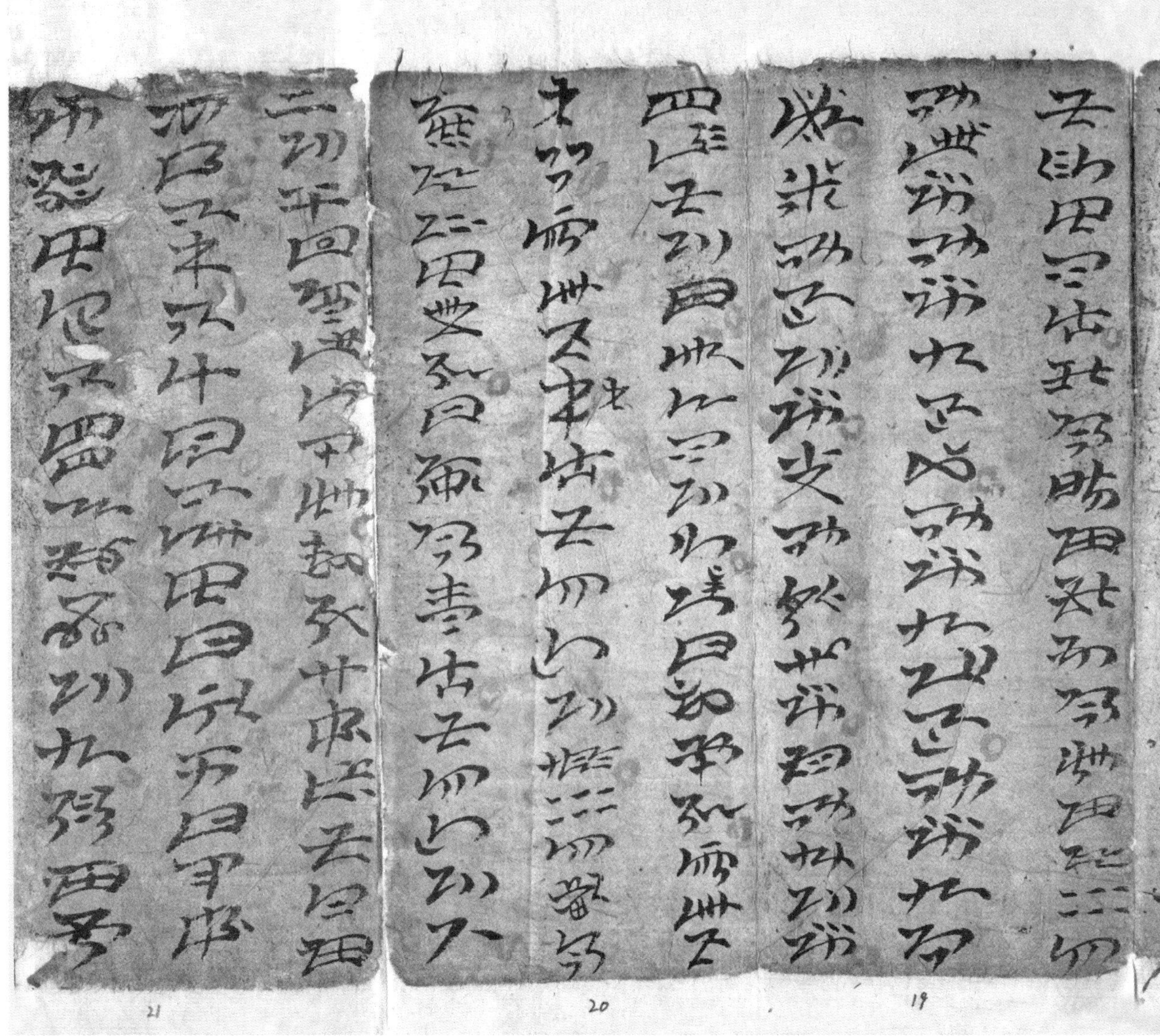

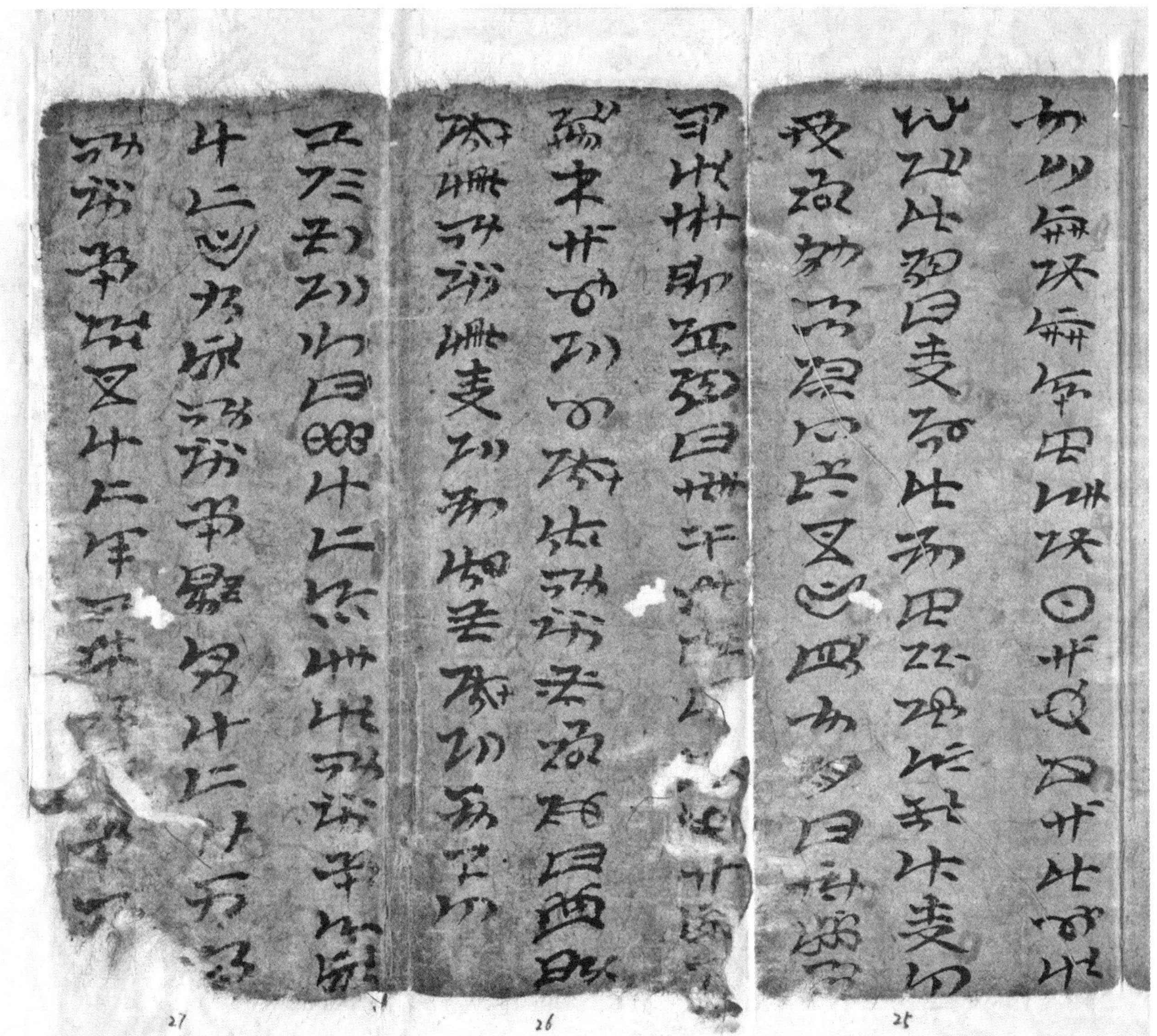

祭场解口舌罪经

《祭场解口舌罪经》，佚名著，此部为清光绪二十三年（1897年）李格抄本。存一卷，一册。页面高十九点一厘米，广十四点五厘米。半页八行，行十五至十八字。白口，无边栏。旧写本，本色，绵纸，线订册页装，标题有朱墨双色框。

祭场解口舌罪经

《祭场解口舌罪经》，佚名著，此部为清光绪二十三年（1897年）李格抄本。存一卷，一册。页面高十九点一厘米，广十四点五厘米。半页八行，行十五至十八字。白口，无边栏。旧写本，本色，绵纸，线订册页装，标题有朱墨双色框。

《祭场解口舌罪经》是滇东北武定县、禄劝县一带彝族祭祖仪式中使用的经书。滇东北彝族纳苏人举行氏族祭祖分宗盛典，最终目的是超度祖先灵魂升天成神，让其更具神力地护佑其后裔代代昌盛吉祥。要使祖先灵魂顺利升天，关键是要为其解除生前所有罪孽，再三洁净，使其超脱于凡间鬼魂范畴。是书为毕摩为解除祖先生前与邻里村人等人际交往中发生的口舌纠纷等一切矛盾，从而在超度中得到解脱，顺利成为祖先神时所诵念的经书。是研究彝族伦理道德观念、丧葬习俗与原始宗教重要的参考文献。

云南省楚雄彝族文化研究院藏。国家珍贵古籍名录号11317。

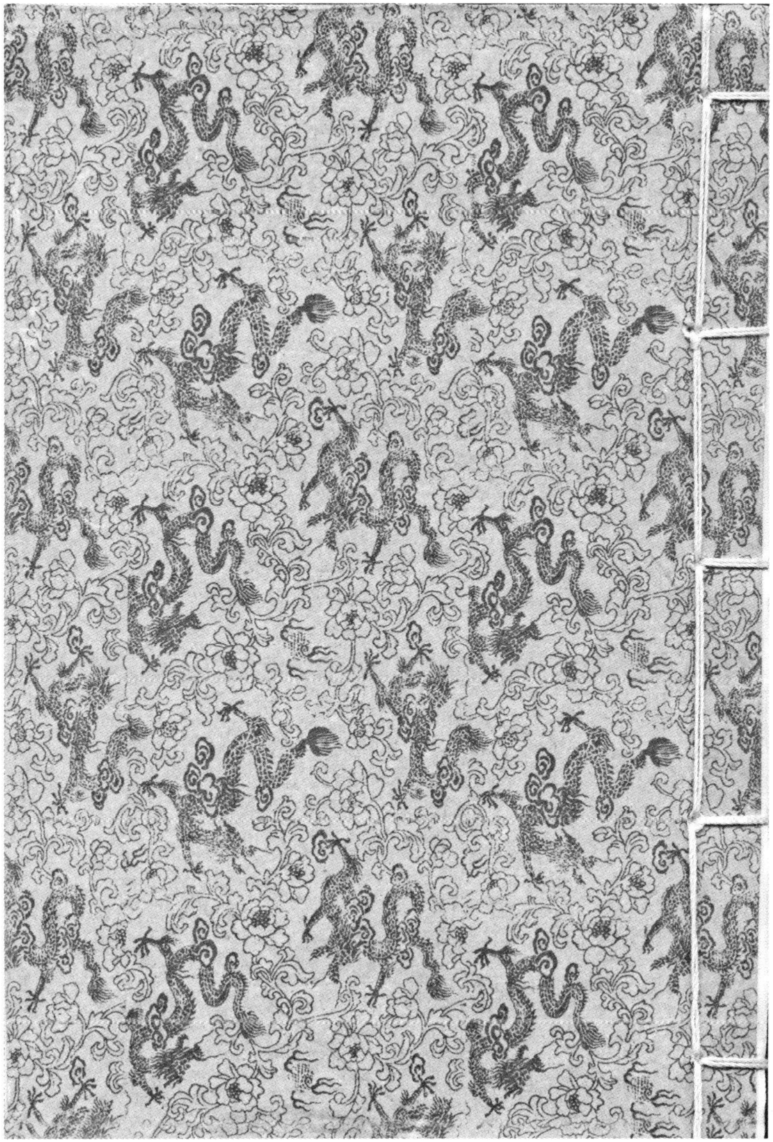

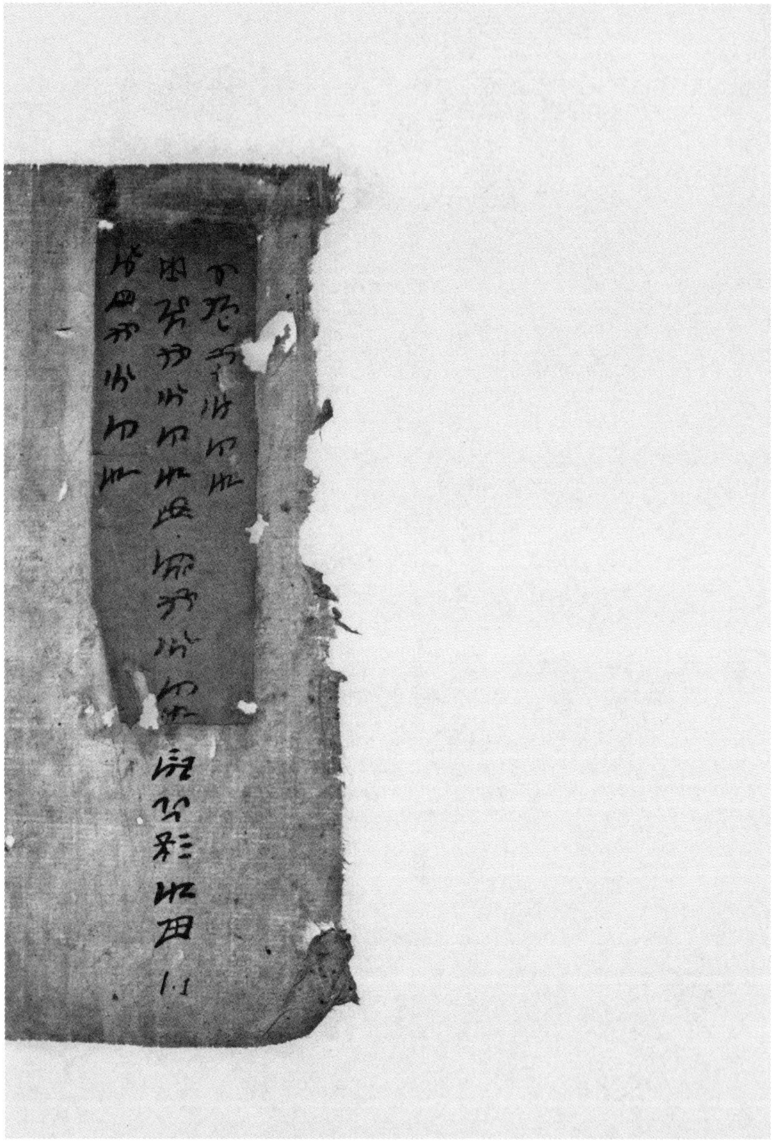

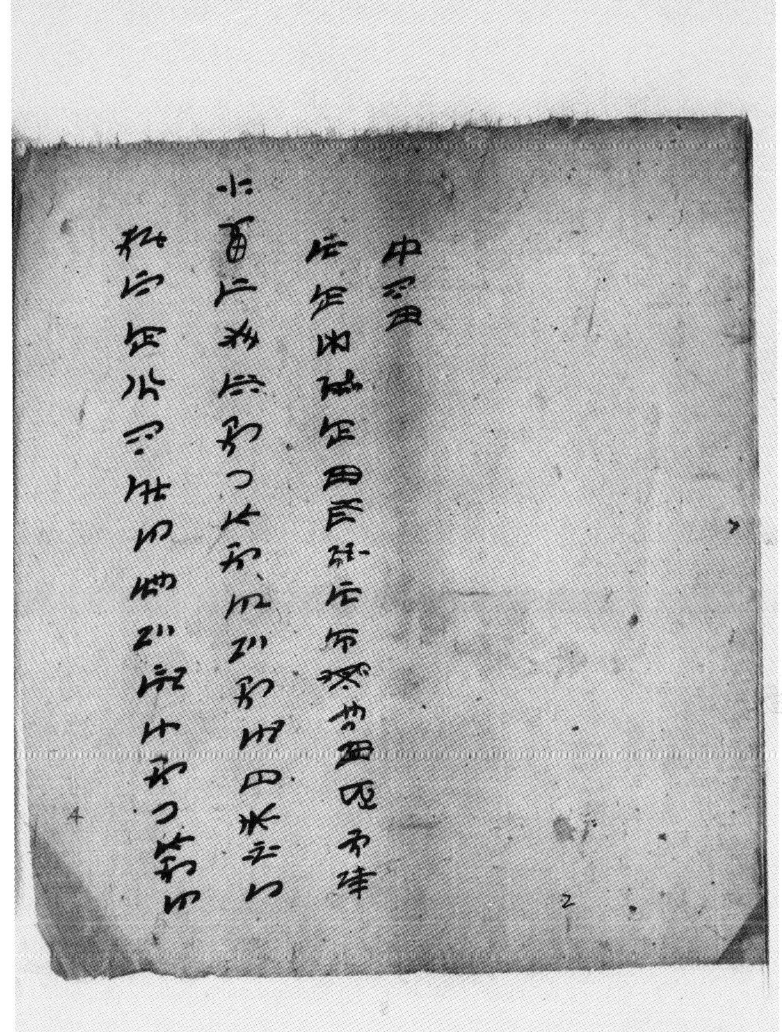

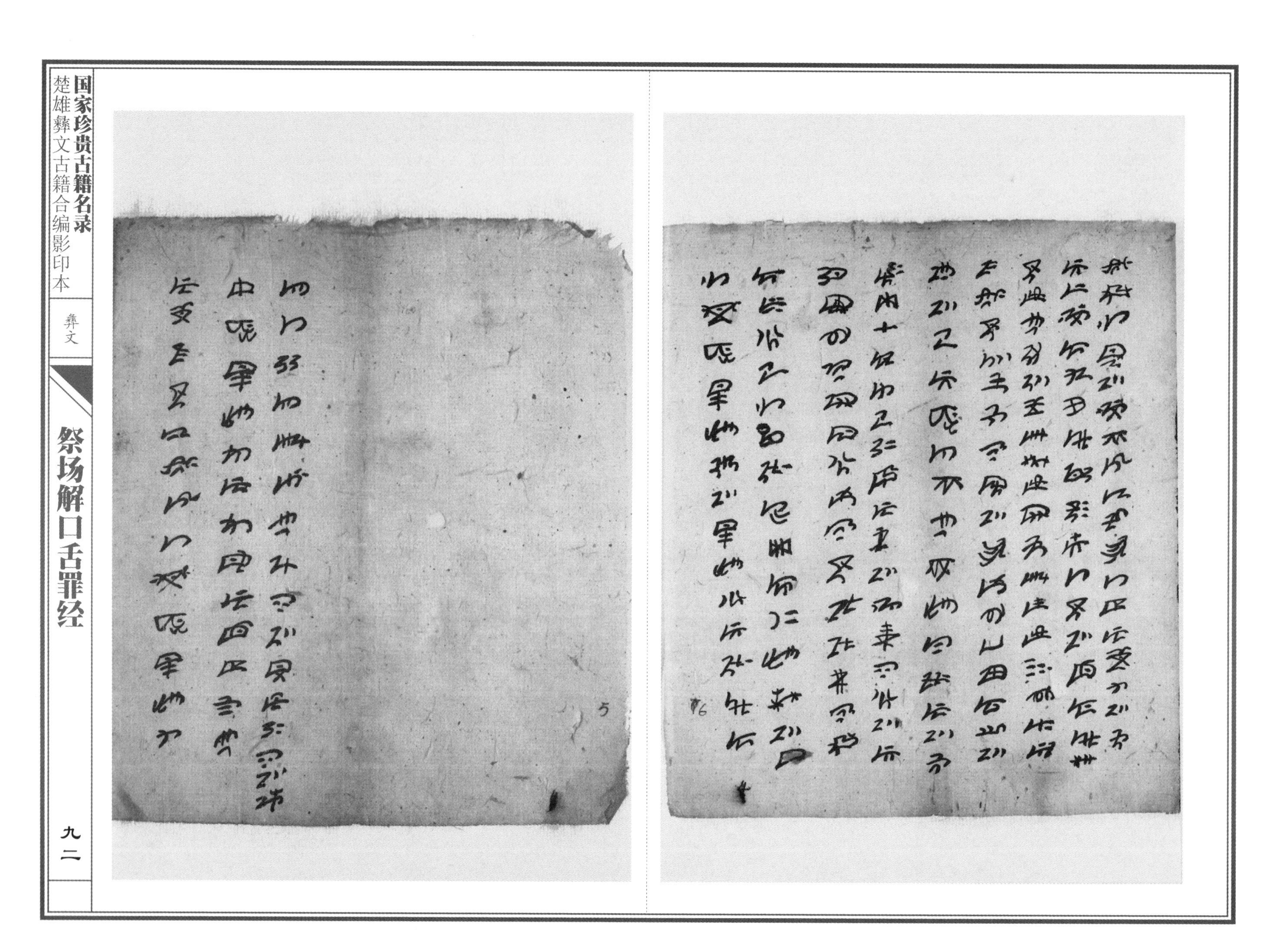

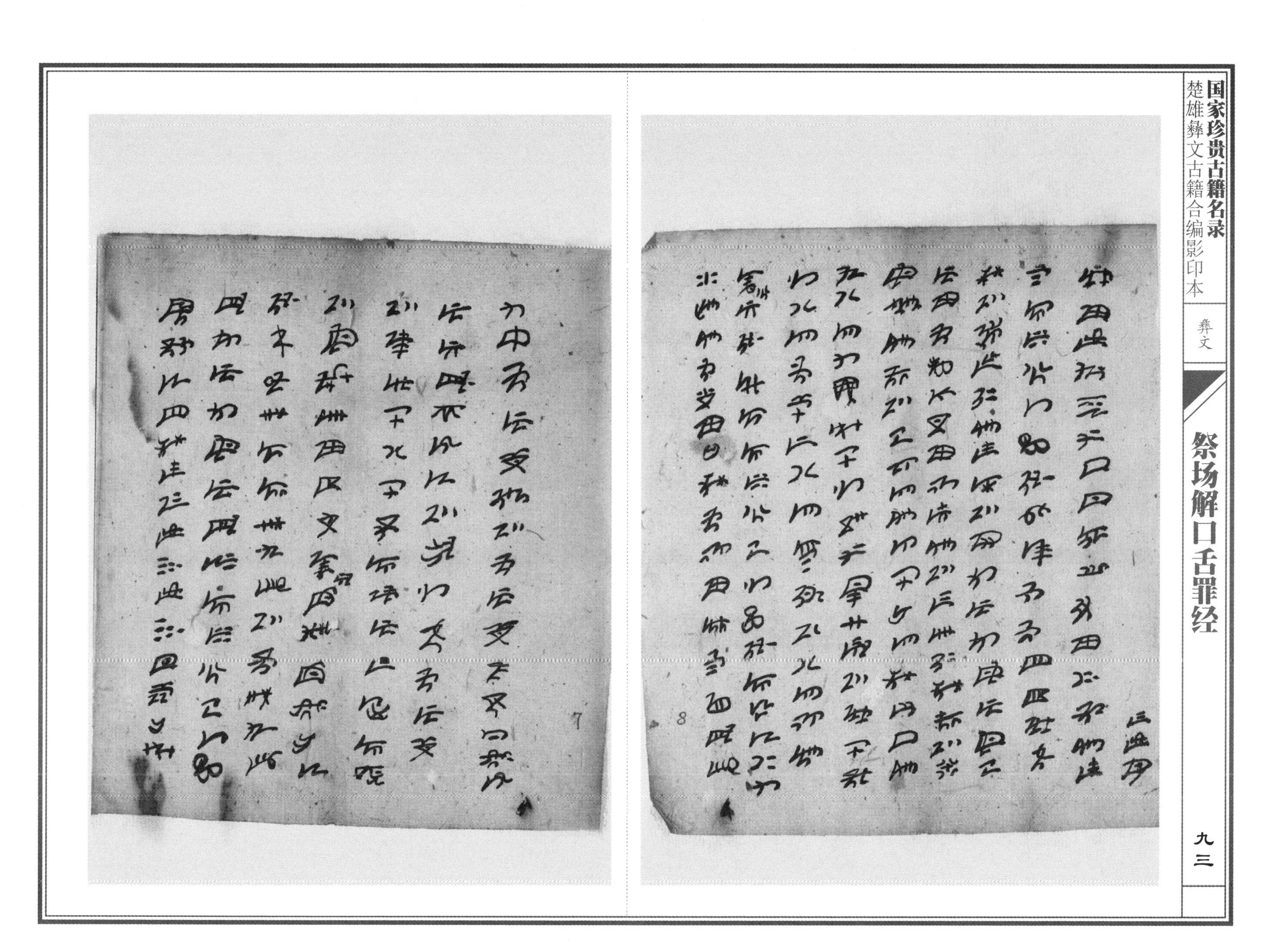

祭场解口舌罪经

7

8

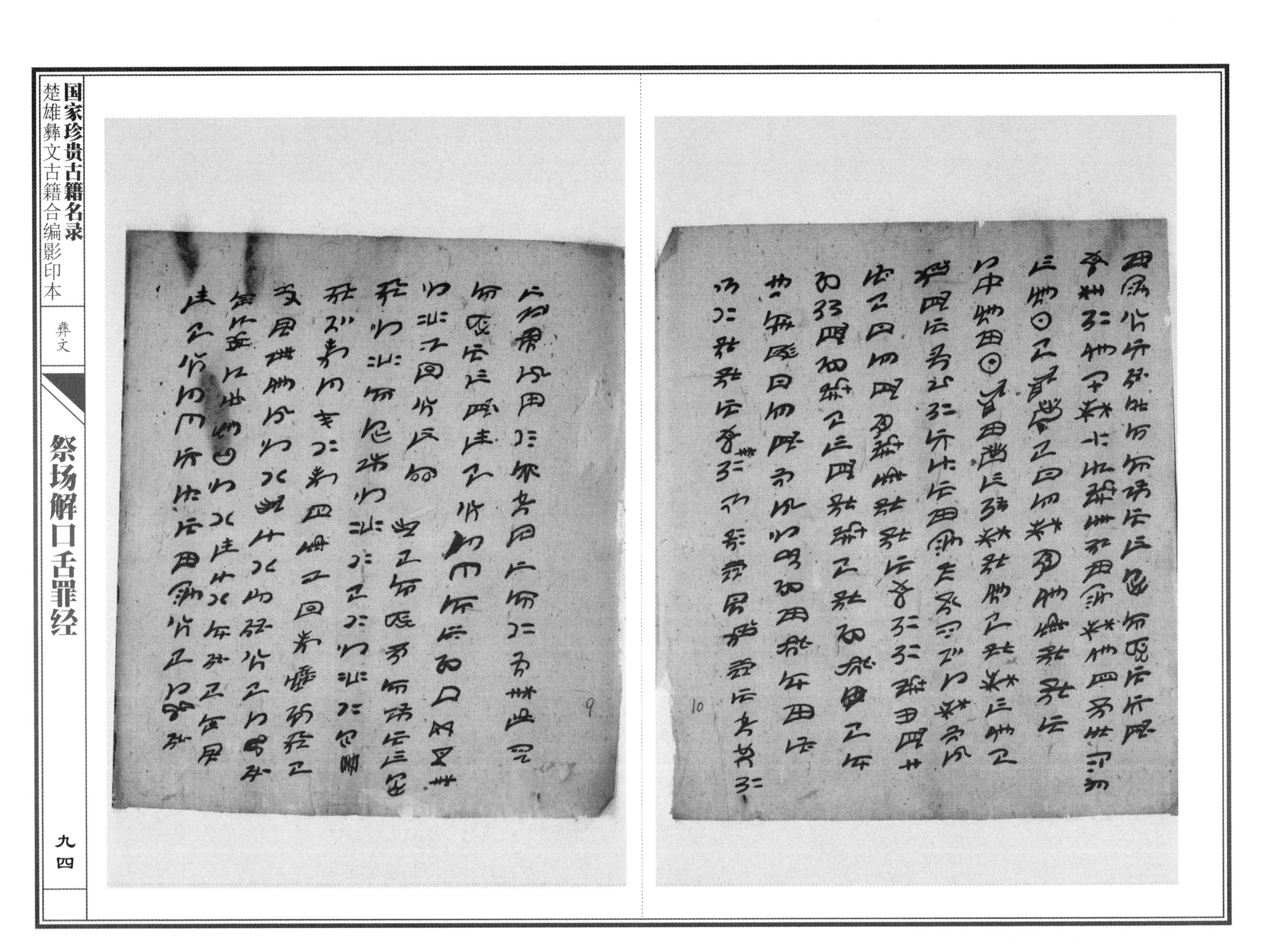

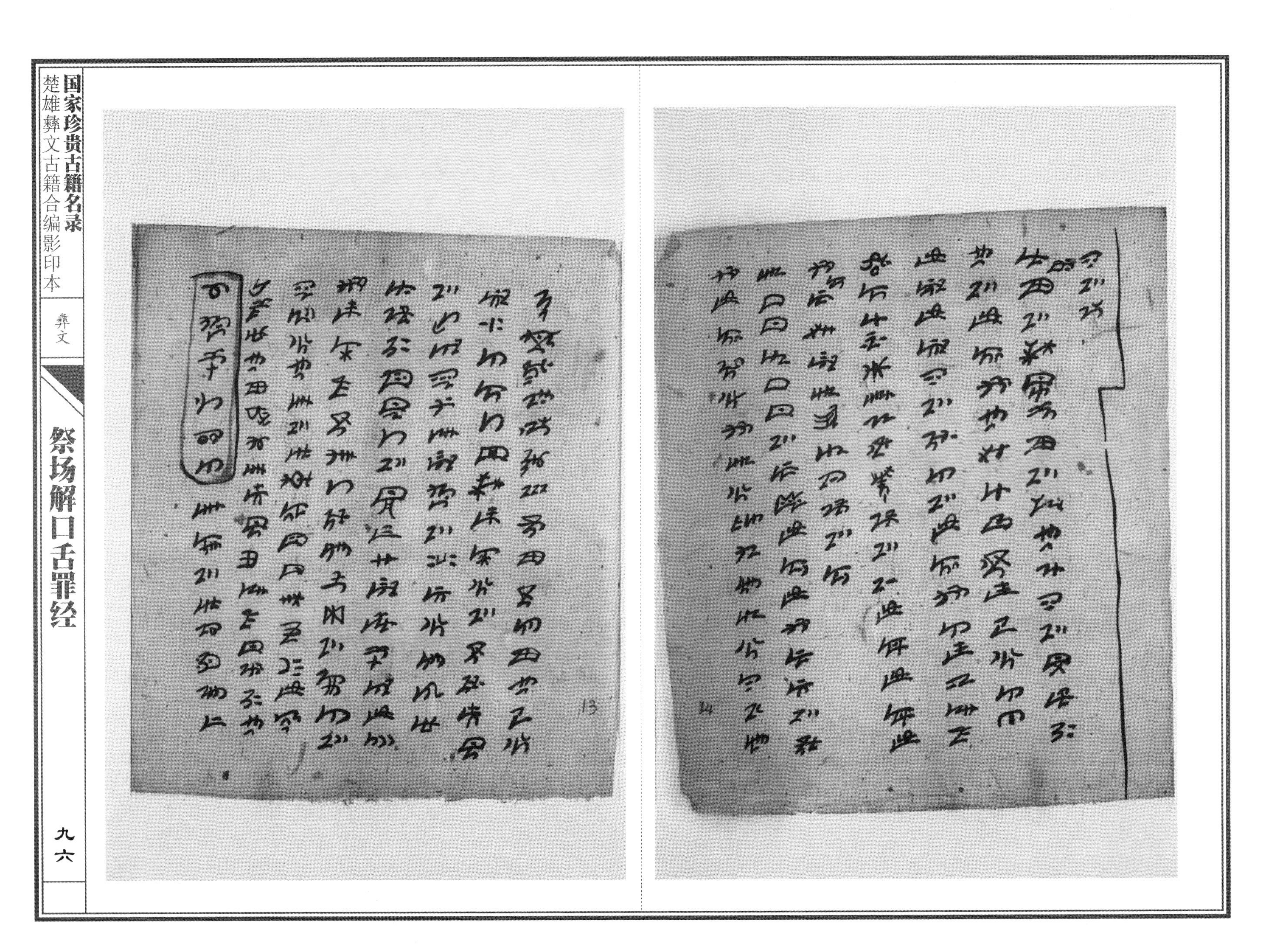

13

14

15

16

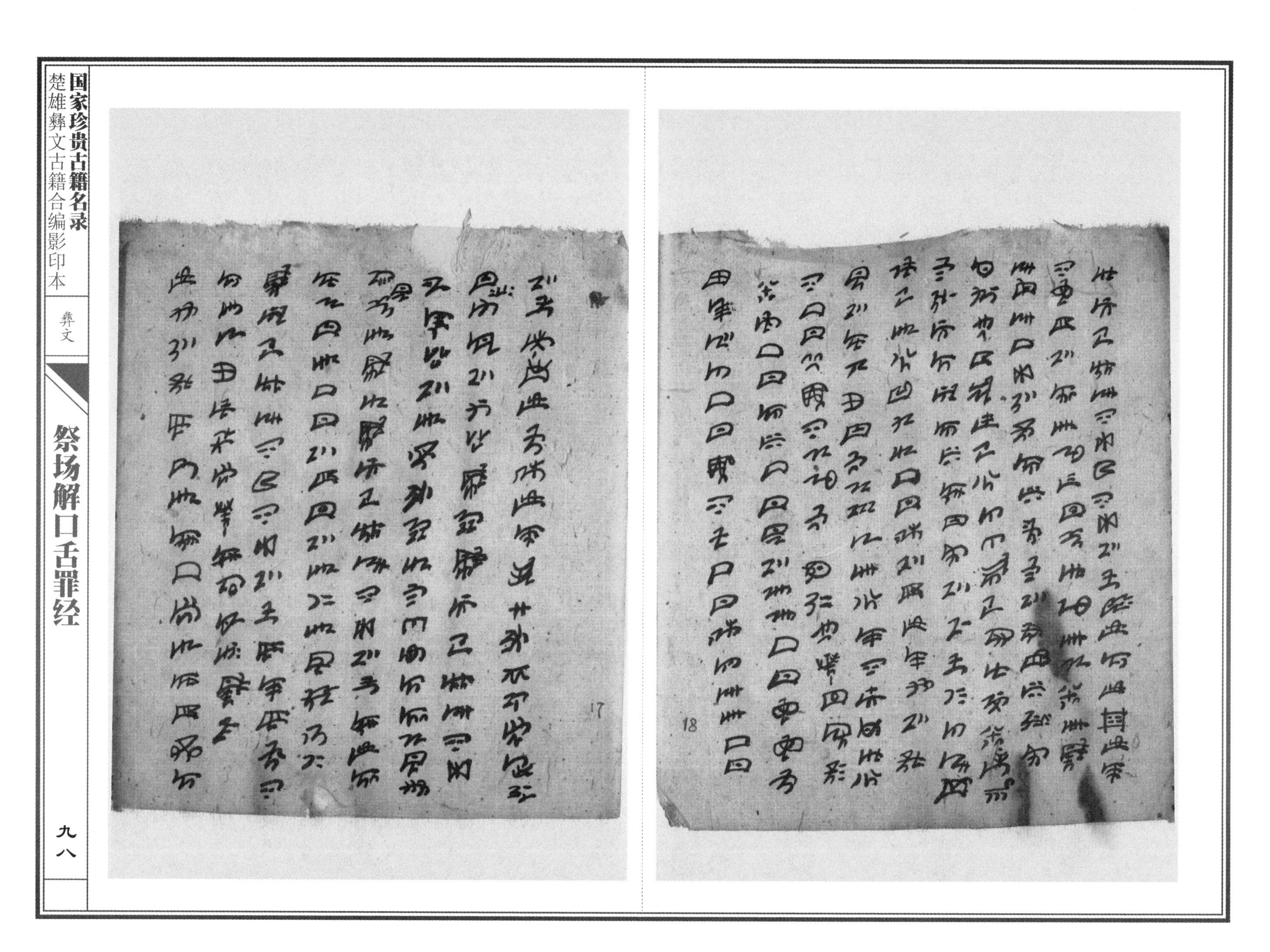

17

18

19

20

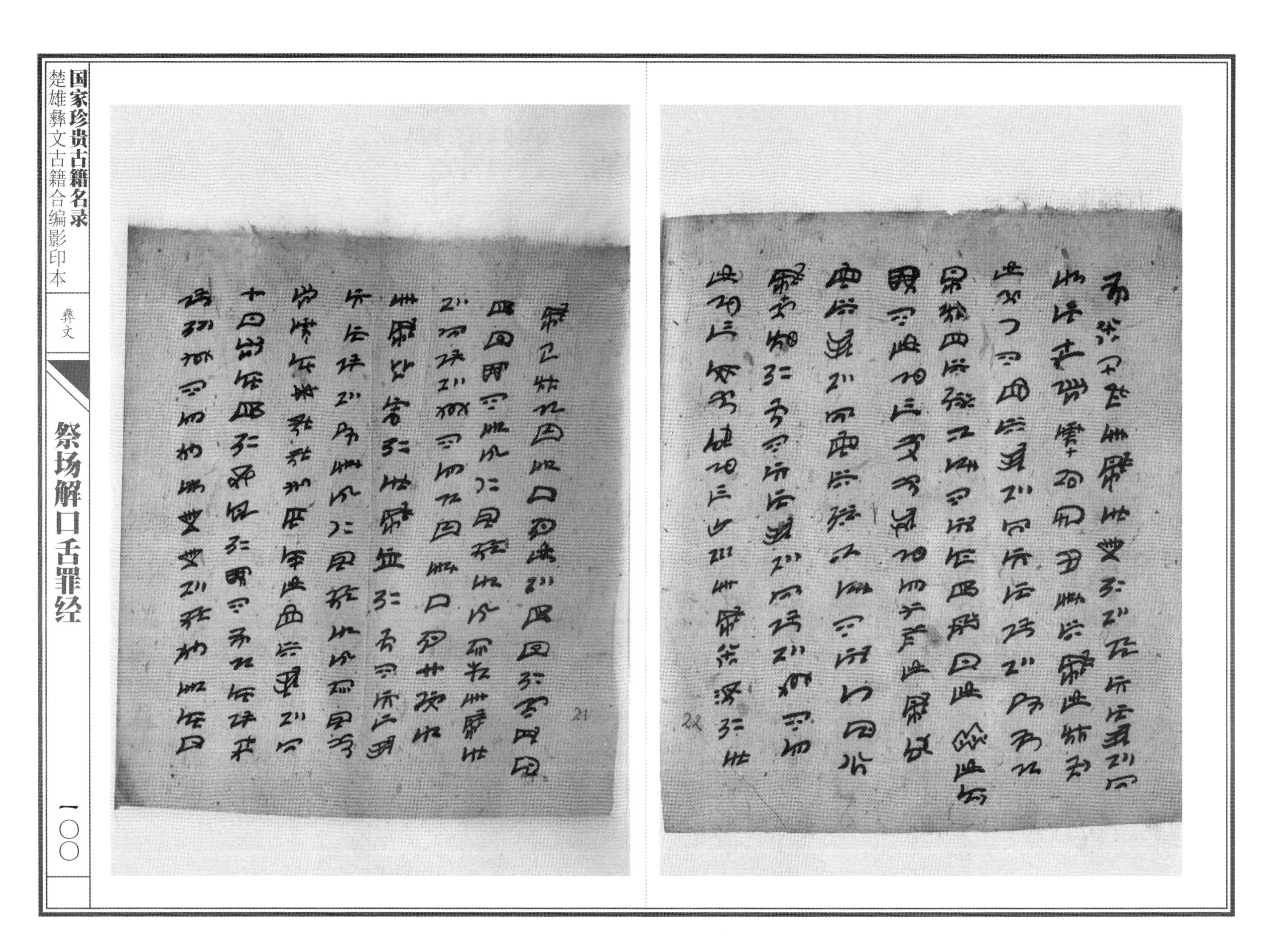

21

22

23

24

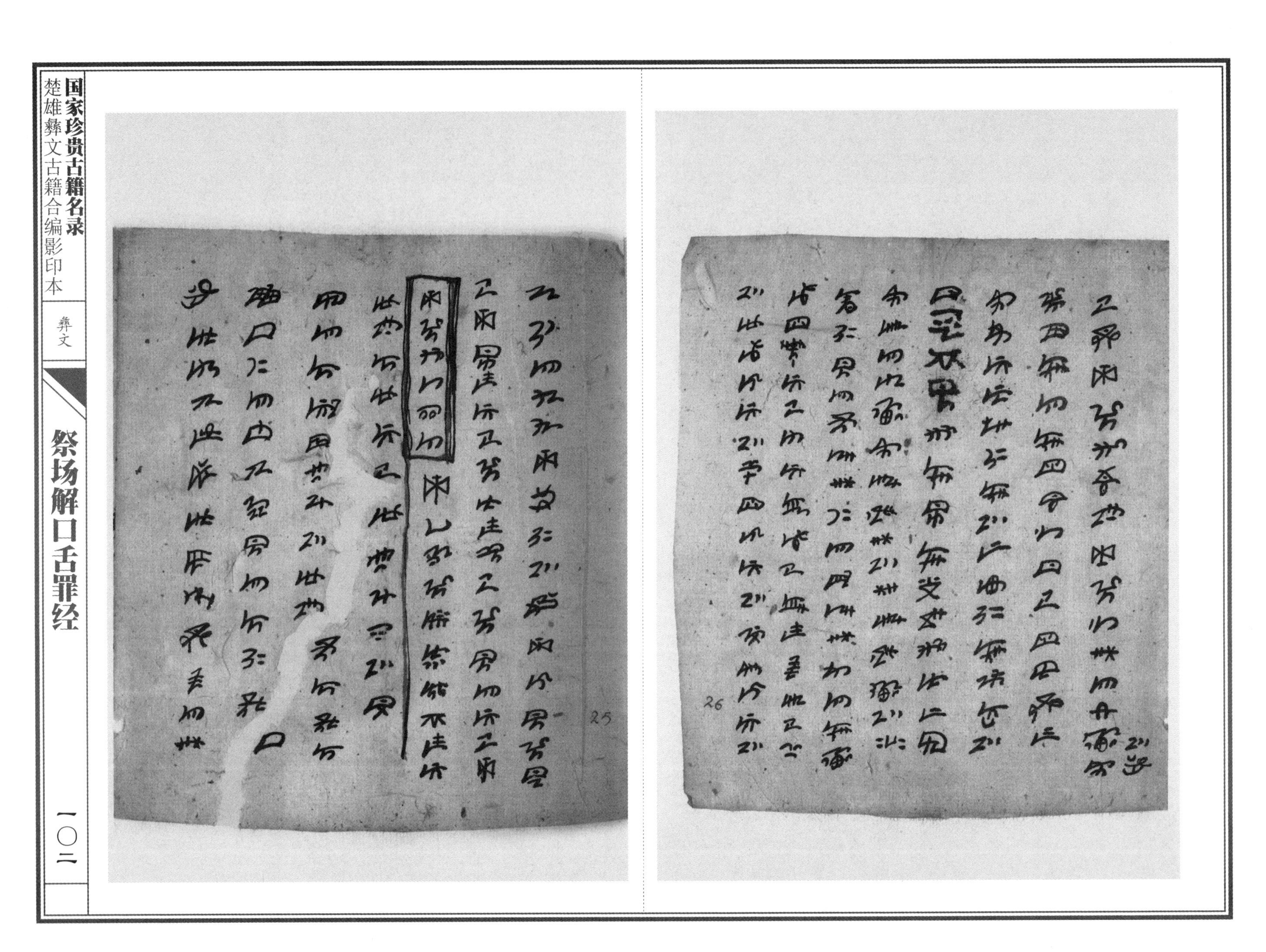

25

26

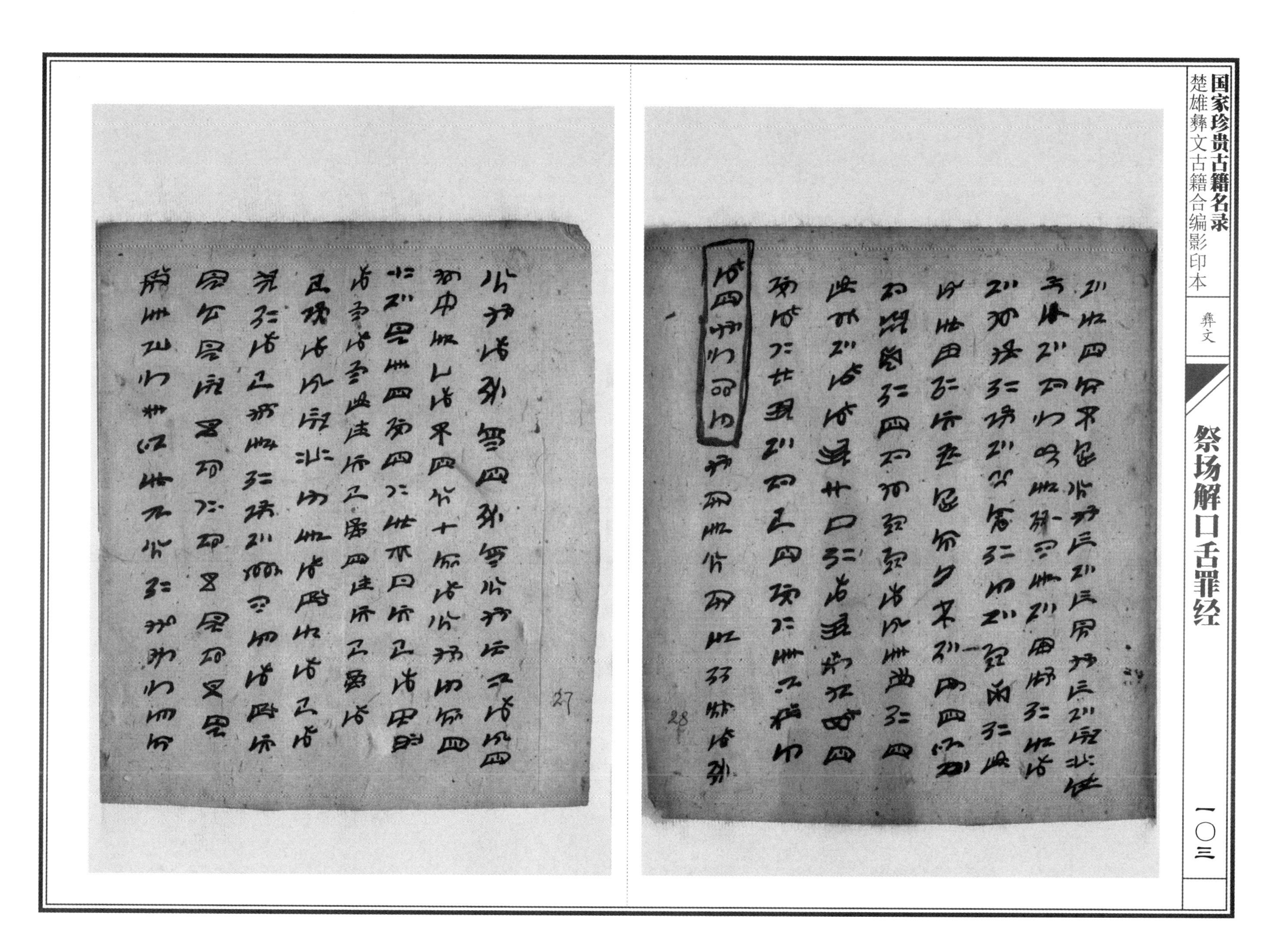

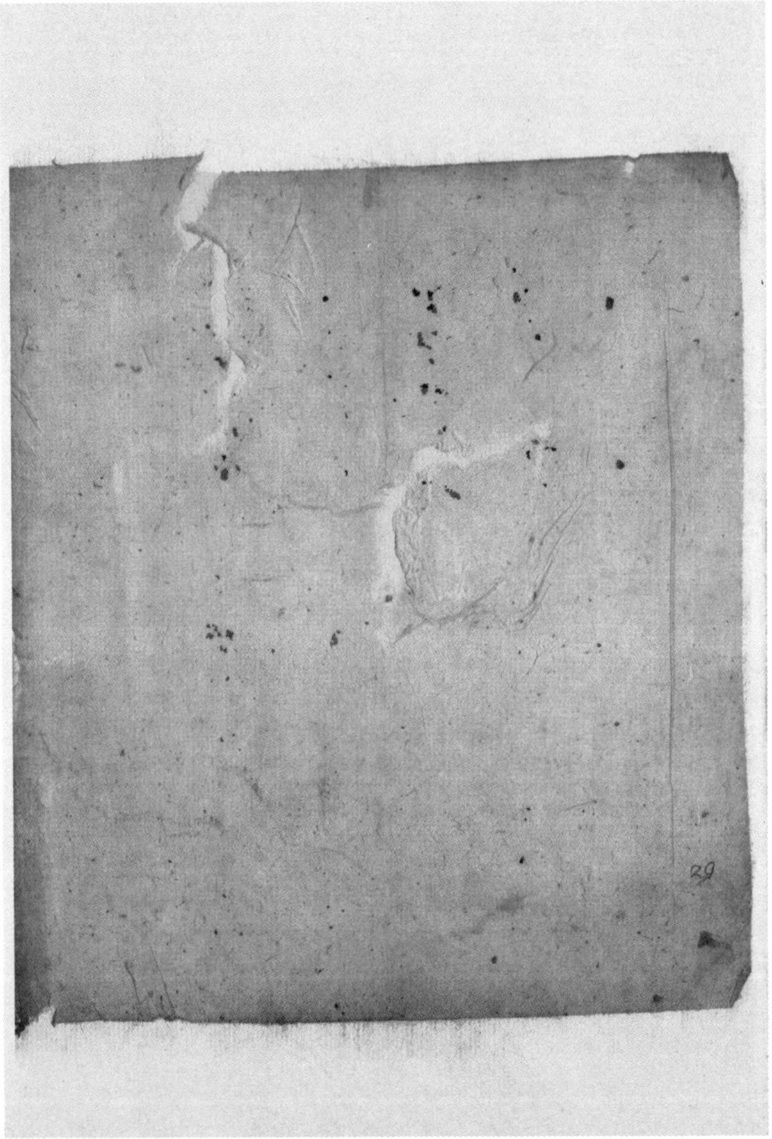

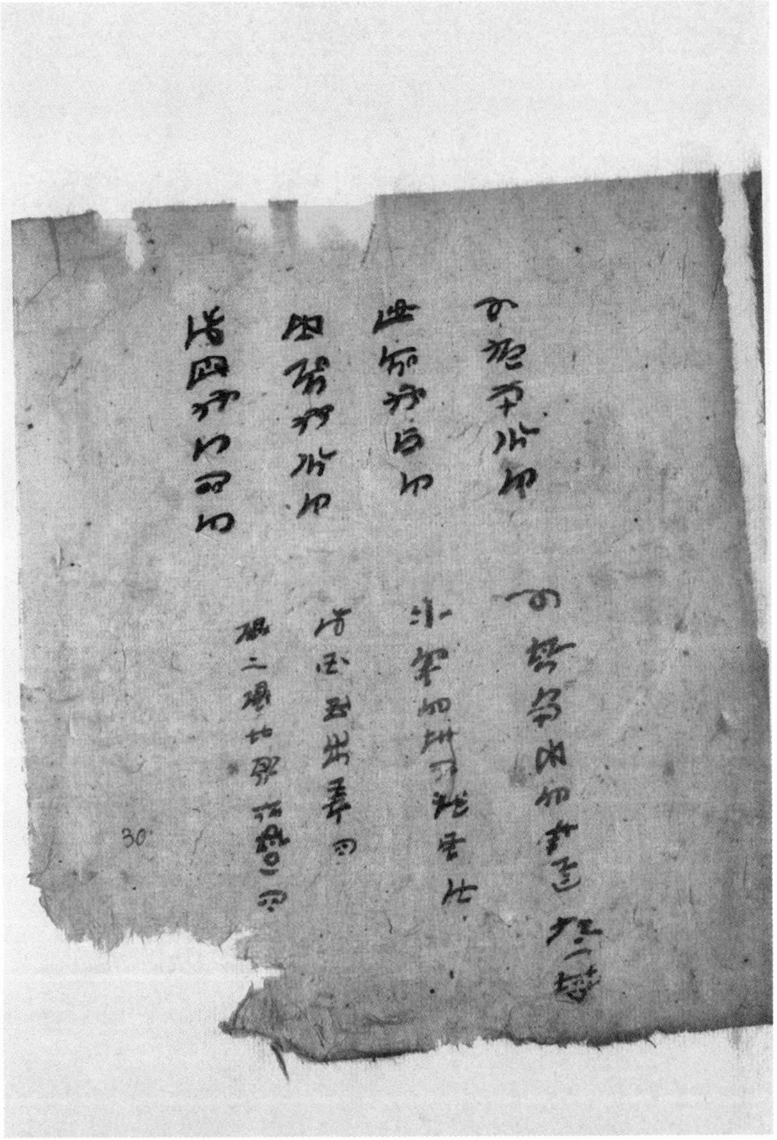

祭奠经

《祭奠经》，佚名著，清乾隆三十二年（1767年）抄本。存一卷，一册。板框高二十二点五厘米，广十九厘米。半页十三行，行十六至二十六字。白口，四周单栏。旧写本，本色，绵纸，线订册页装，墨书，有朱色句读。

祭奠经

《祭奠经》，佚名著，清乾隆三十二年（1767年）抄本。存一卷，一册。板框高二十二点五厘米，广十九厘米。半页十三行，行十六至二十六字。白口，四周单栏。旧写本，本色，绵纸，线订册页装，墨书，有朱色句读。

《祭奠经》为彝族丧葬仪式经书，流传于云南省武定县、禄劝县彝语东部方言彝区。滇东北彝族纳苏人举行丧葬祭奠，认为进入祭场的人群来自四面八方，搭建祭棚的树枝砍自深箐野林，用于祭献的牺牲亦免不了来自或路过肮脏的地方，唯恐凡此种种将污秽邪气带入祭场作祟，致使祭奠发生意外或不祥，或阻挡诸神降临，或抢夺祭献的牺牲等祭品，或胁迫、诱惑亡者灵魂等。所以在祭奠中需做一场祭祀，预防和解除种种可能的污秽邪气，以便圆满顺利地完成祭奠程序，达到祭奠的目的，使亡者灵魂清清白白、干干净净地回归，与祖先同聚。是书为研究彝族祖先崇拜及丧葬习俗最好的范本之一。

云南省楚雄彝族文化研究院藏。国家珍贵古籍名录号11280。

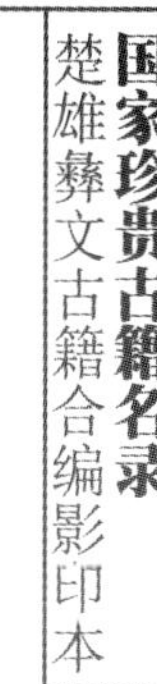

祭奠经

楚彝 #340

340#

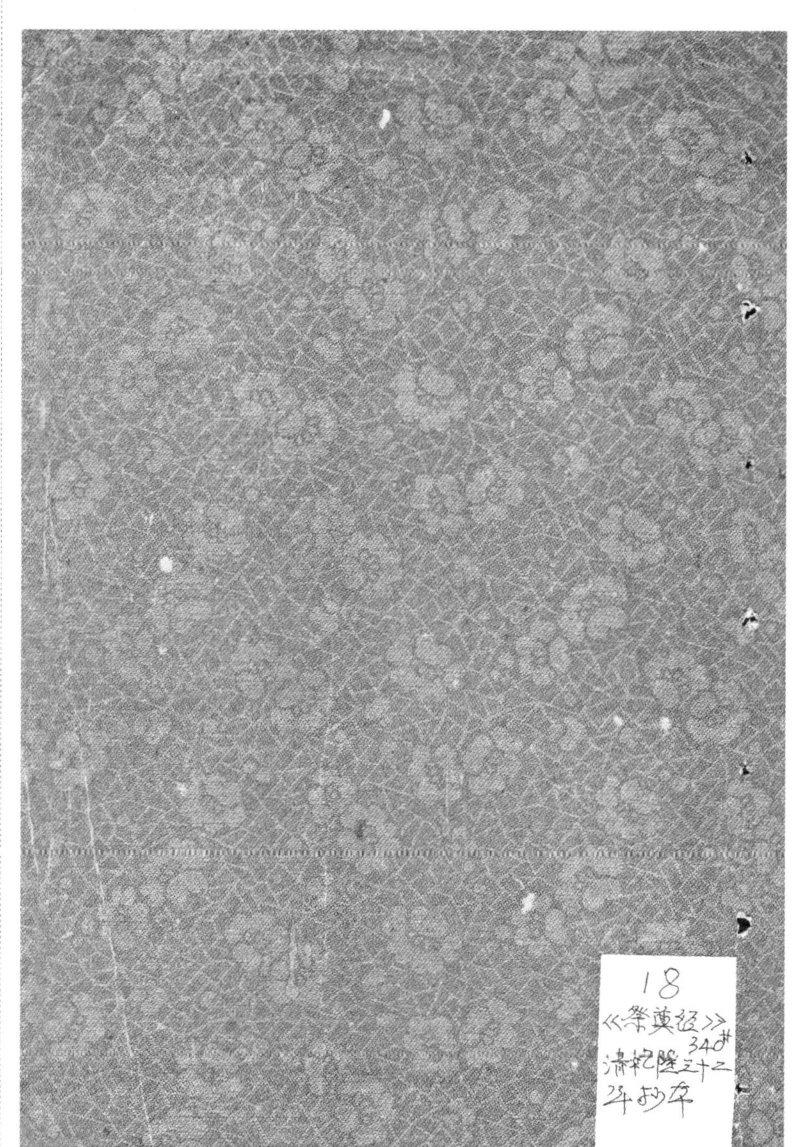

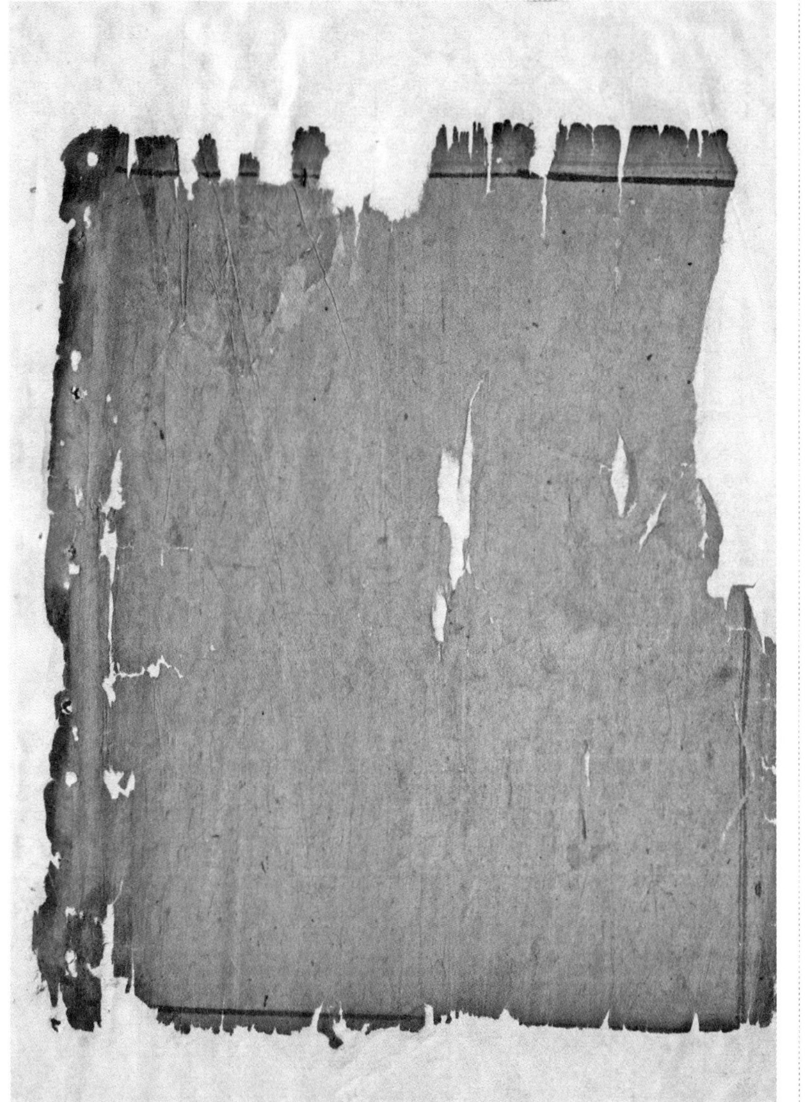

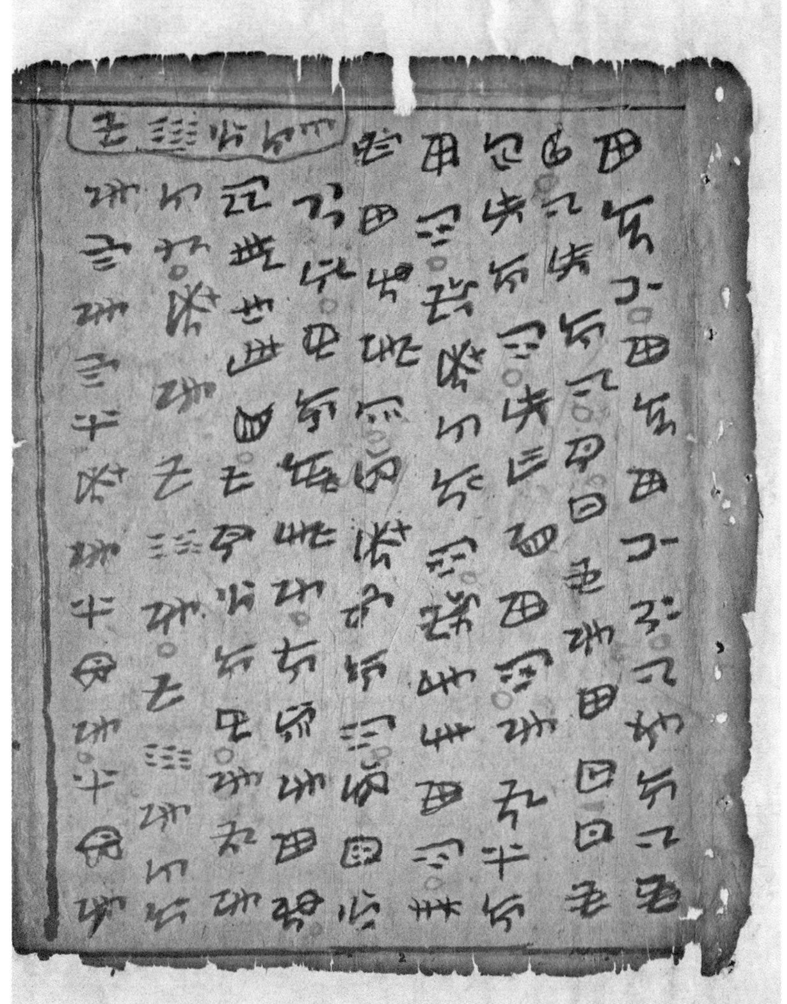

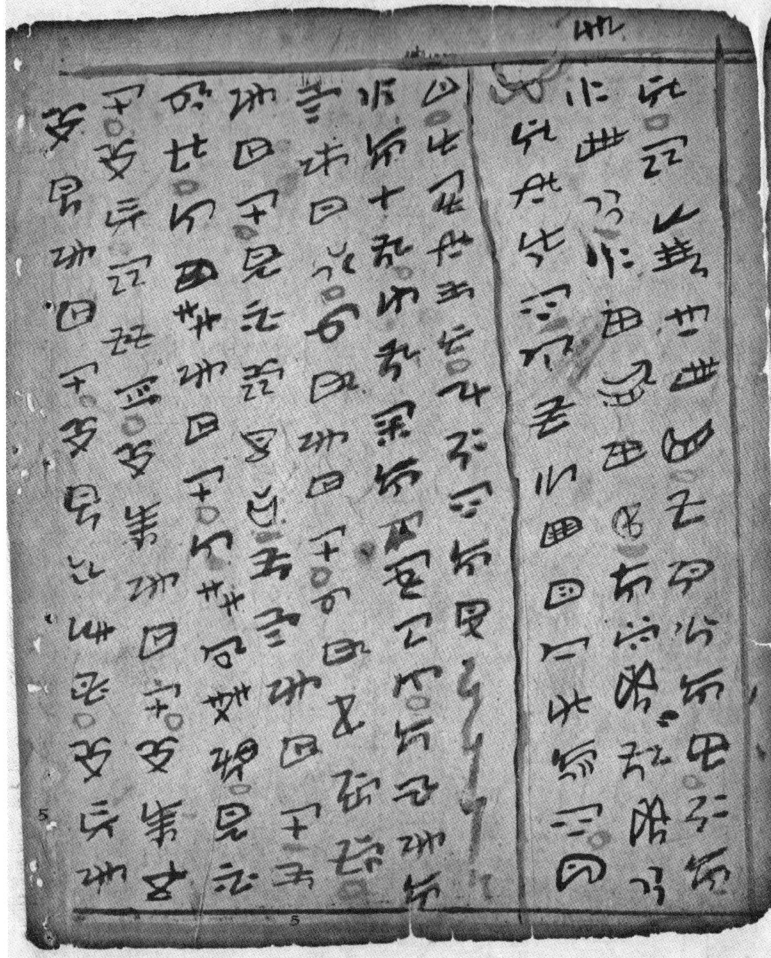

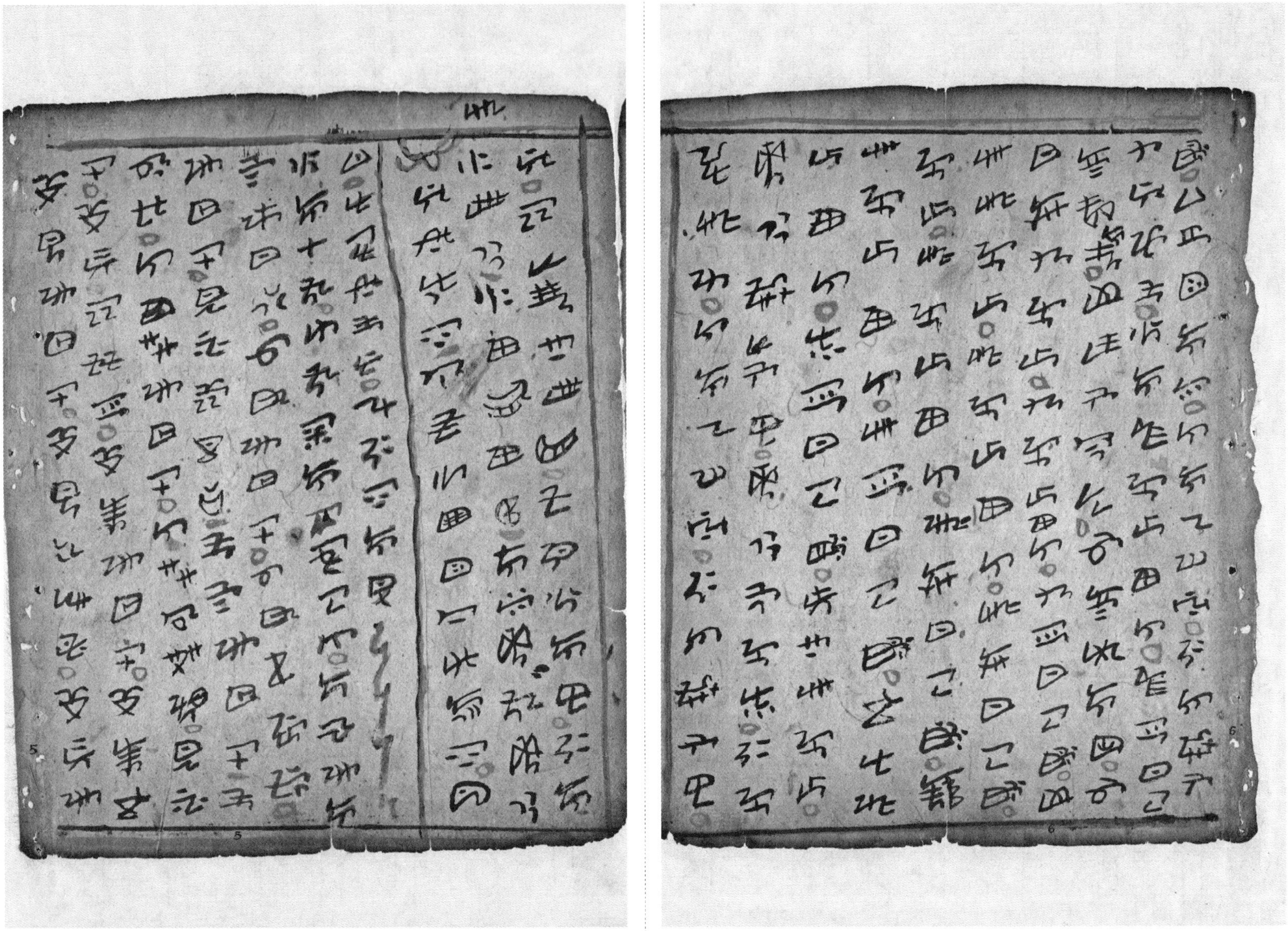

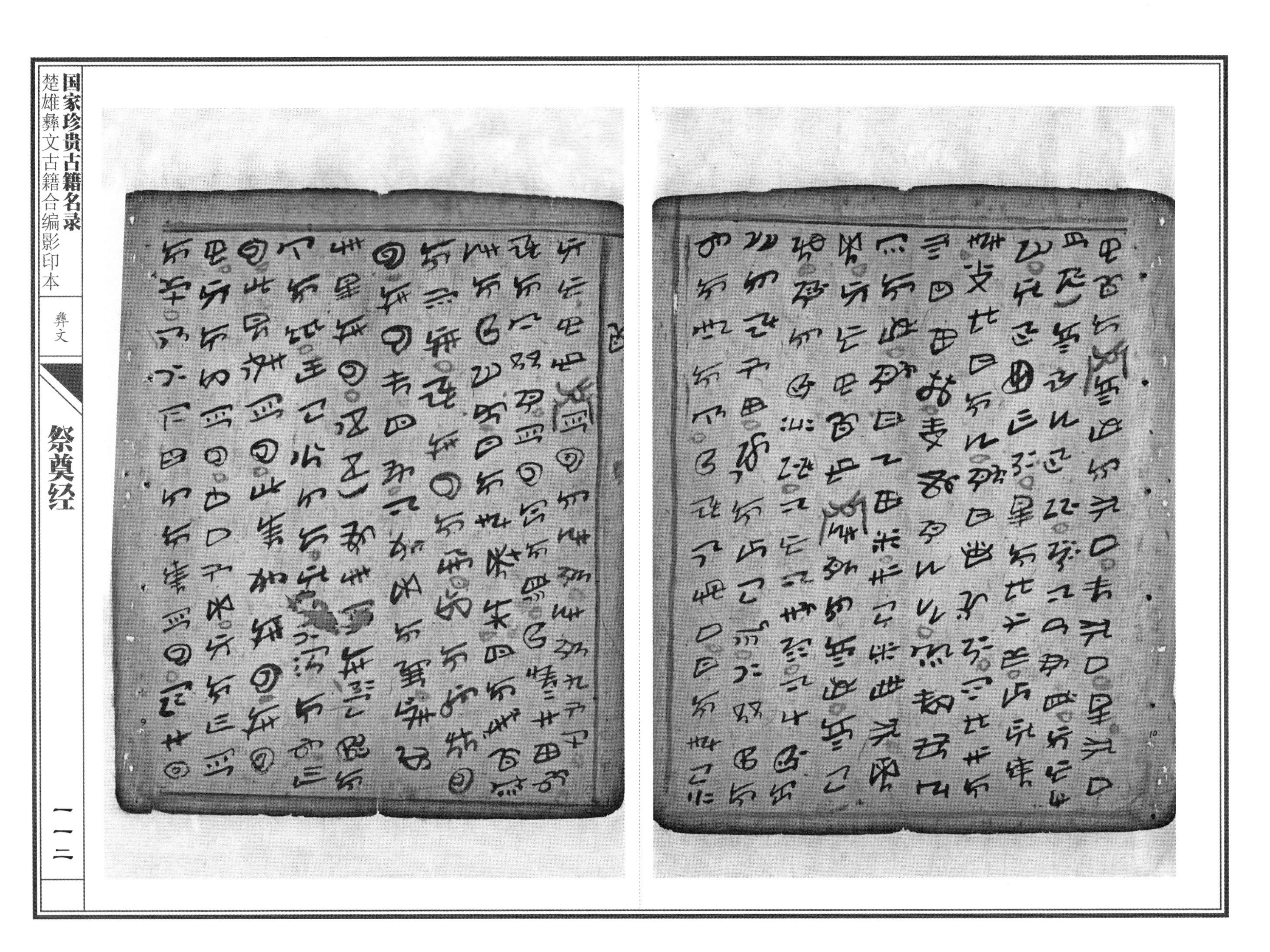

祭奠经

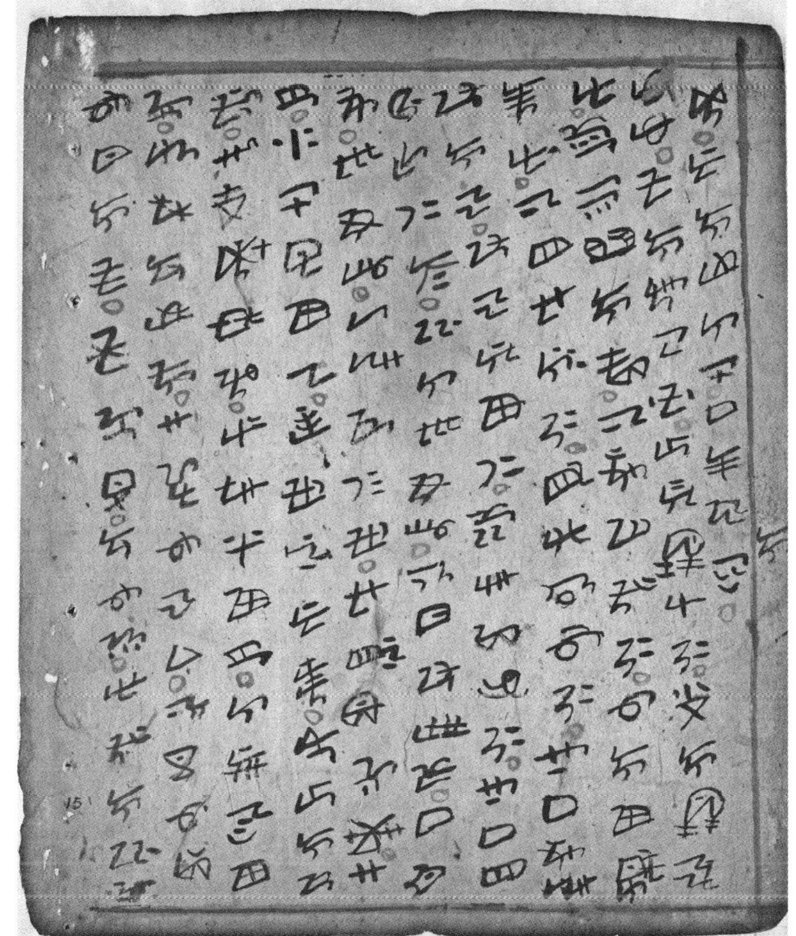

21

22

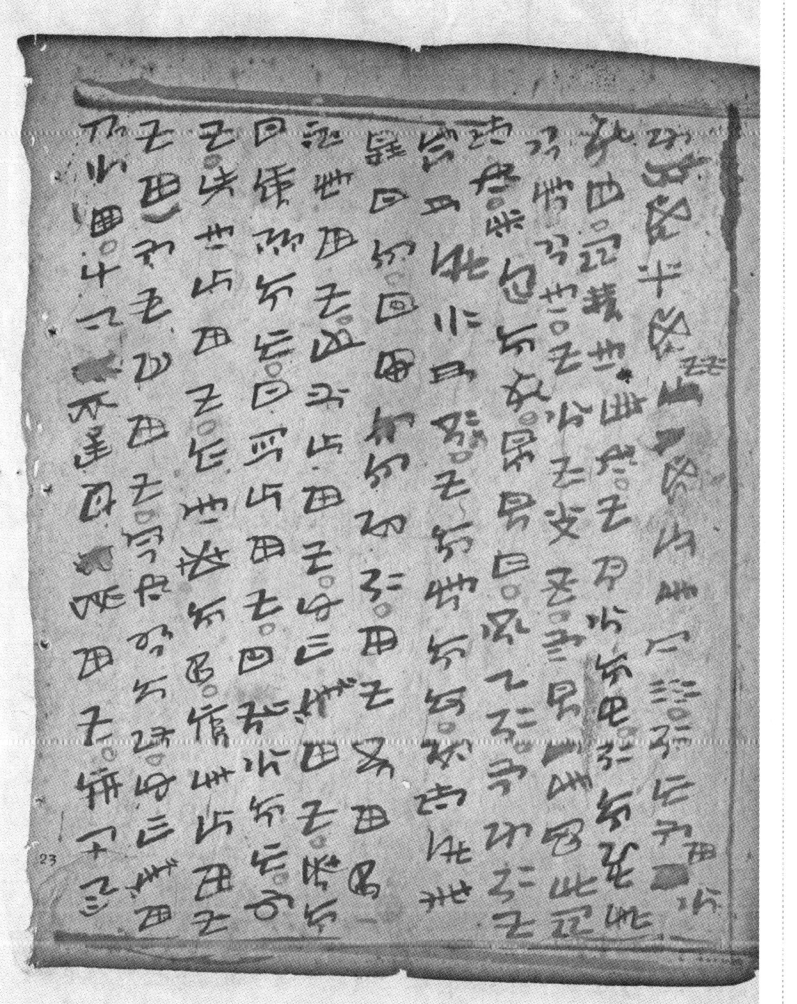

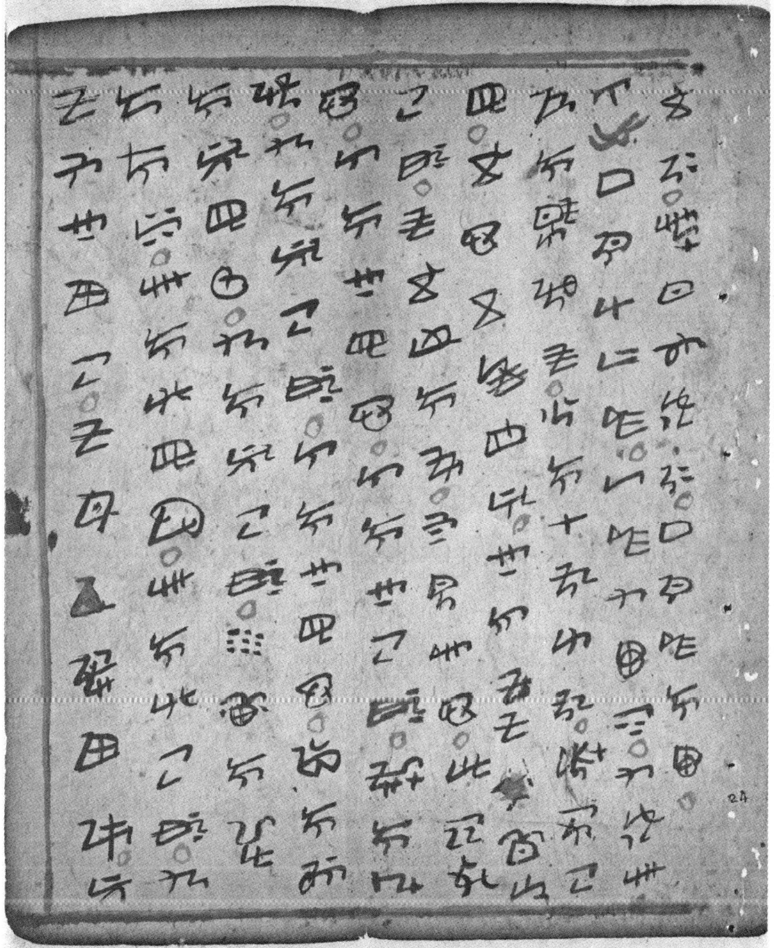

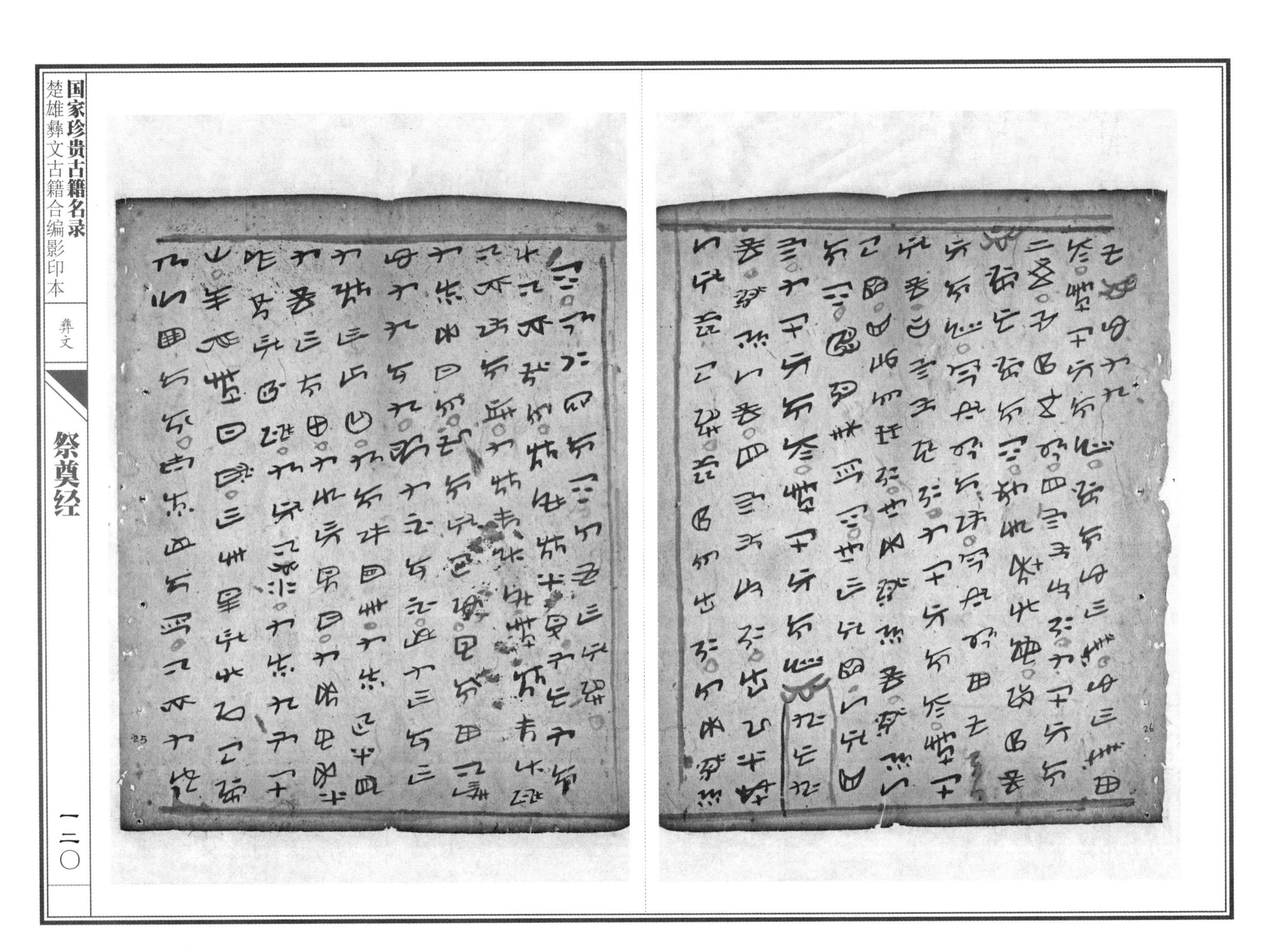

25

26

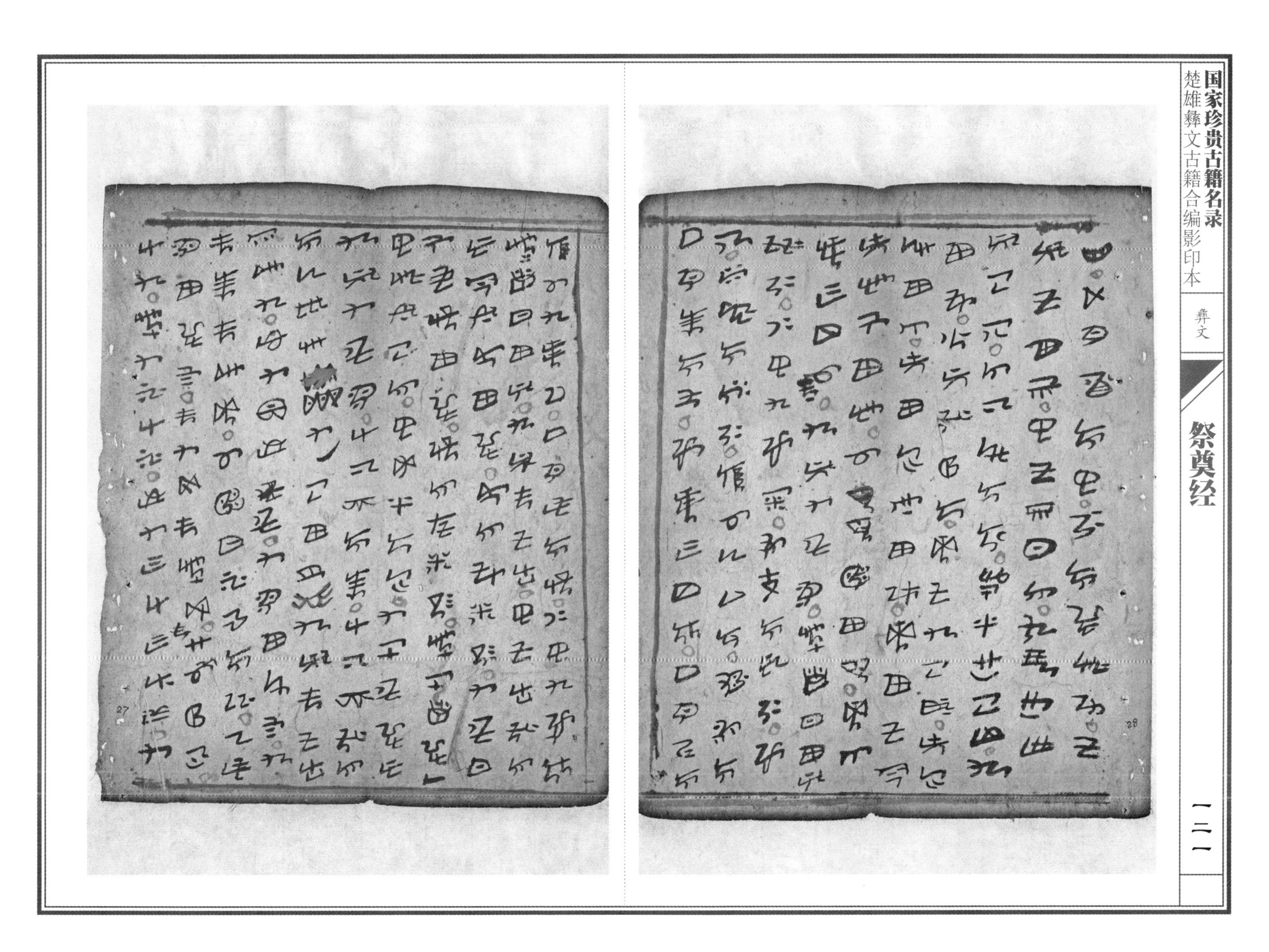

27

28

祭奠经

29

30

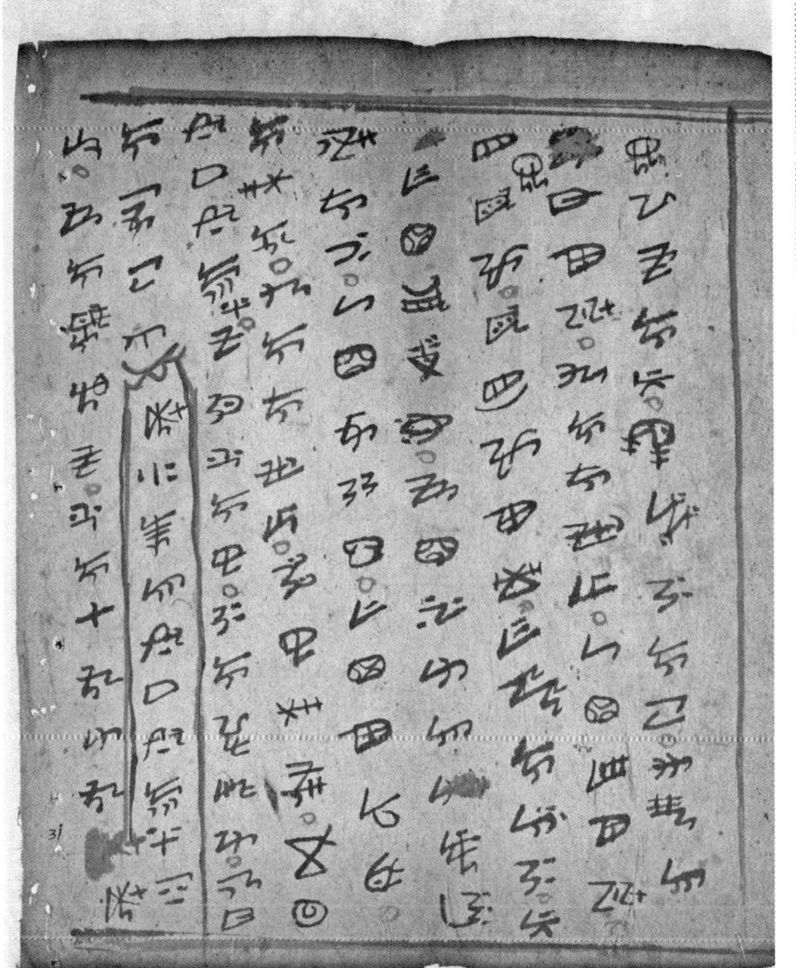

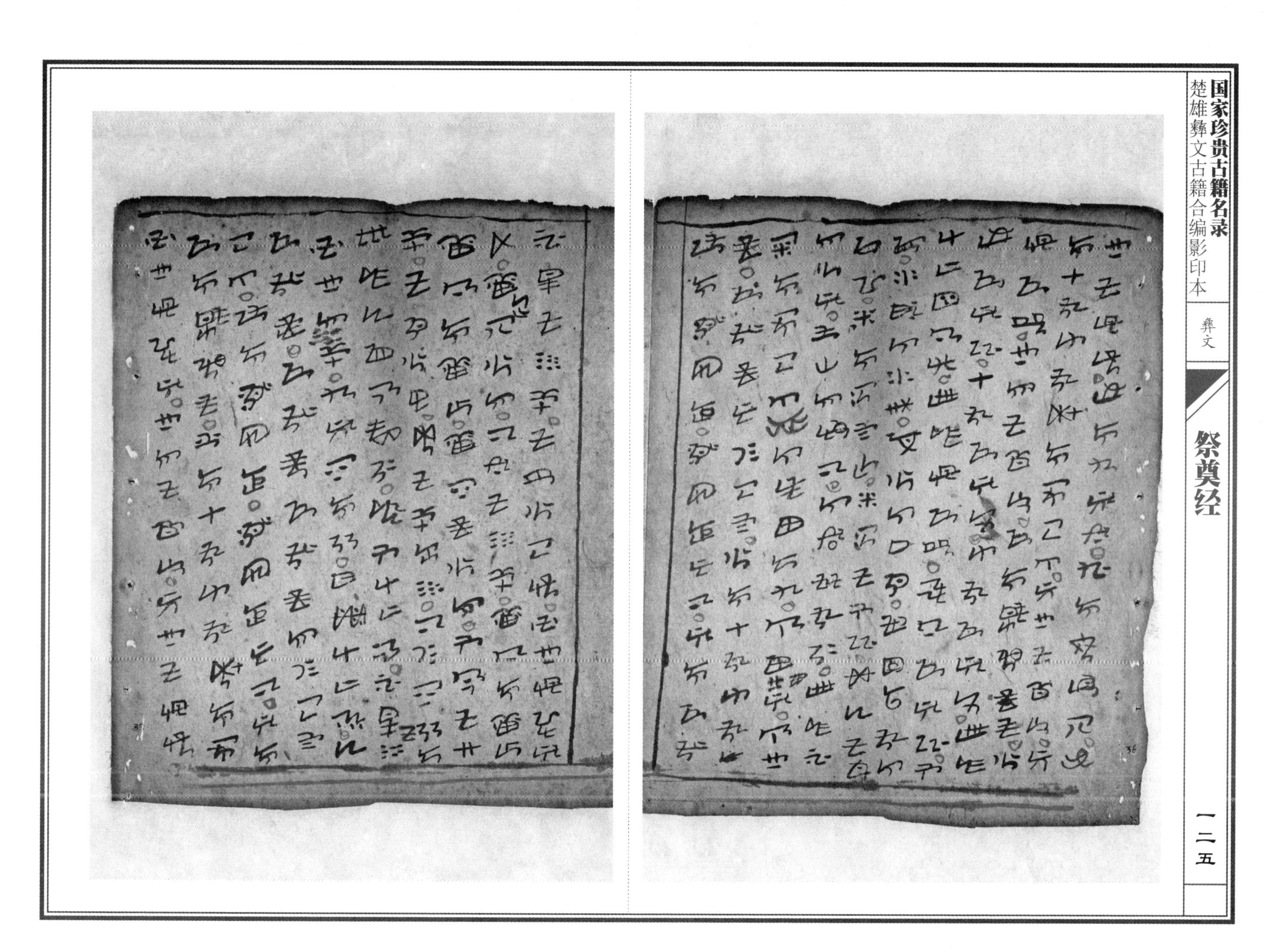

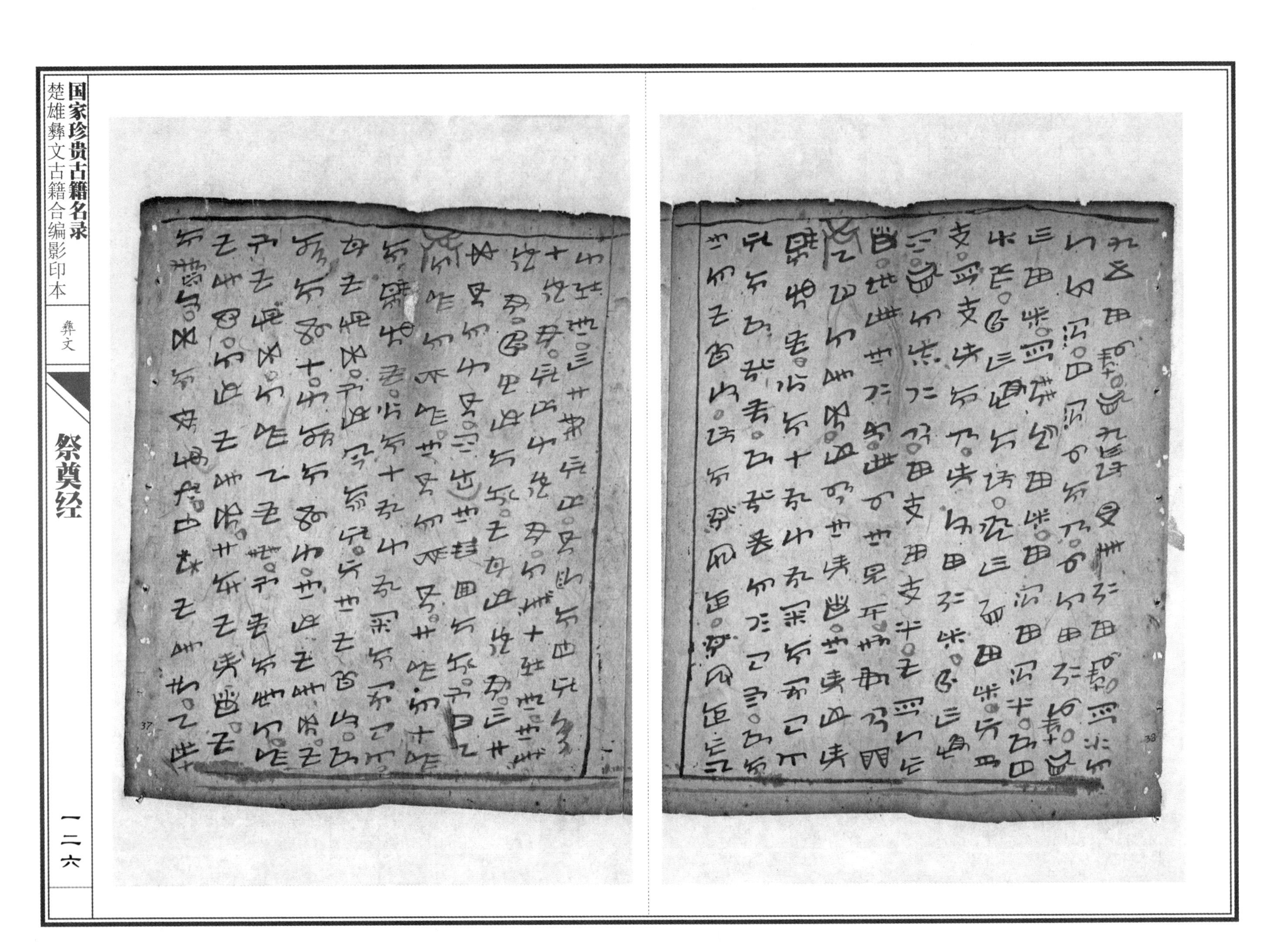

祭奠经

37

38

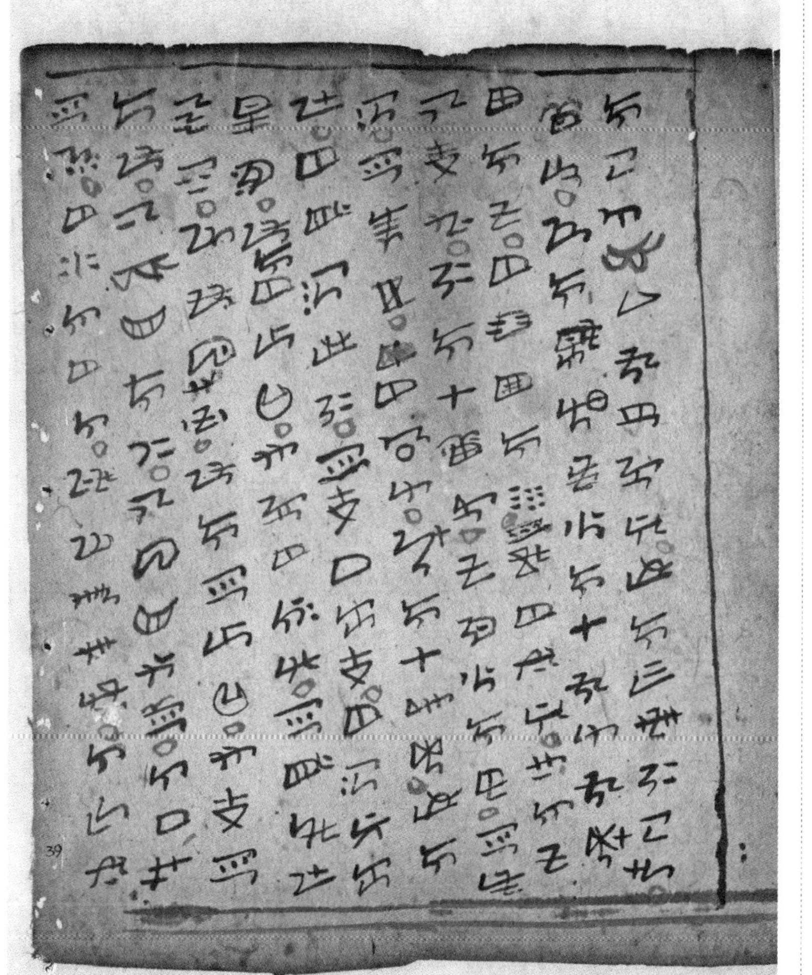

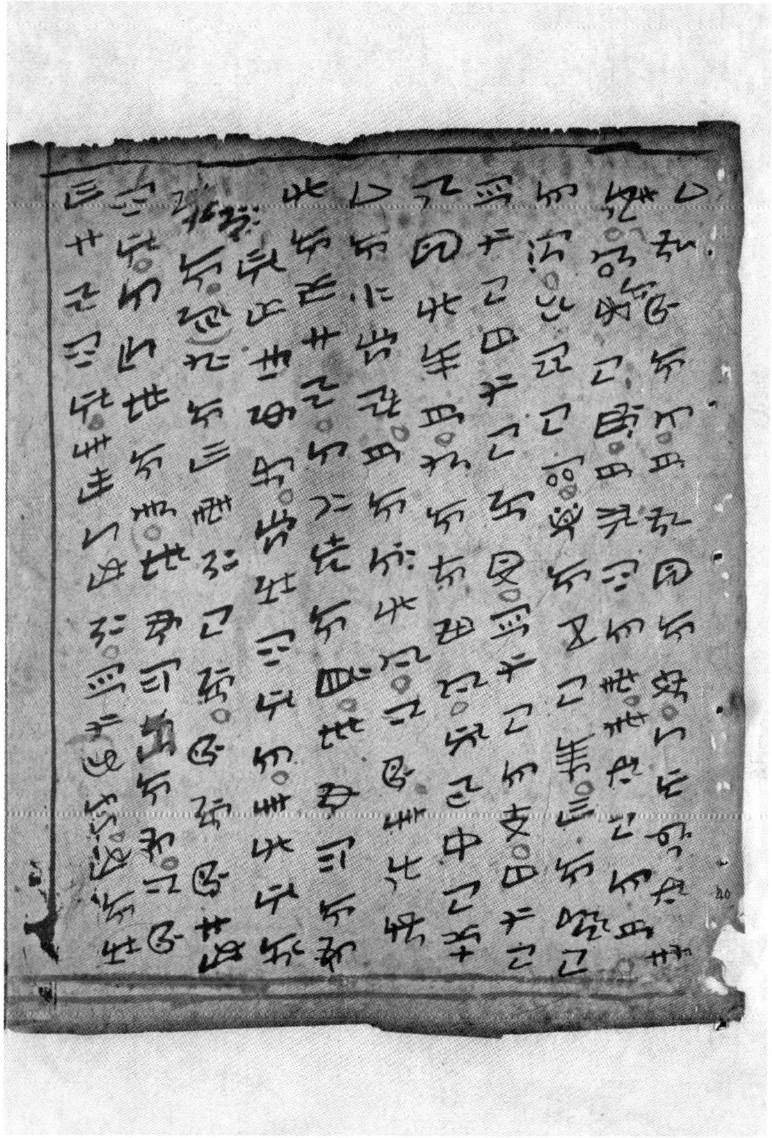

41

42

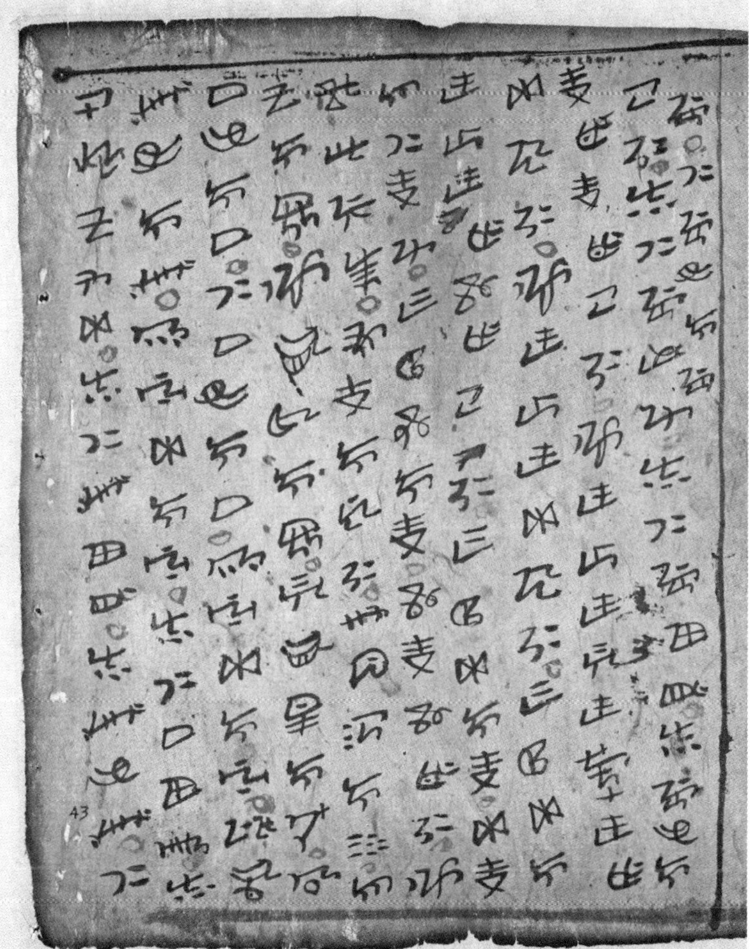

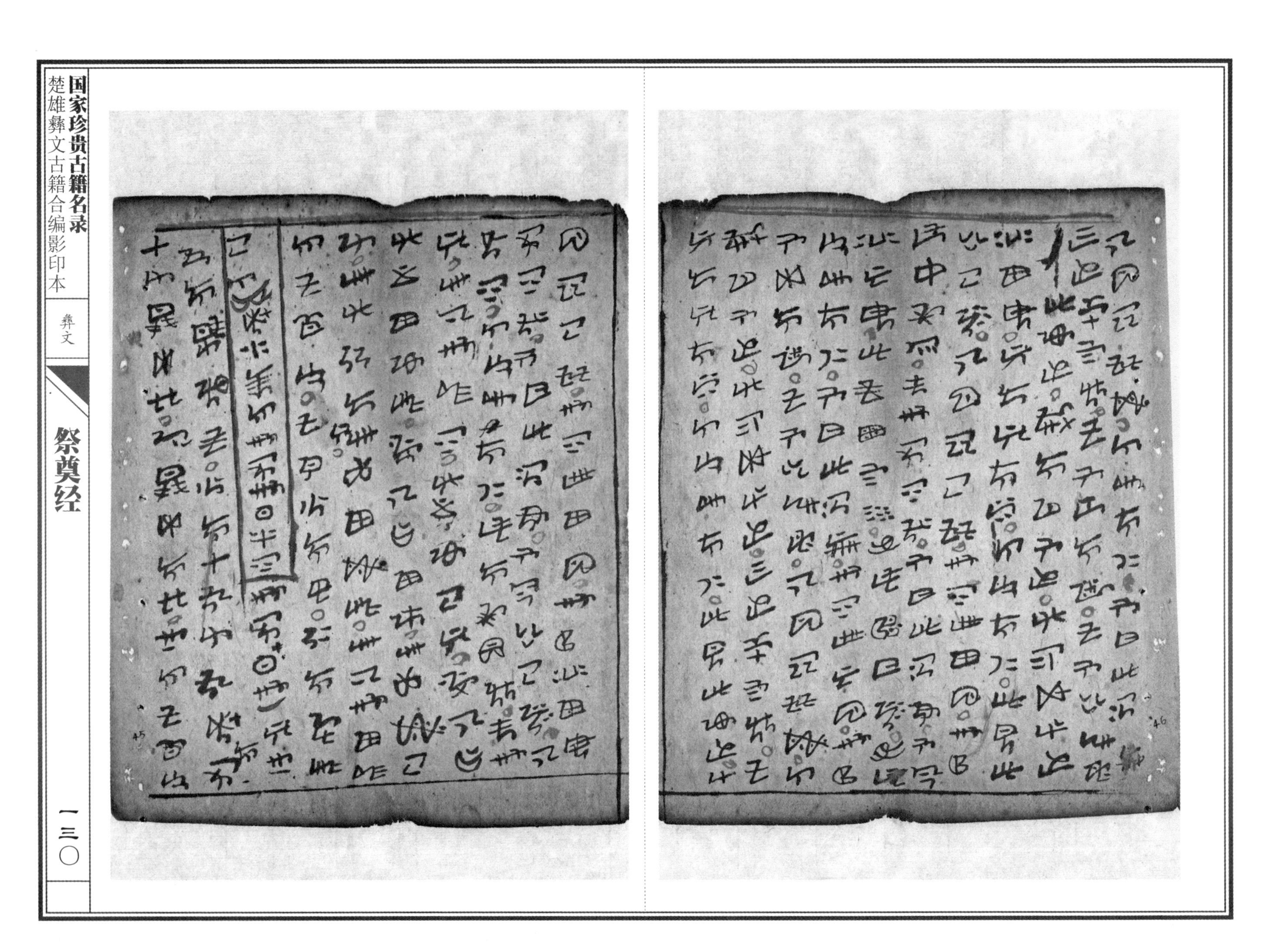

45

46

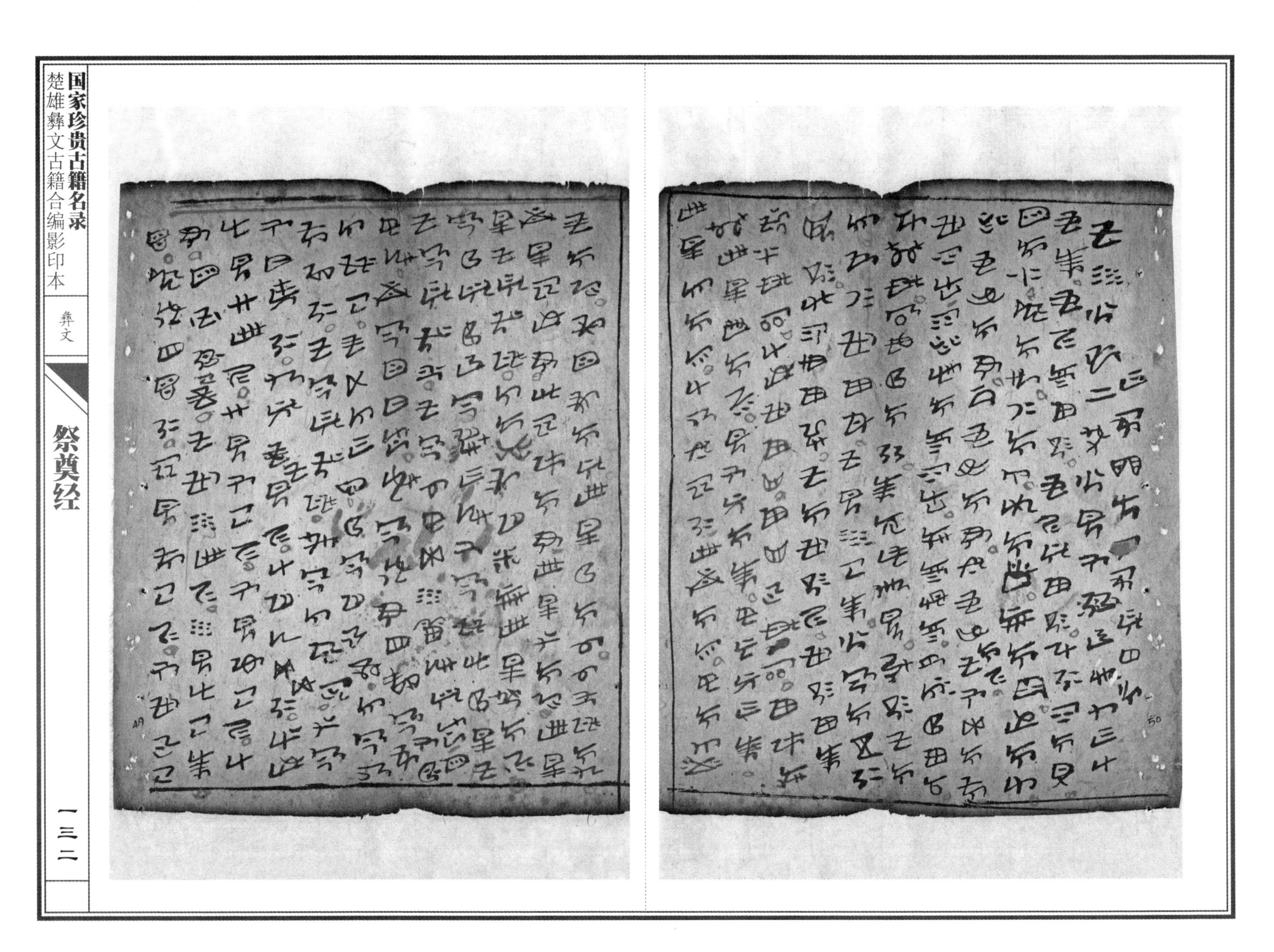

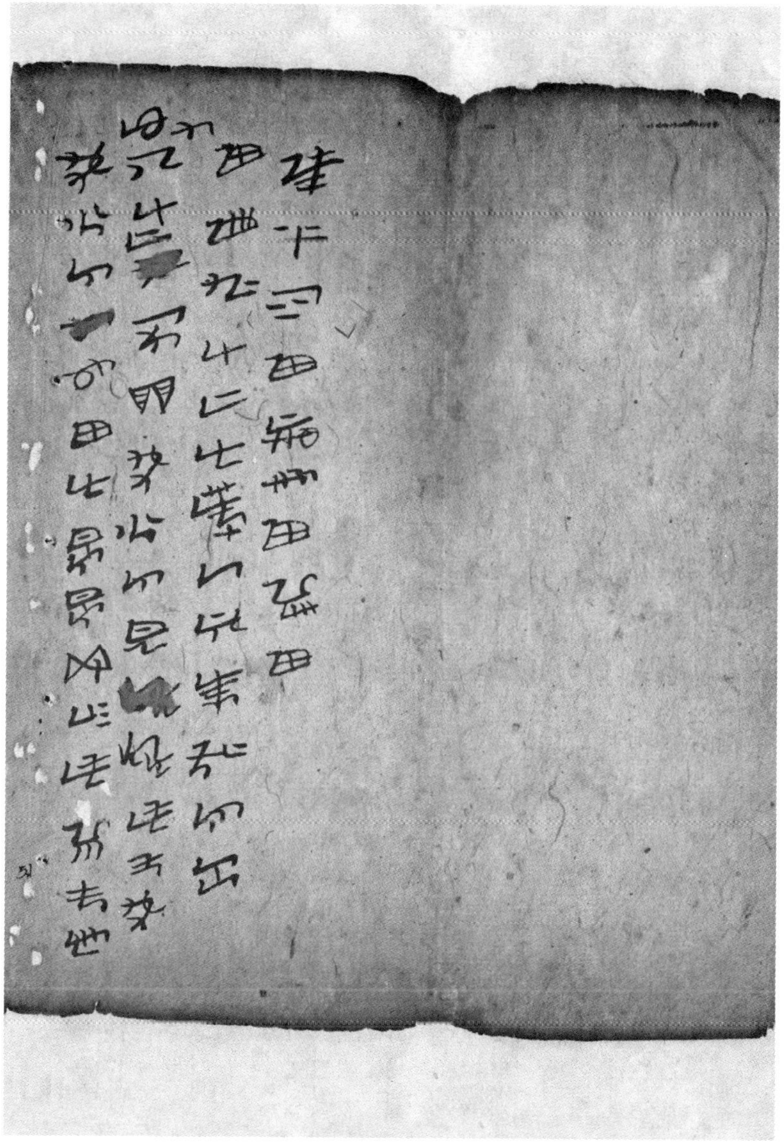

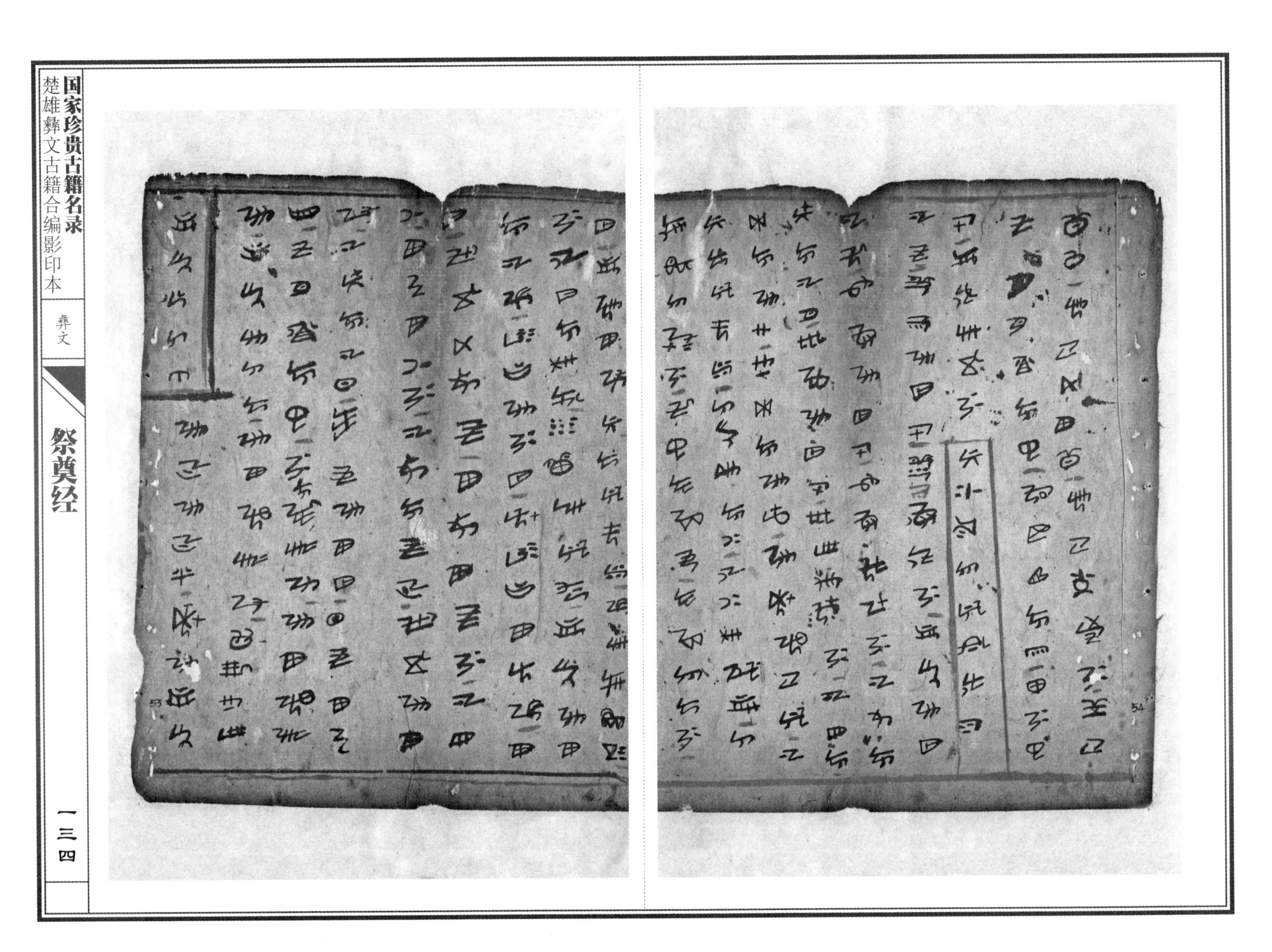

祭奠经

53

54

55

56

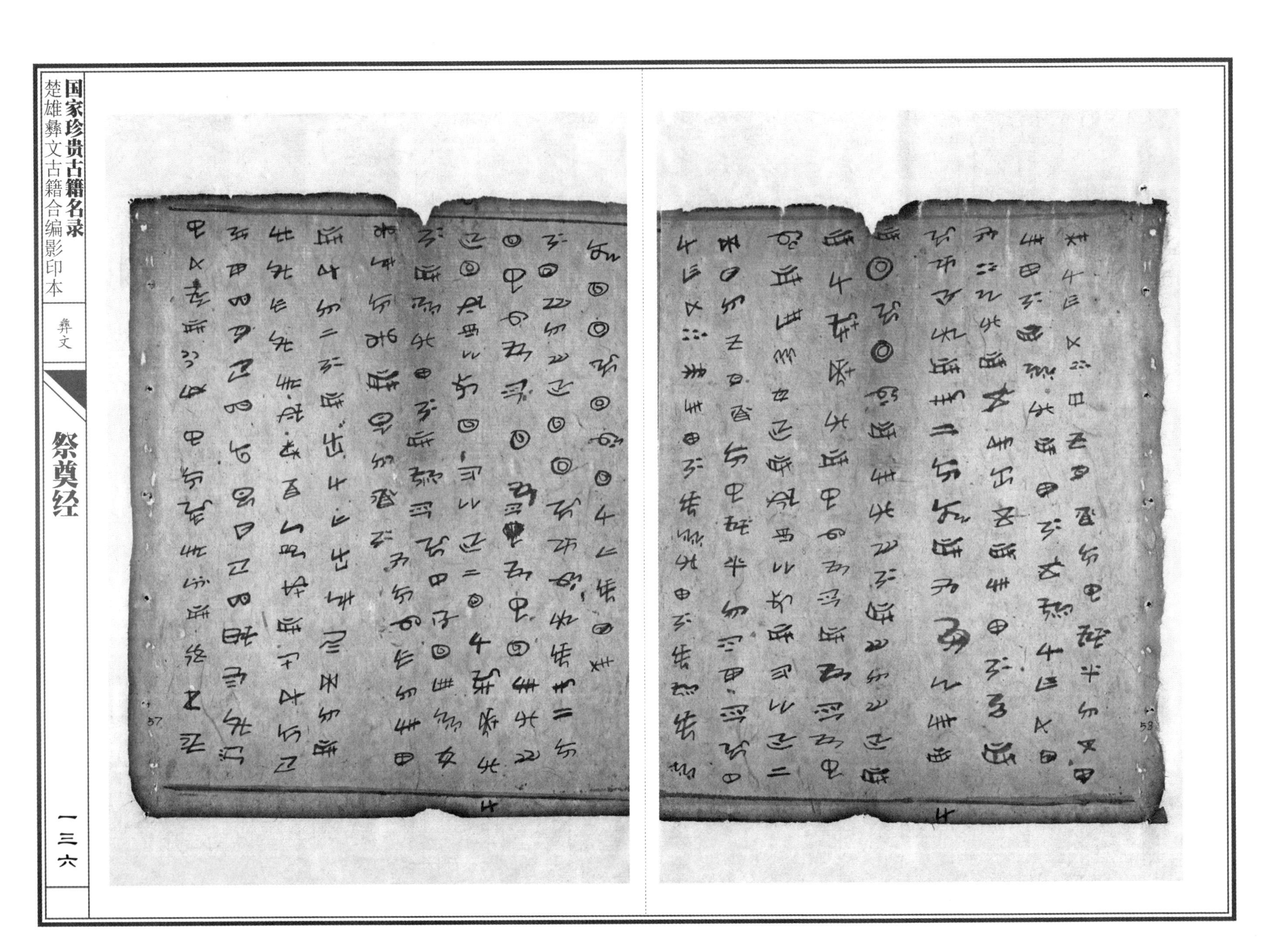

祭奠经

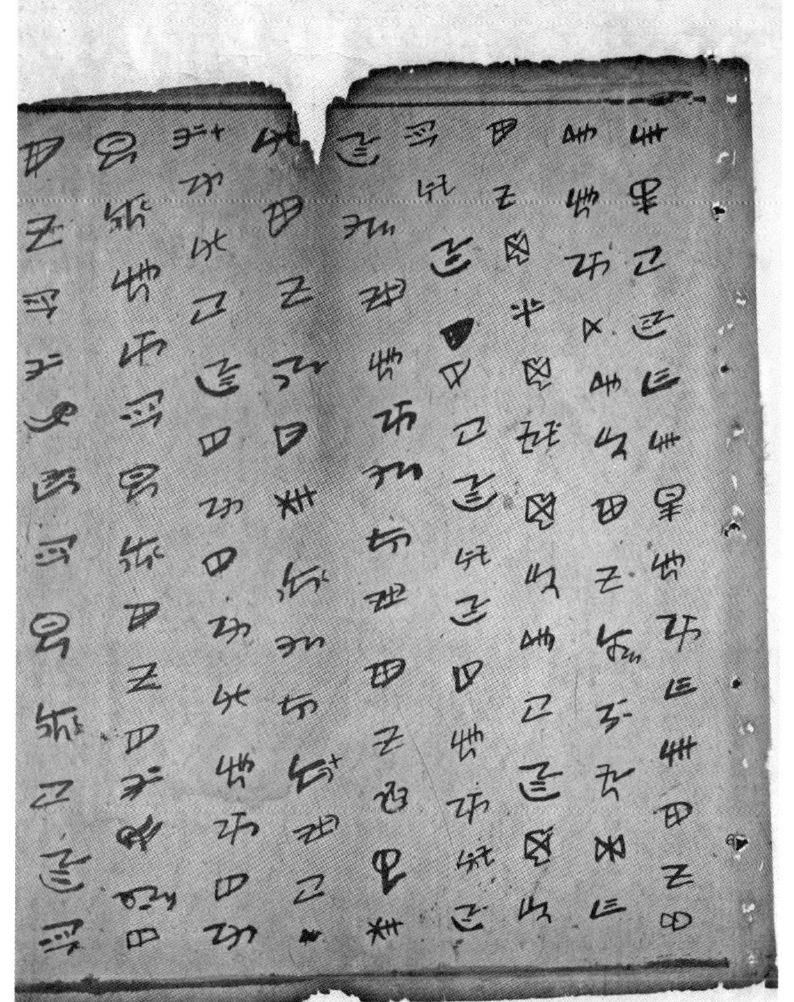

姑娘哭嫁调

《姑娘哭嫁调》，彝文，清抄本，线订册页装，存一卷，一册，五十七页。书高二十四厘米，广十九厘米。每页十八行，行十一字，白口，无边栏。回写本，本色，绵纸，手抄体，墨书。

姑娘哭嫁调

《姑娘哭嫁调》，彝文，清抄本，线订册页装，存一卷，一册，五十七页。书高二十四厘米，广十九厘米。每页十八行，行十一字，白口，无边栏。旧写本，本色，绵纸，手抄体，墨书。

彝族南部方言哀牢彝族地区姑娘出嫁时哭诉的歌，此类经书又称为“苦情调”。演唱时用女子哭诉的声腔演唱，调式委婉、忧愁。该书以问答的形式，用大量的比喻记述了女儿在即将出嫁之前的各种心情，长辈们对即将出嫁的晚辈们的祝愿和安慰。如在书中说：“阿妈的女儿，不愿嫁他乡；爹不走的地，娘不去的寨，女儿不愿去；见了别的爹，不像我的爹；见了别的娘，不仿我的娘；见了别的亲，不像我的亲；见了别的戚，不仿我的戚；人生地也生，女儿不愿嫁。”长辈们哭道：“女儿安心去，再生的地方，久了会变熟；再酸的移依，熟了会变甜；别人家的爹，会成你公公；别人家的娘，会成你婆婆；别人的亲戚，会成你亲戚；丰产的田地，会成你的产；满箱的金银，成了你的财；满柜的绸缎，成了你的物；女儿啊女儿，安心把路上。”又如：“爹娘的金伞，还没有撑够，如何离得了；哥嫂的银筷，还没有使够，如何舍得了；姐妹的金镜，还没有照够，如何舍得了；伙伴在一起，还没有玩够，如何离得了；这幢屋檐下，门前屋檐沟，如何跨过去。”母亲答：“女儿别伤心，一轮六十载，没有不嫁者，人人都一样。过了一个春，那时回娘家，可以见爹娘，安心上路吧。”反映了在旧社会，父母包办婚姻下的一种不情愿的心理，以及离开父母、姐妹和朝夕相伴的朋友后的伤感。可供研究彝族社会制度和彝族婚姻习俗时参考。

云南省楚雄彝族文化研究院藏。国家珍贵古籍名录号 12215。

姑娘哭嫁调

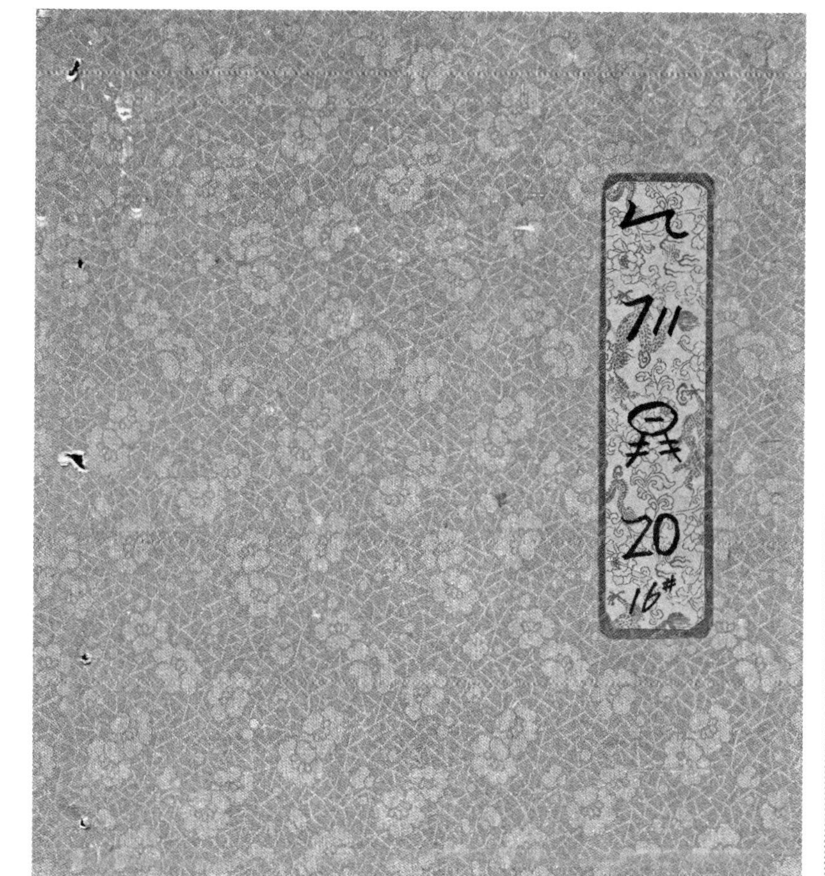

姑娘哭嫁调

姑娘哭嫁调

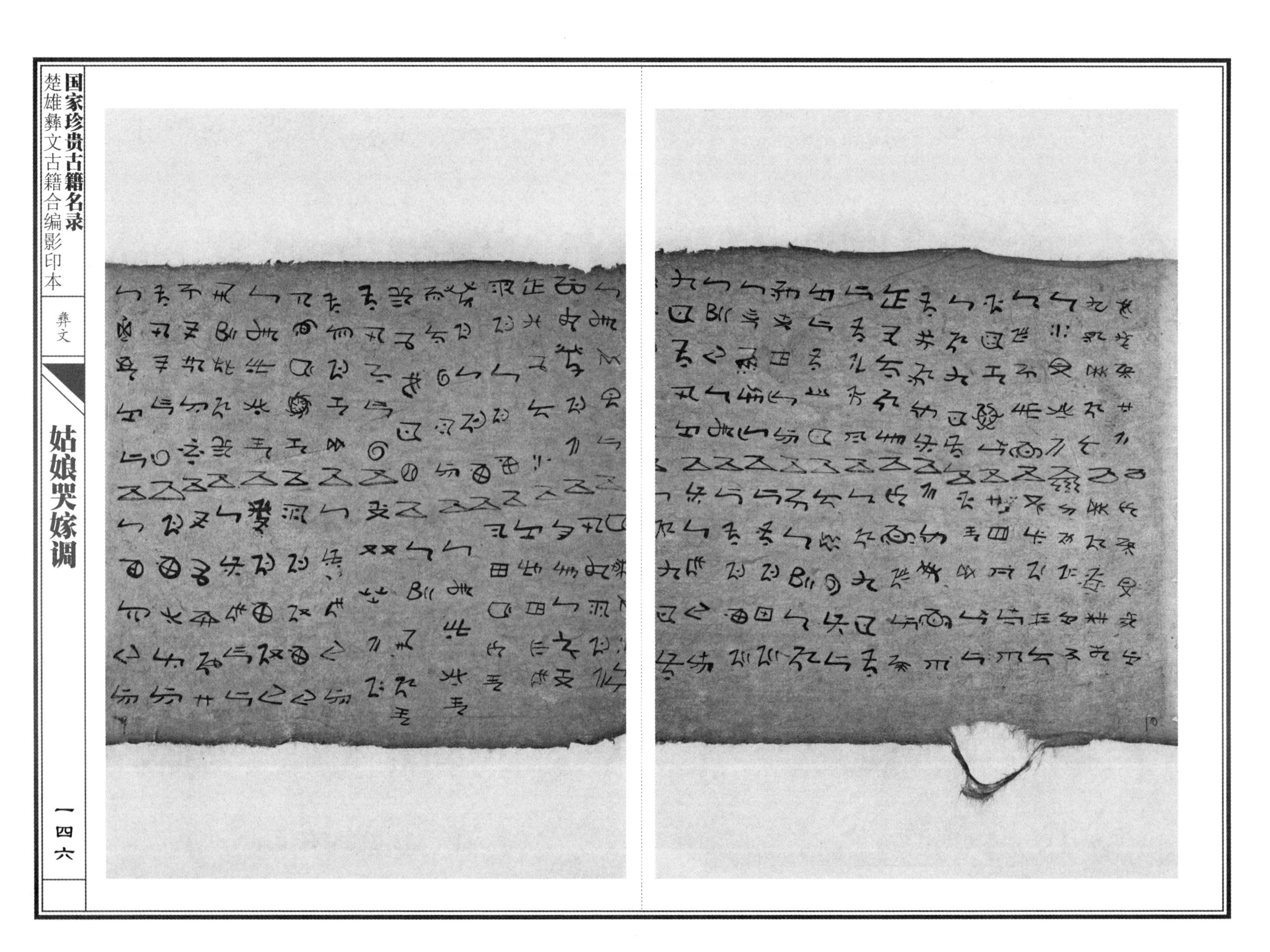

姑娘哭嫁调

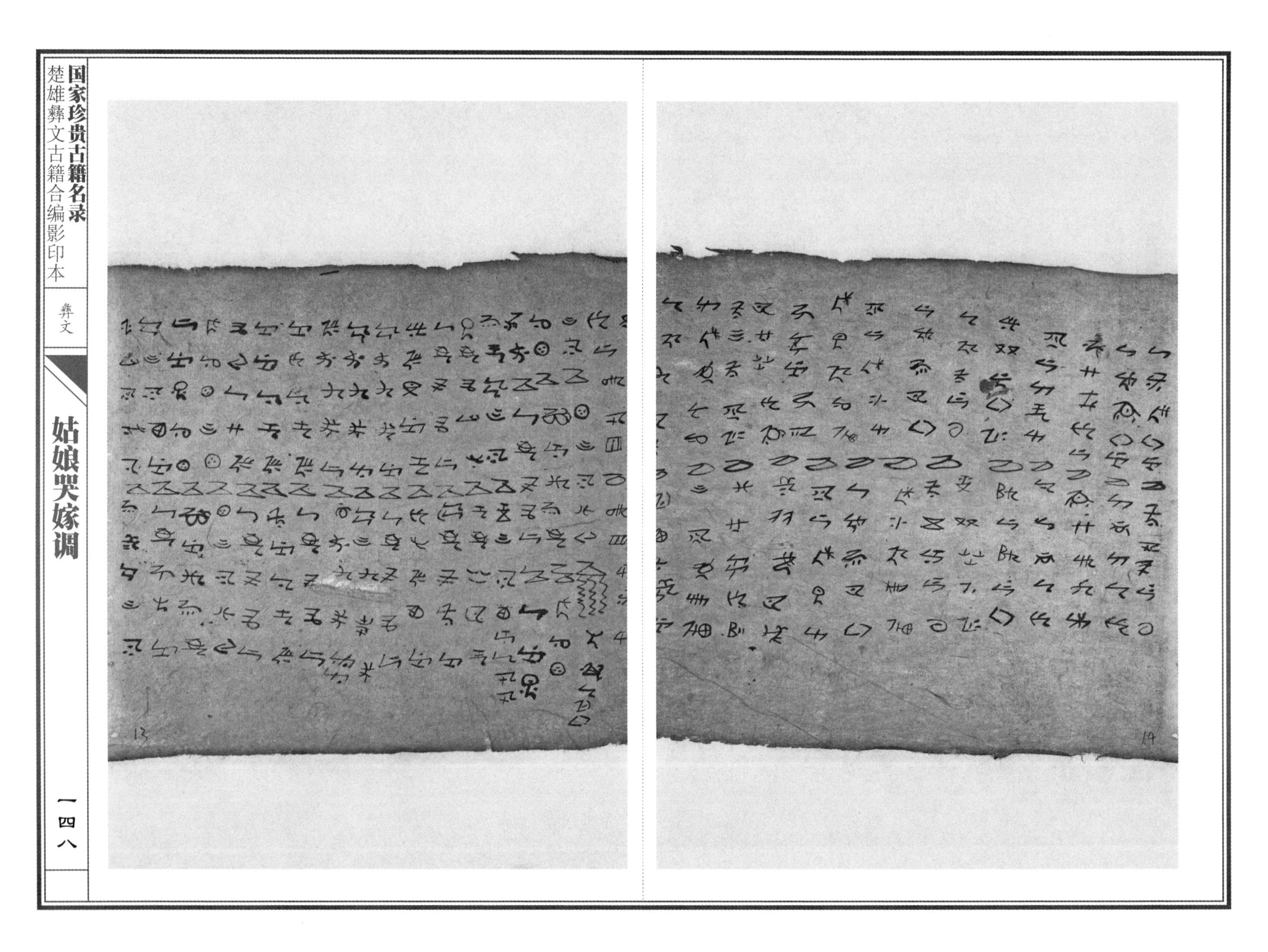

姑娘哭嫁调

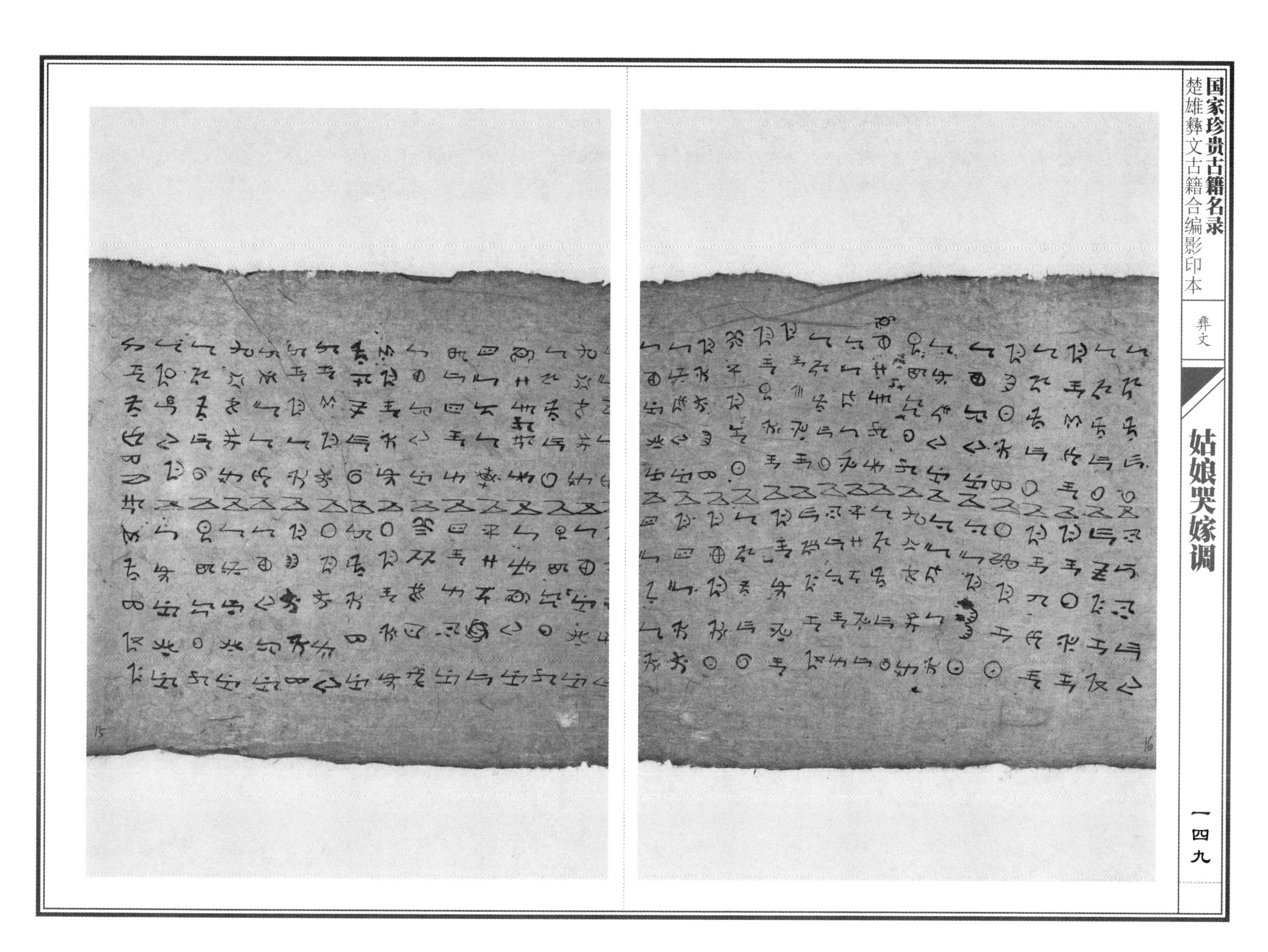

姑娘哭嫁调

15

16

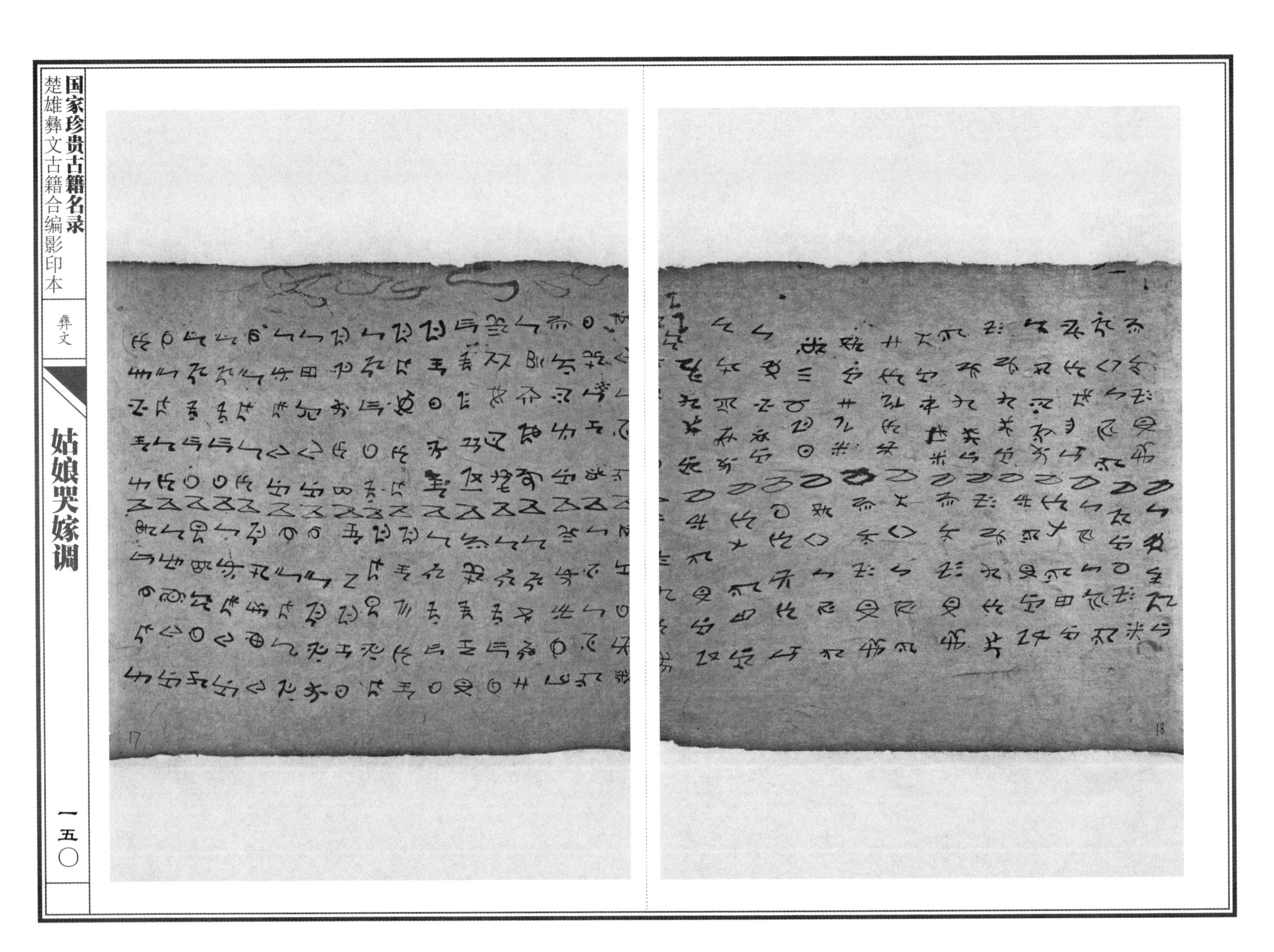

姑娘哭嫁调

17

18

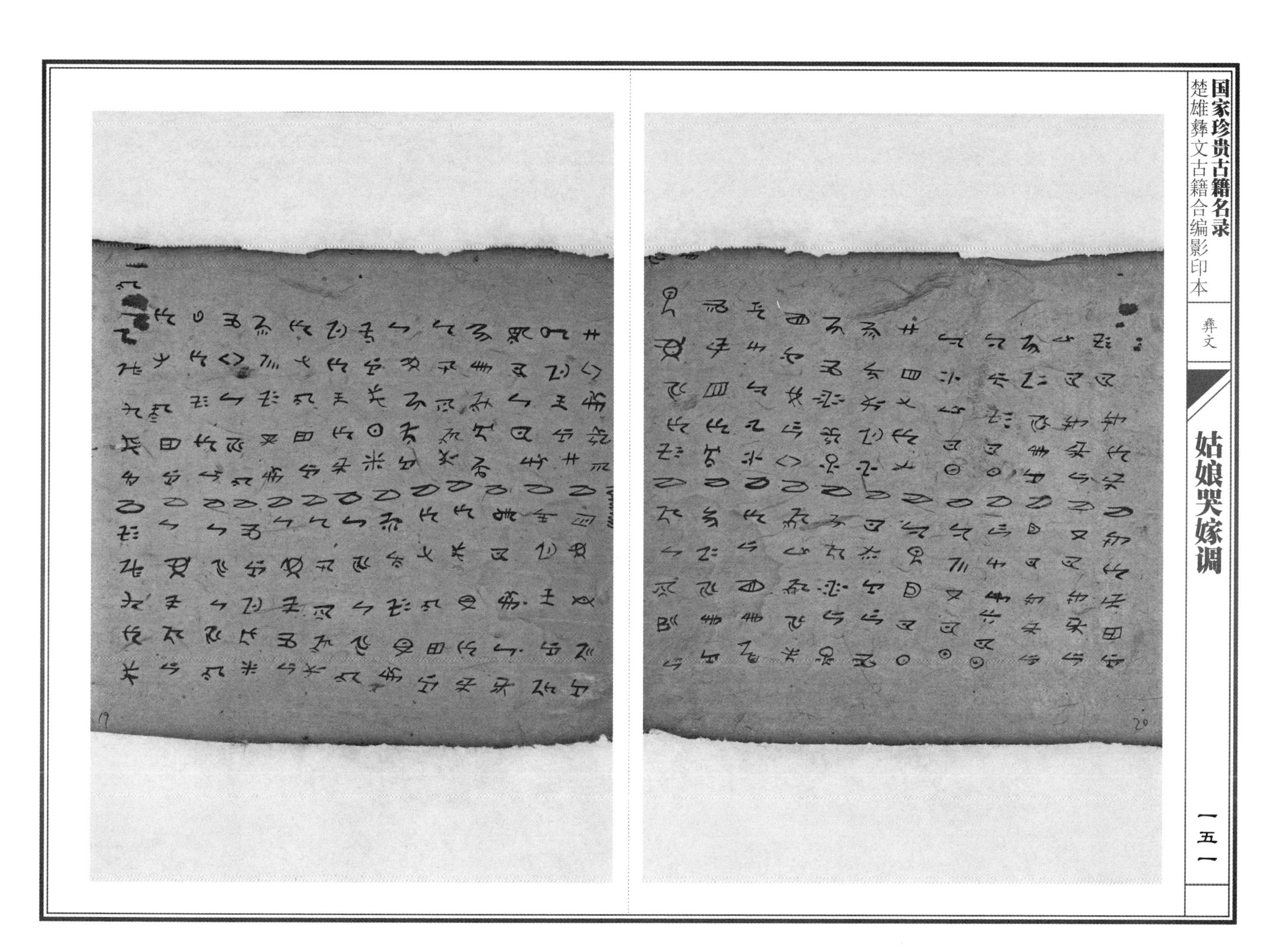

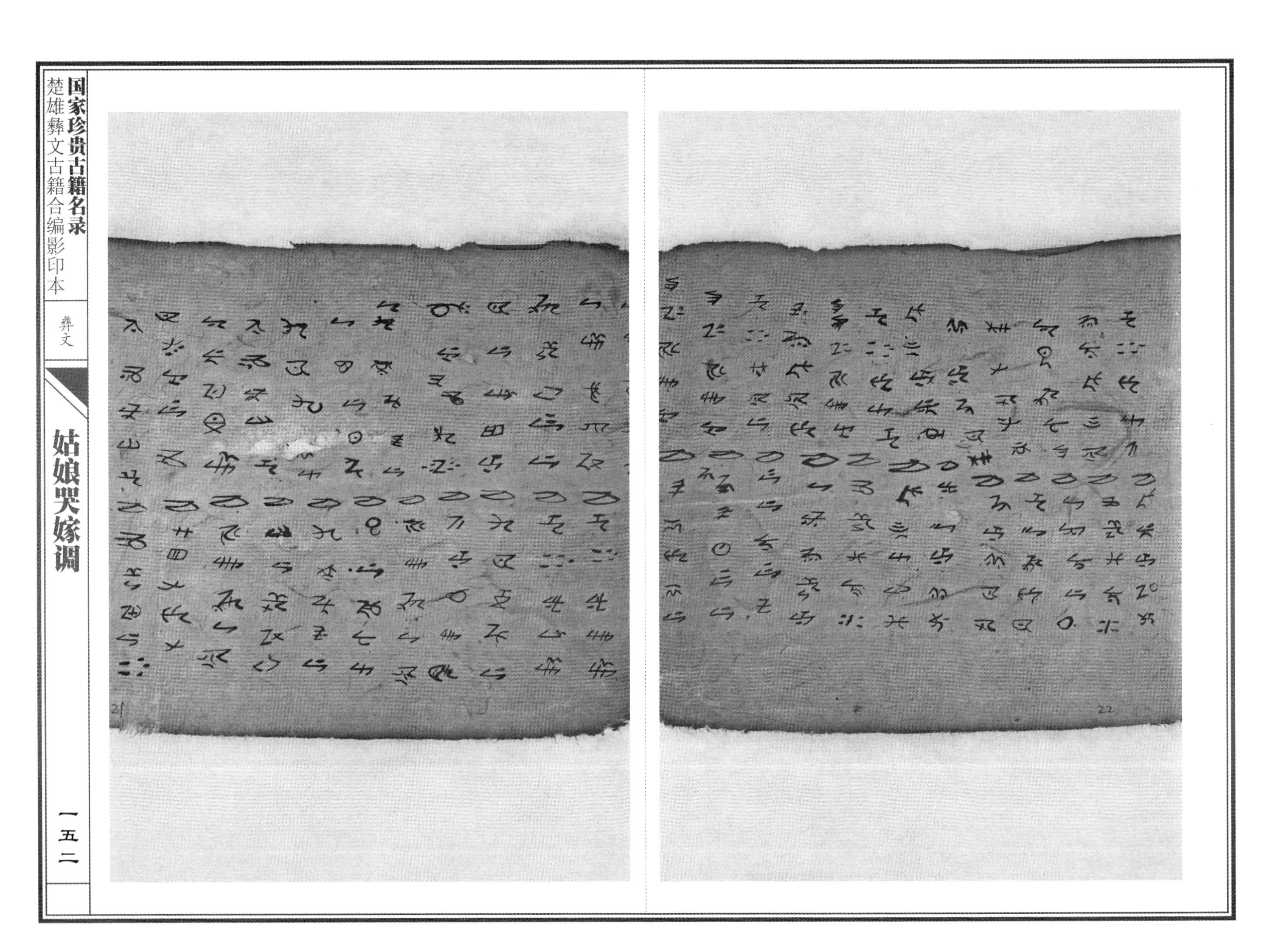

21

22

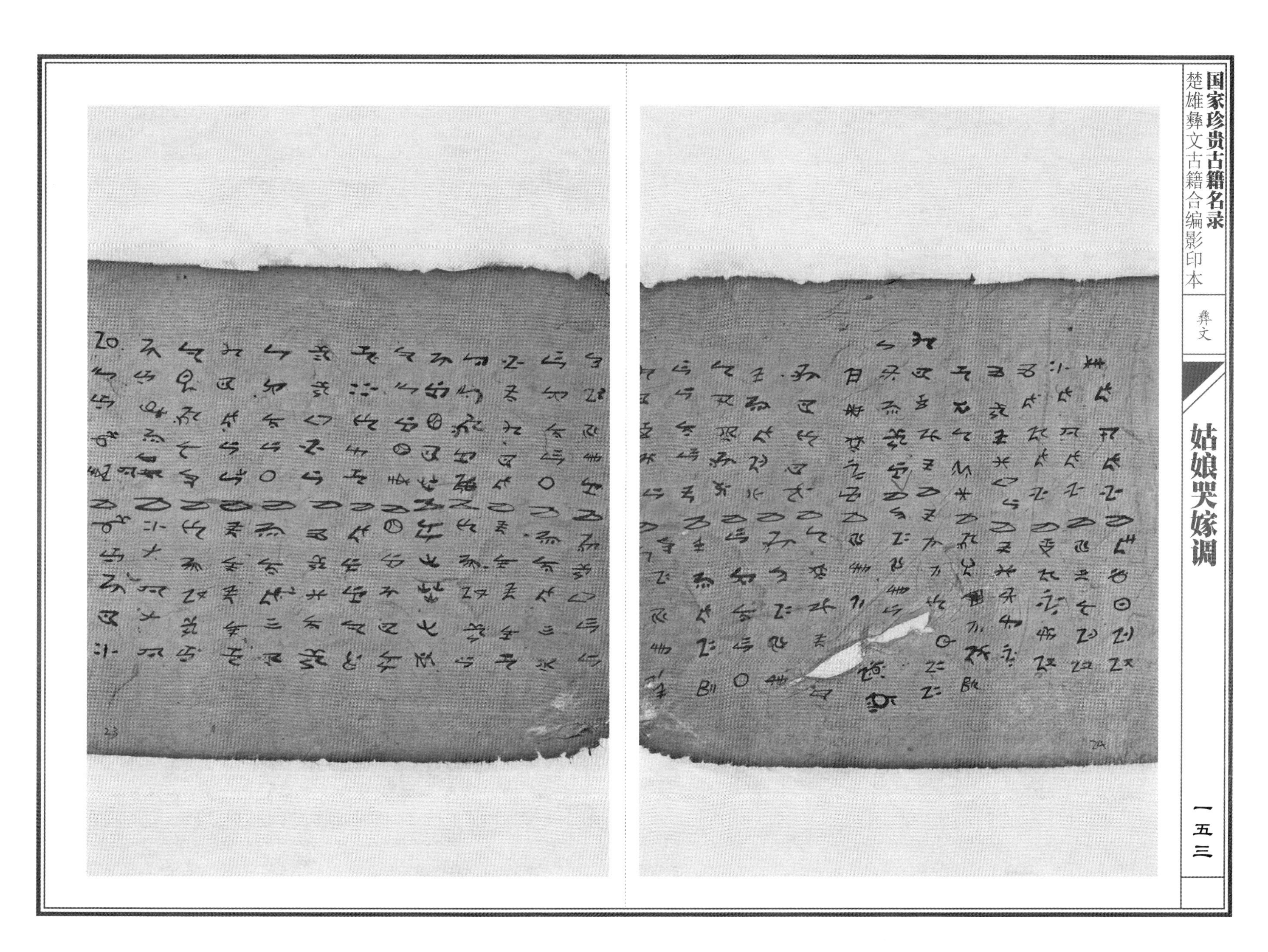

23

24

姑娘哭嫁调

27

28

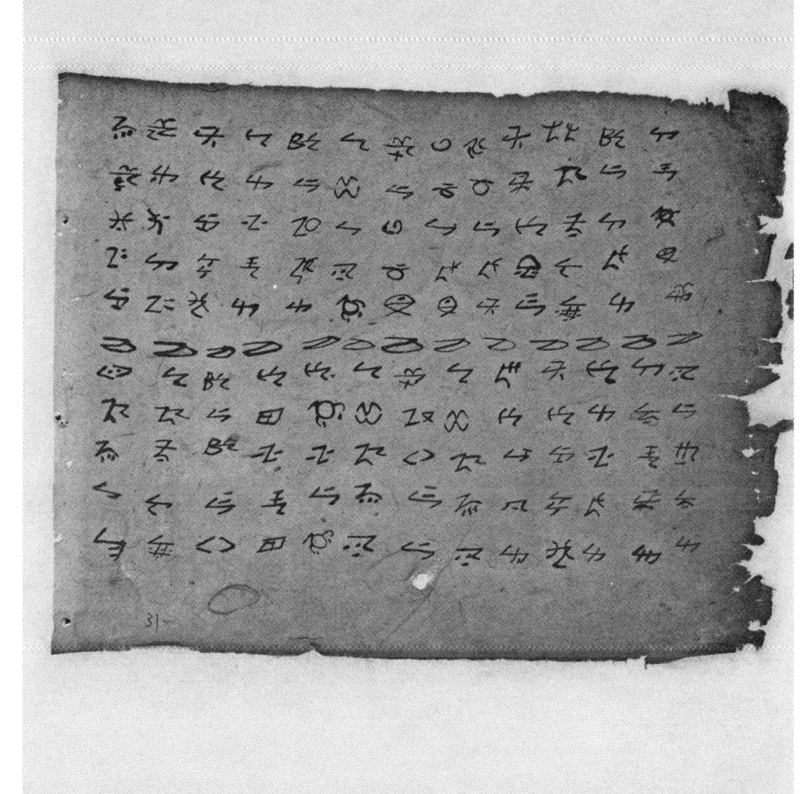

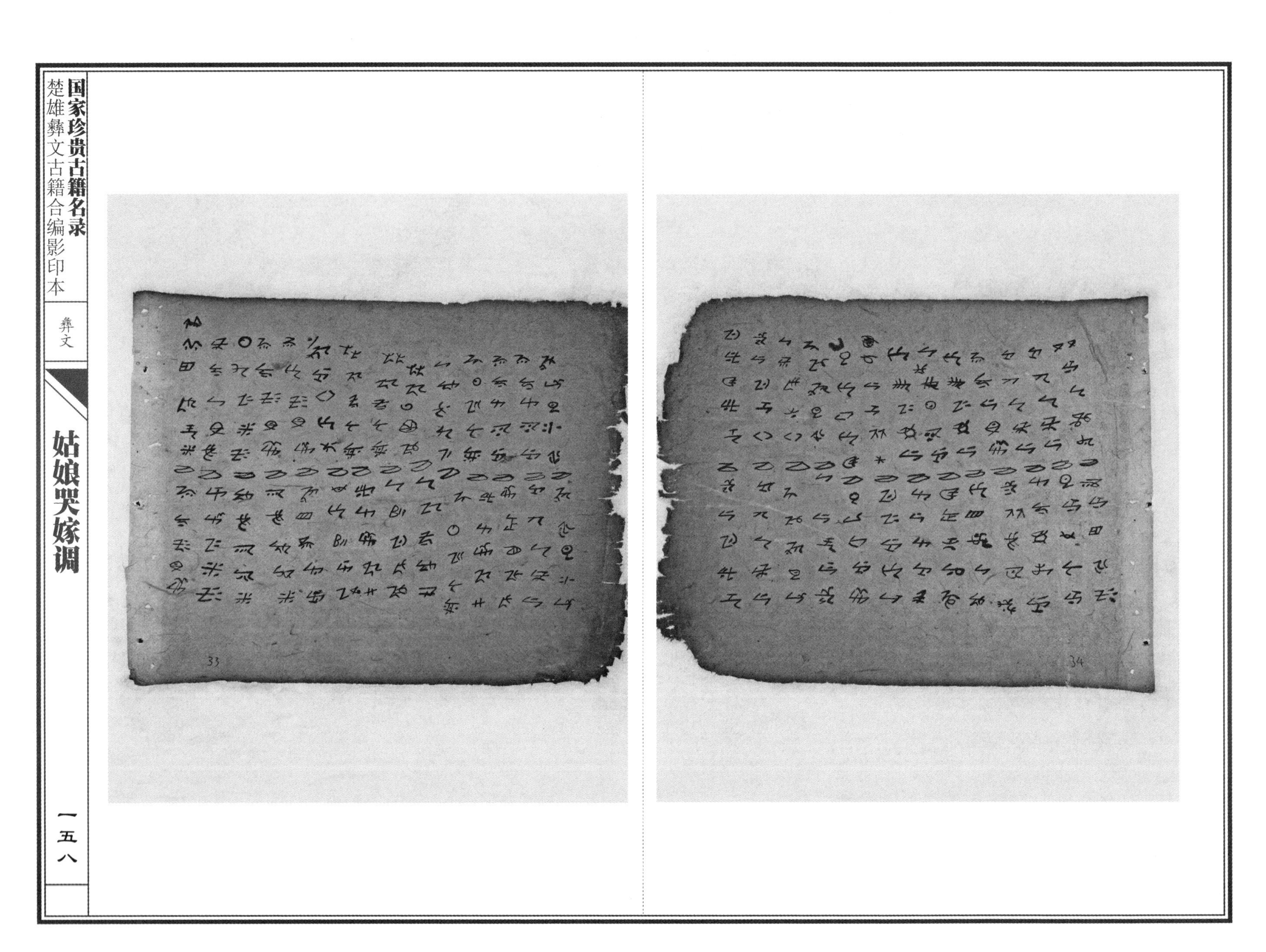

姑娘哭嫁调

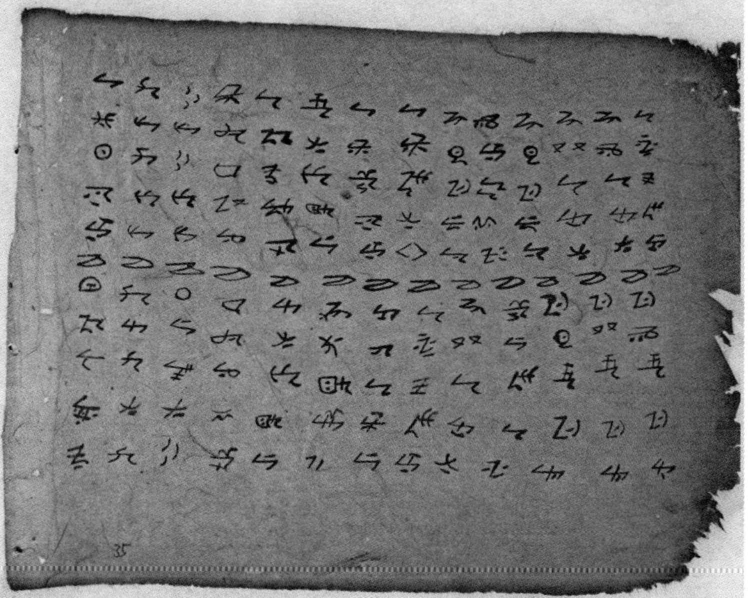

姑娘哭嫁调

姑娘哭嫁调

41

42

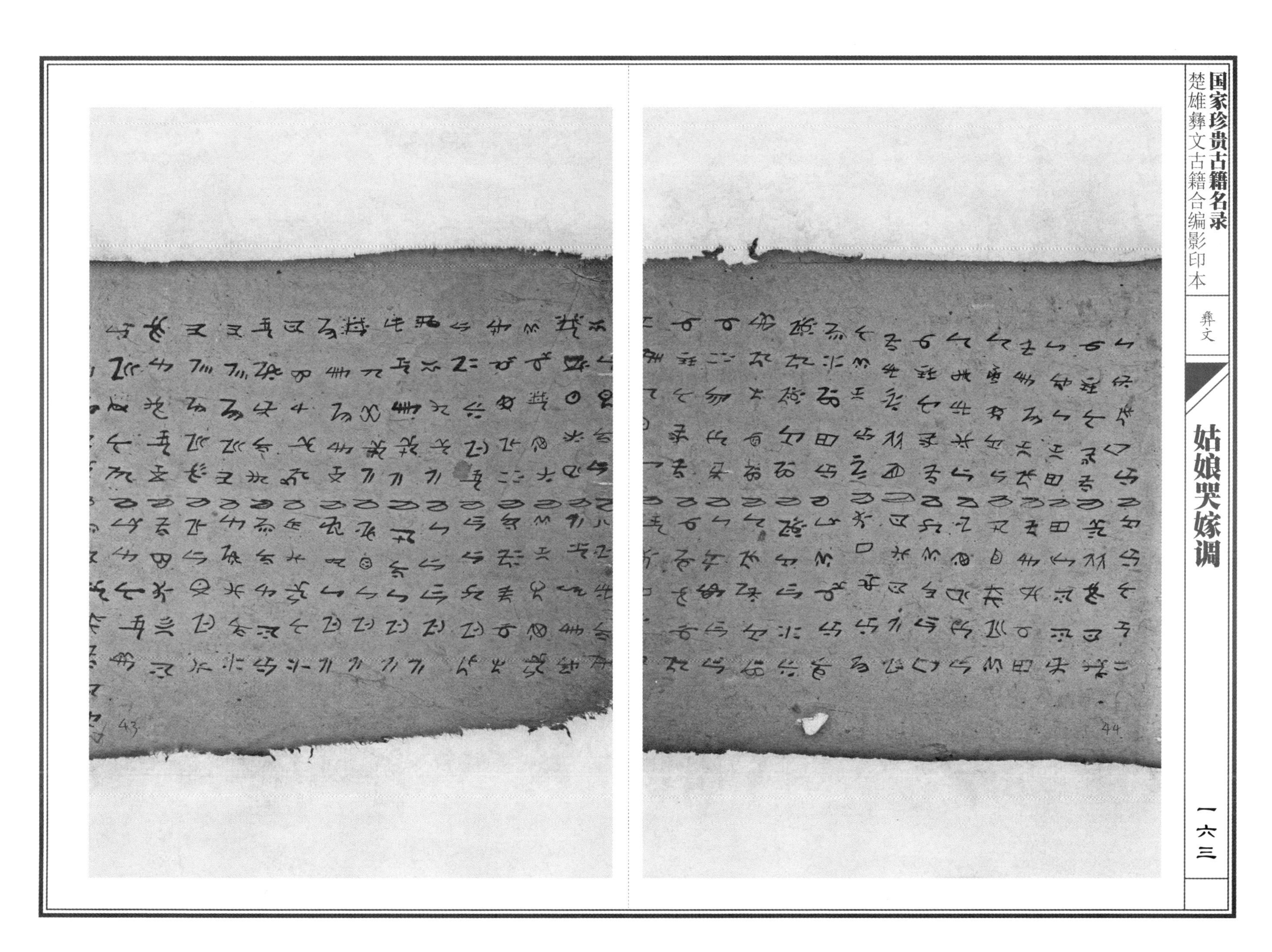

姑娘哭嫁调

姑娘哭嫁调

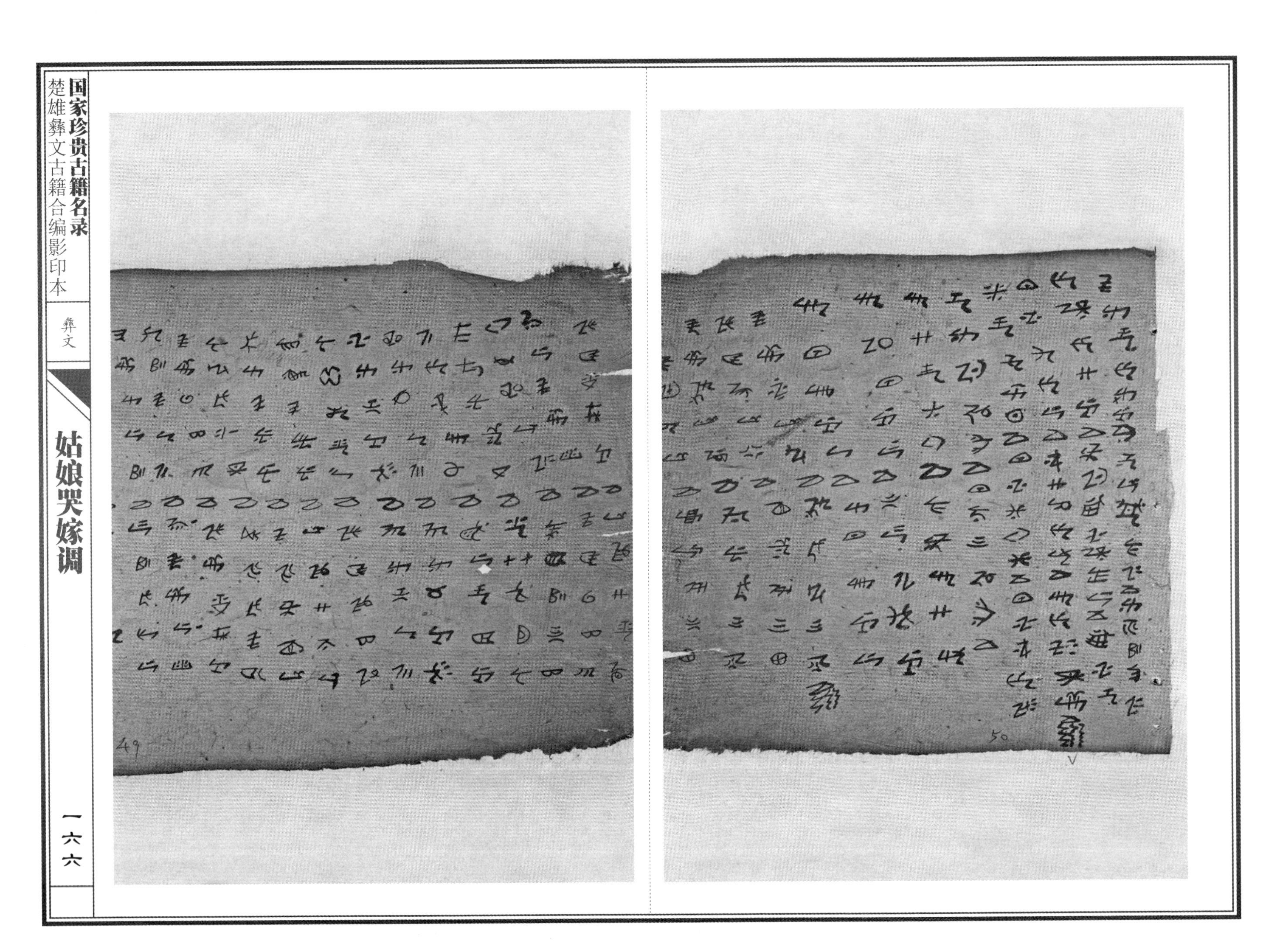

49

50

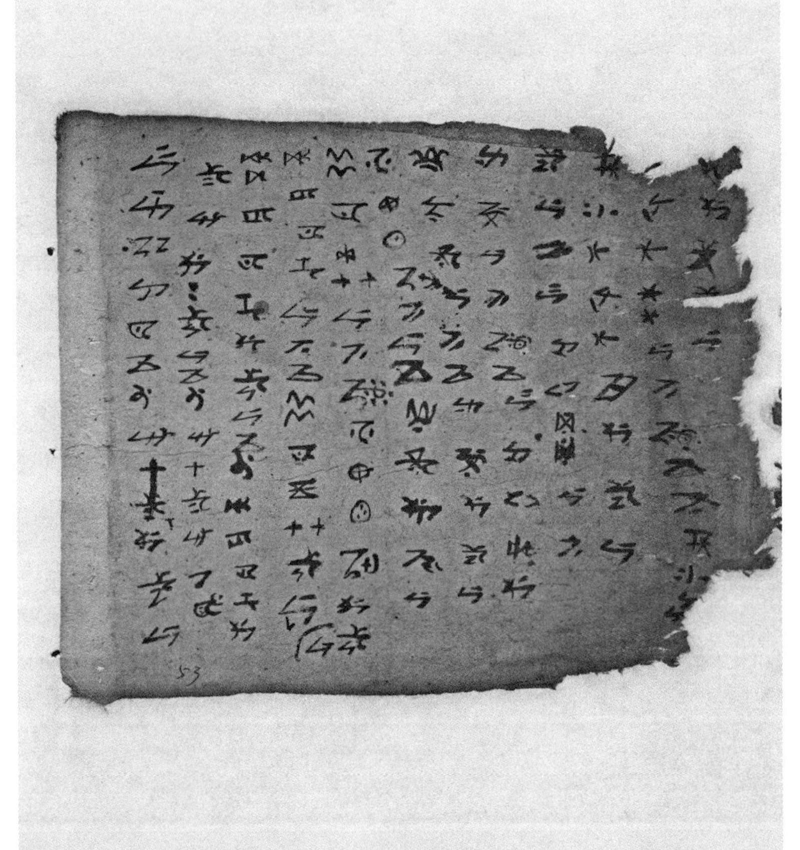

卖查

《卖查》一卷，彝文，清乾隆十九年（1754年）重抄本。存一卷，一册，八十八页。板框高二十二厘米，广三十五厘米。每页二十行，行十七字。白口，四周双栏。回写本，本色，绵纸，线订册页装，墨书，有断句符号。

卖　查

《卖查》一卷，彝文，清乾隆十九年（1754年）重抄本。存一卷，一册，八十八页。板框高二十二厘米，广三十五厘米。每页二十行，行十七字。白口，四周双栏。旧写本，本色，绵纸，线订册页装，墨书，有断句符号。

《卖查》系彝族南部方言丧葬仪式经书。彝族南部方言丧葬经书由《吾查》《卖查》两部分组成，书名为彝语音译，分别讲述天地万物起源、各种生产生活用具来源。在丧葬祭仪中，由两位毕摩交替演述，因而又有“公书”与“母书”之说。毕摩借祭奠逝者而向后人宣教说理、讲述历史、传授知识，丧葬祭辞便成为彝文古籍中的经典。同时，《吾查》和《卖查》又是彝族南部方言丧葬经书的泛指，二者既是一个完整的构成体系，又有相对独立性。《吾查》《卖查》按等级又分为“卖聂”“卖奴”“卖能”“卖突”（即“红书”“绿书”“黑书”“白书”）四个等级，按逝者等级吟诵相应的《吾查》《卖查》。从其内涵及外在表述形式看，《卖查》的地位要高于《吾查》。无论是哪一个等级的《吾查》《卖查》，其仪式都是相同的。一般来说，逝者为六十岁以上正常死亡时，毕摩才吟诵《吾查》和《卖查》。这类经书多属民间师徒相传，多数古籍都不署作者名和抄写年代，目前发现和收集到的一些版本均为布封线装绵纸手抄本，内容大同小异。

这部《卖查》汇集了“卖聂”“卖奴”“卖能”“卖突”等十一类内容，记述了养蚕、纺织、制衣和金银首饰的产生、发展过程。对研究彝族古代社会结构和丧葬习俗方面有重要的参考价值。

云南省楚雄彝族文化研究院藏。国家珍贵古籍名录号11279。

卖查

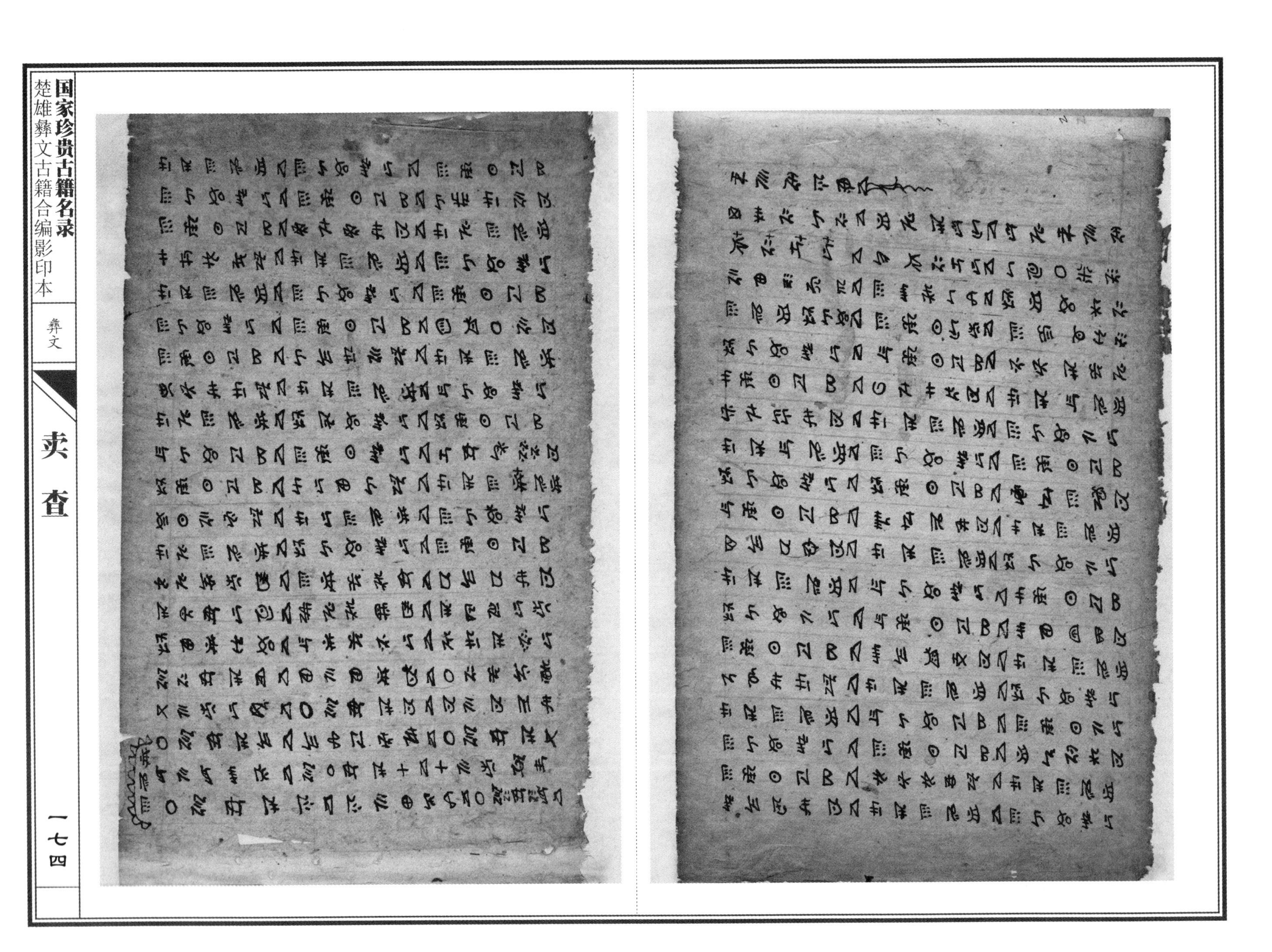

卖查

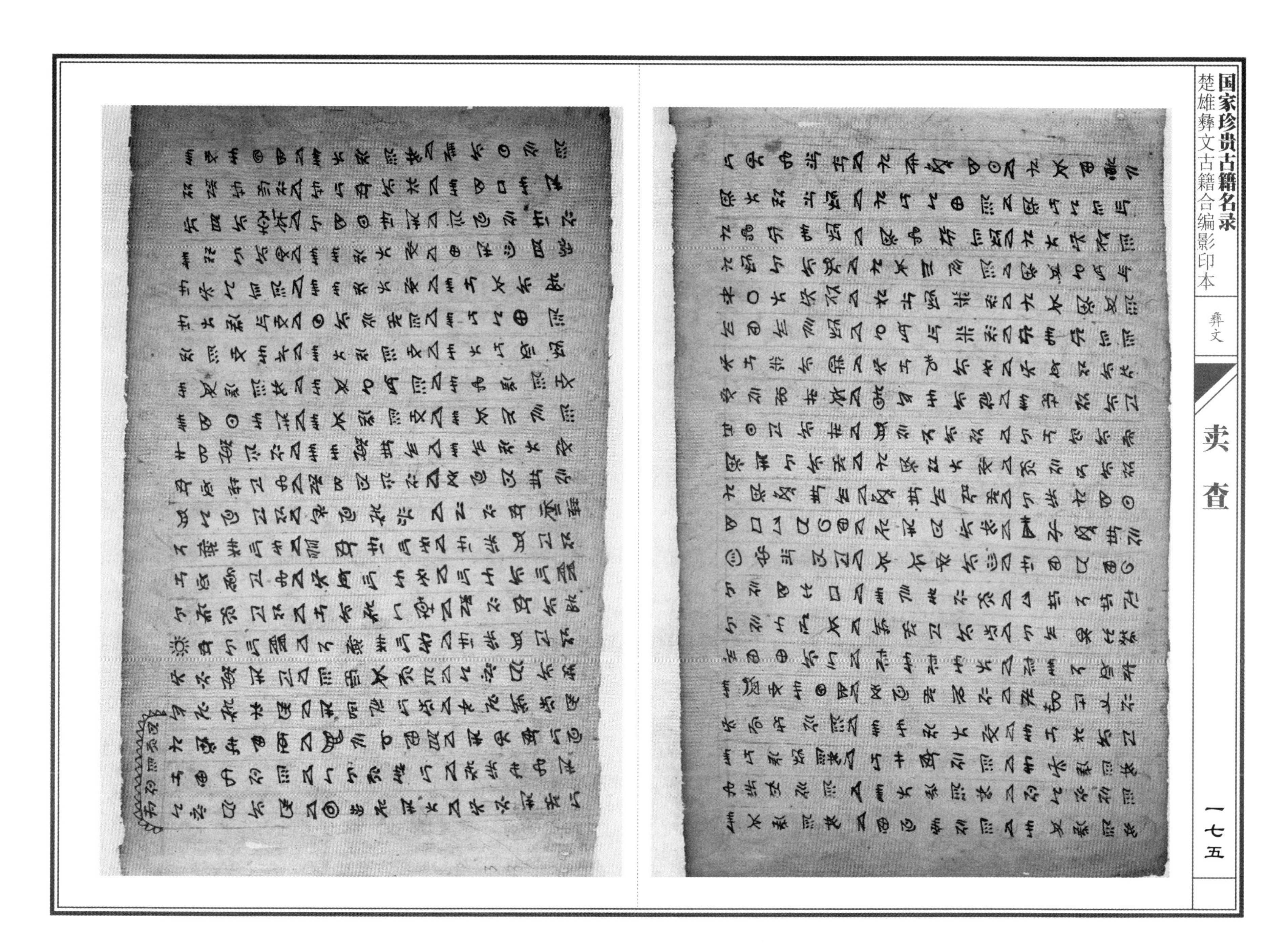

彝文

卖查

卖查

卖查

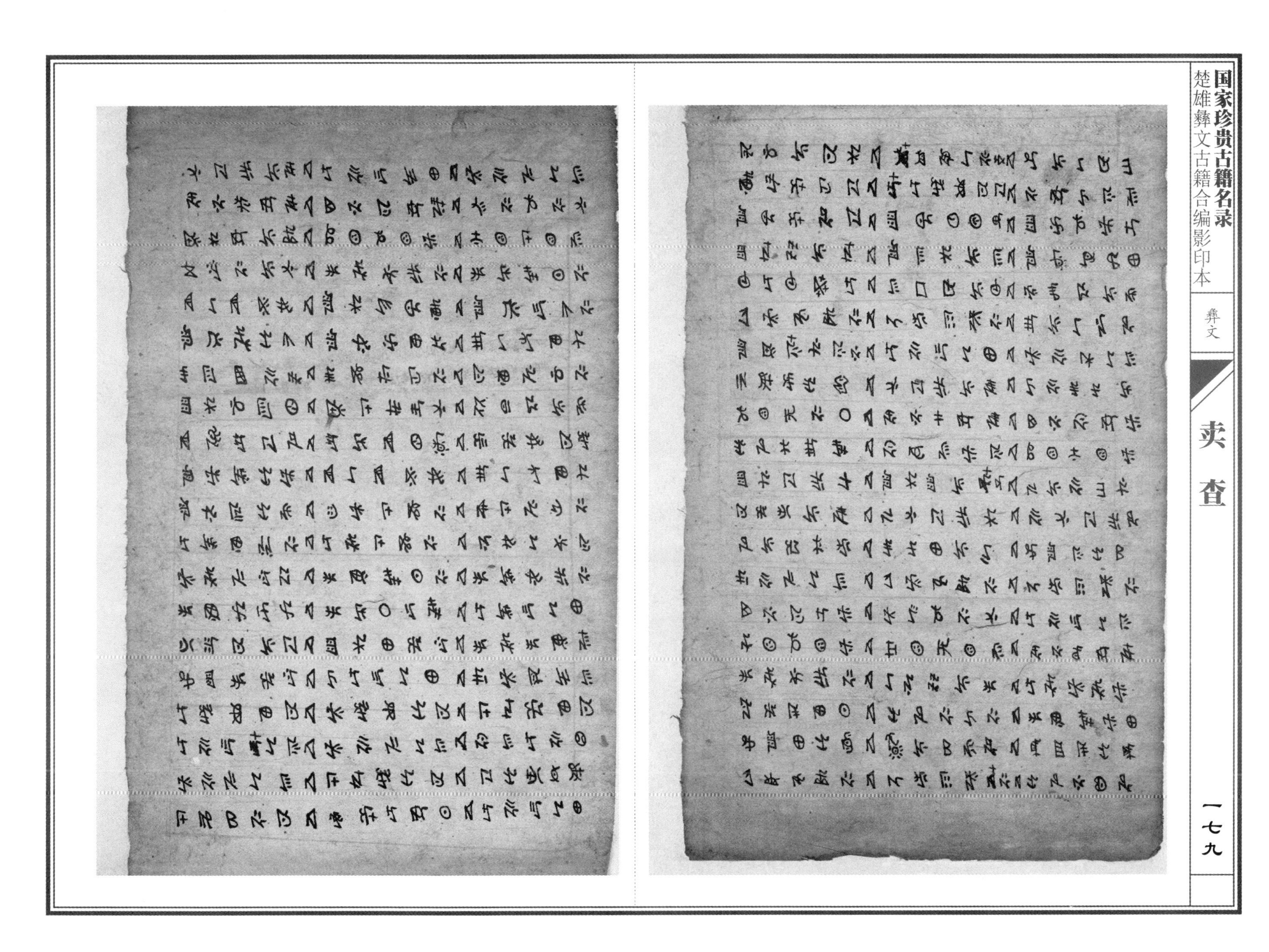

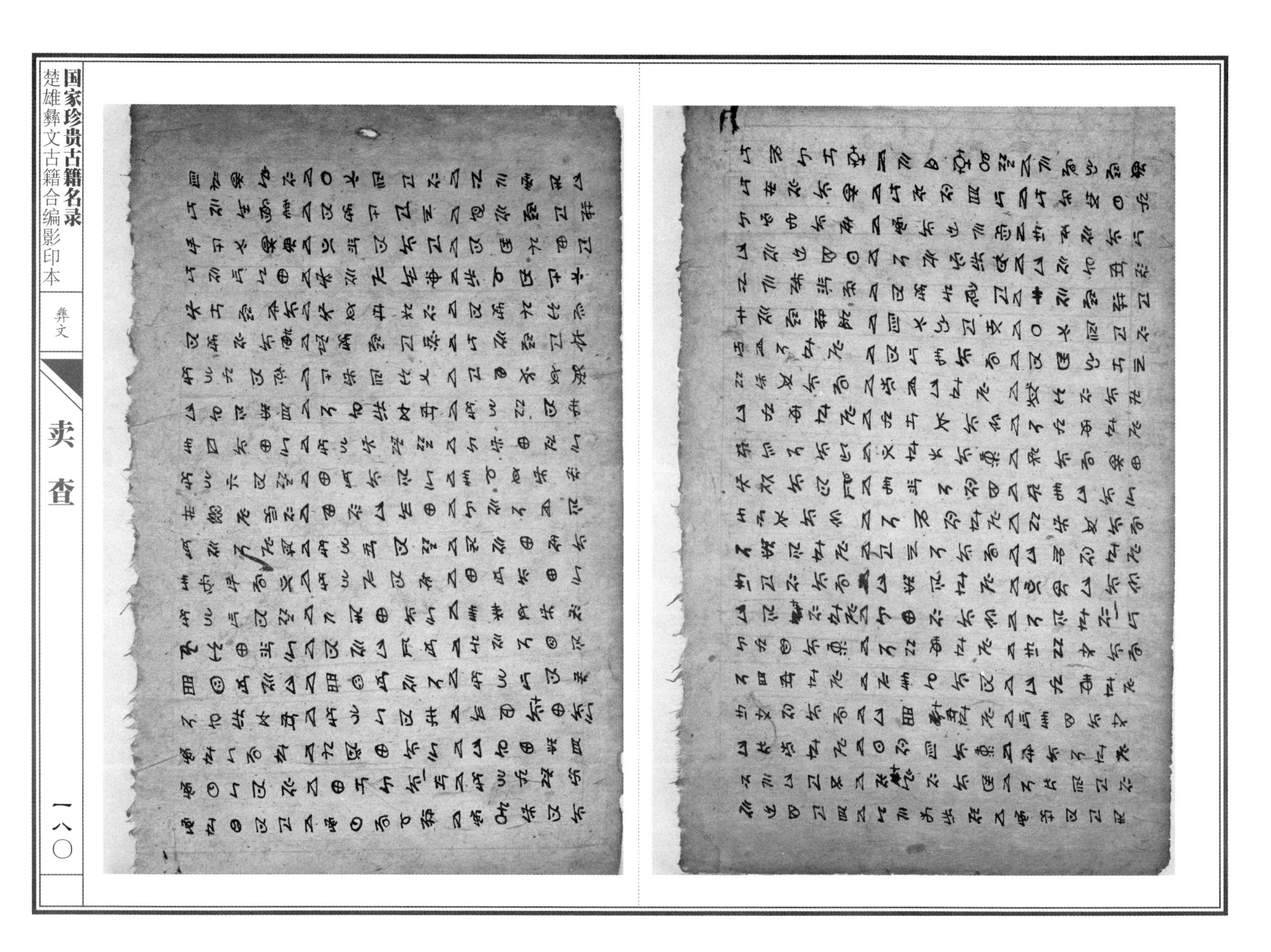

卖查

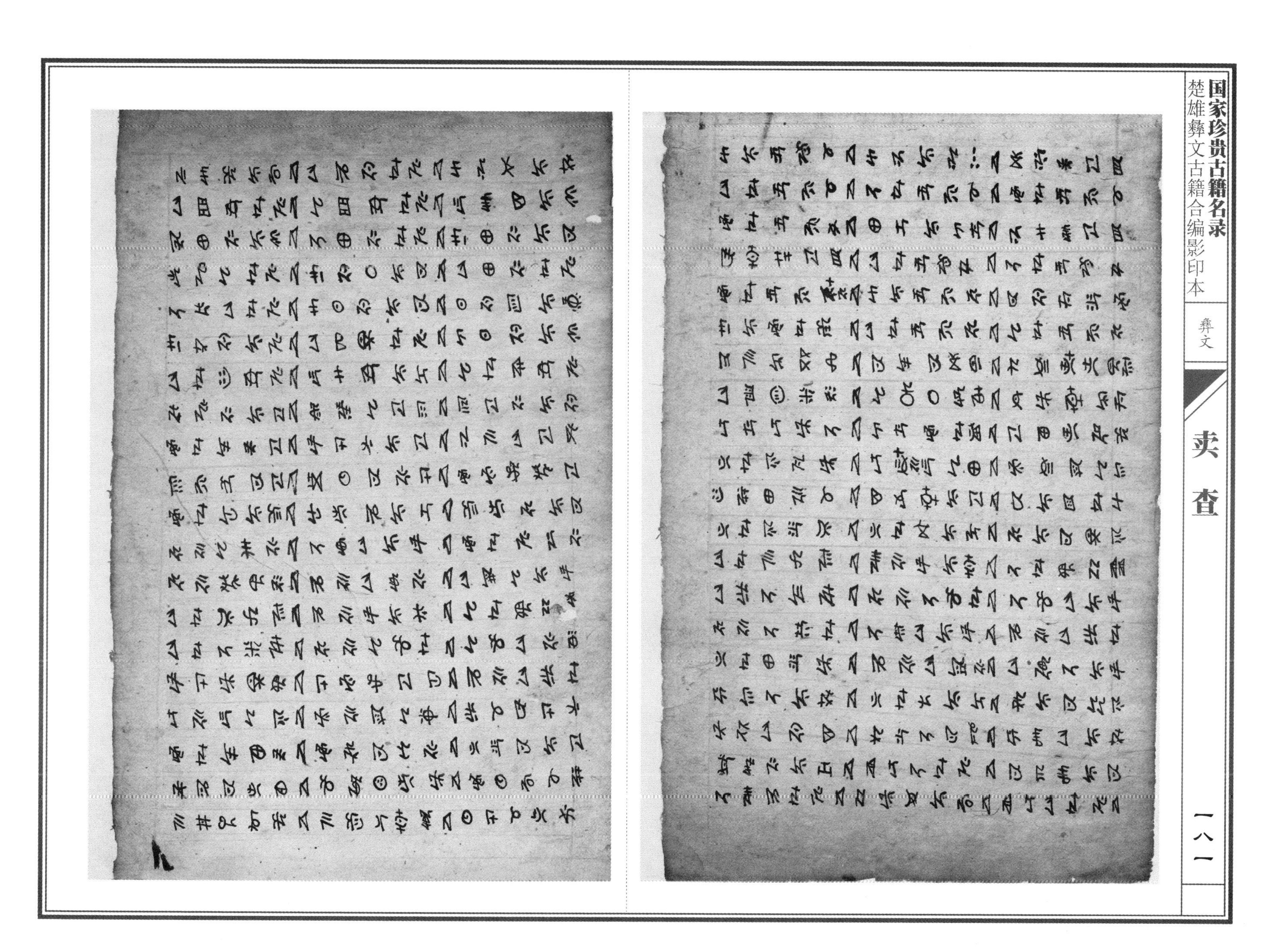

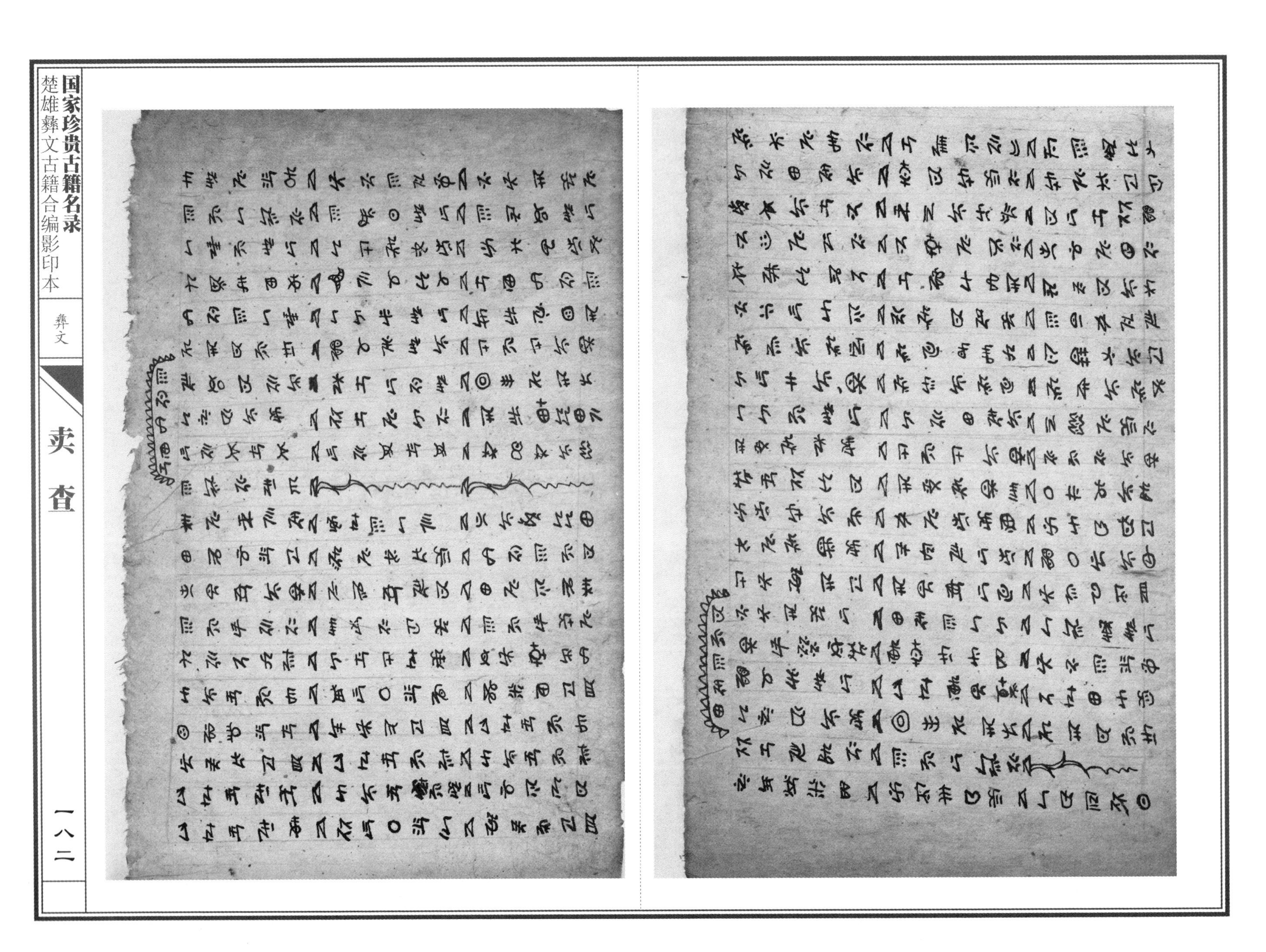

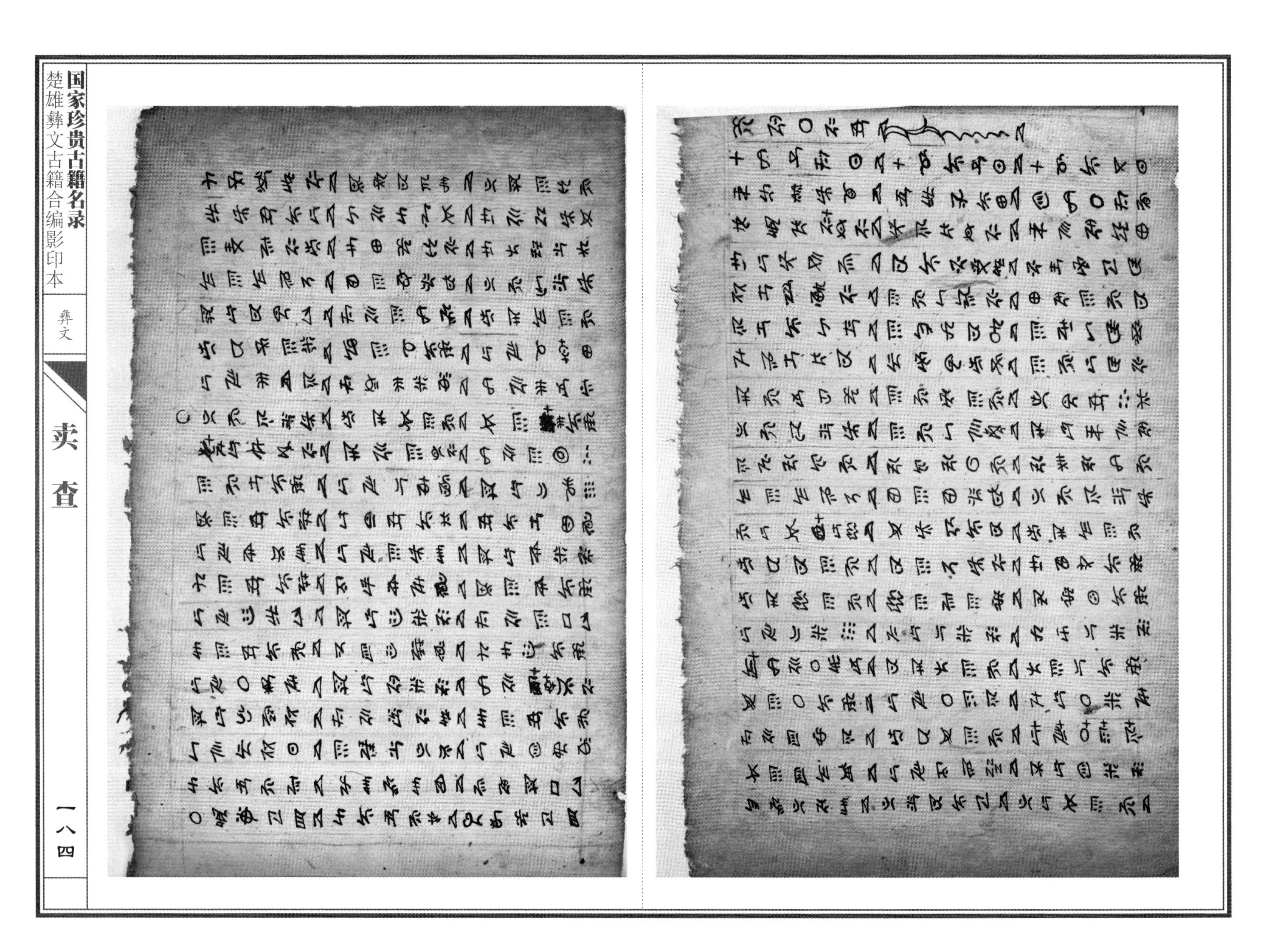

卖查

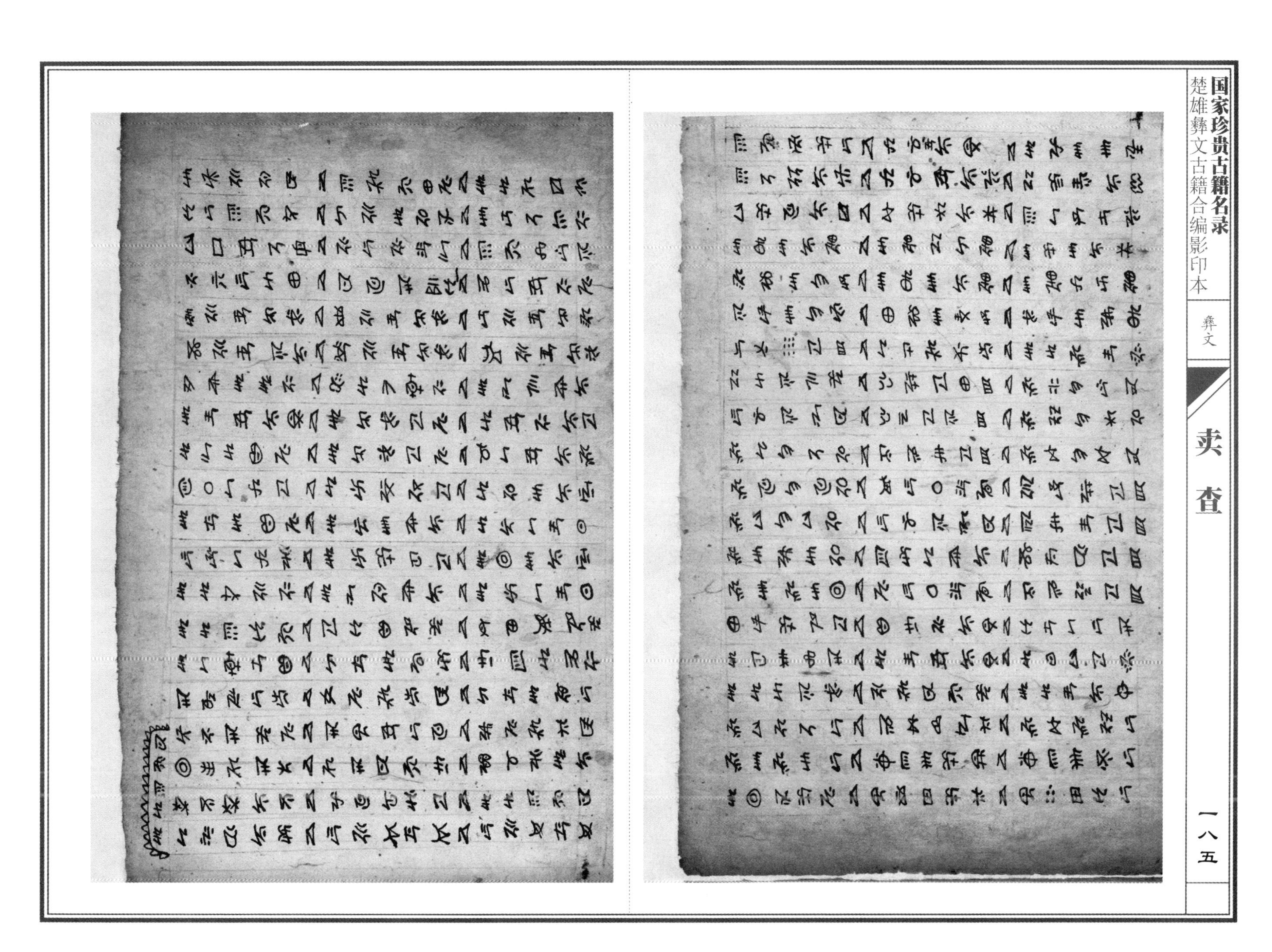

卖查

卖查

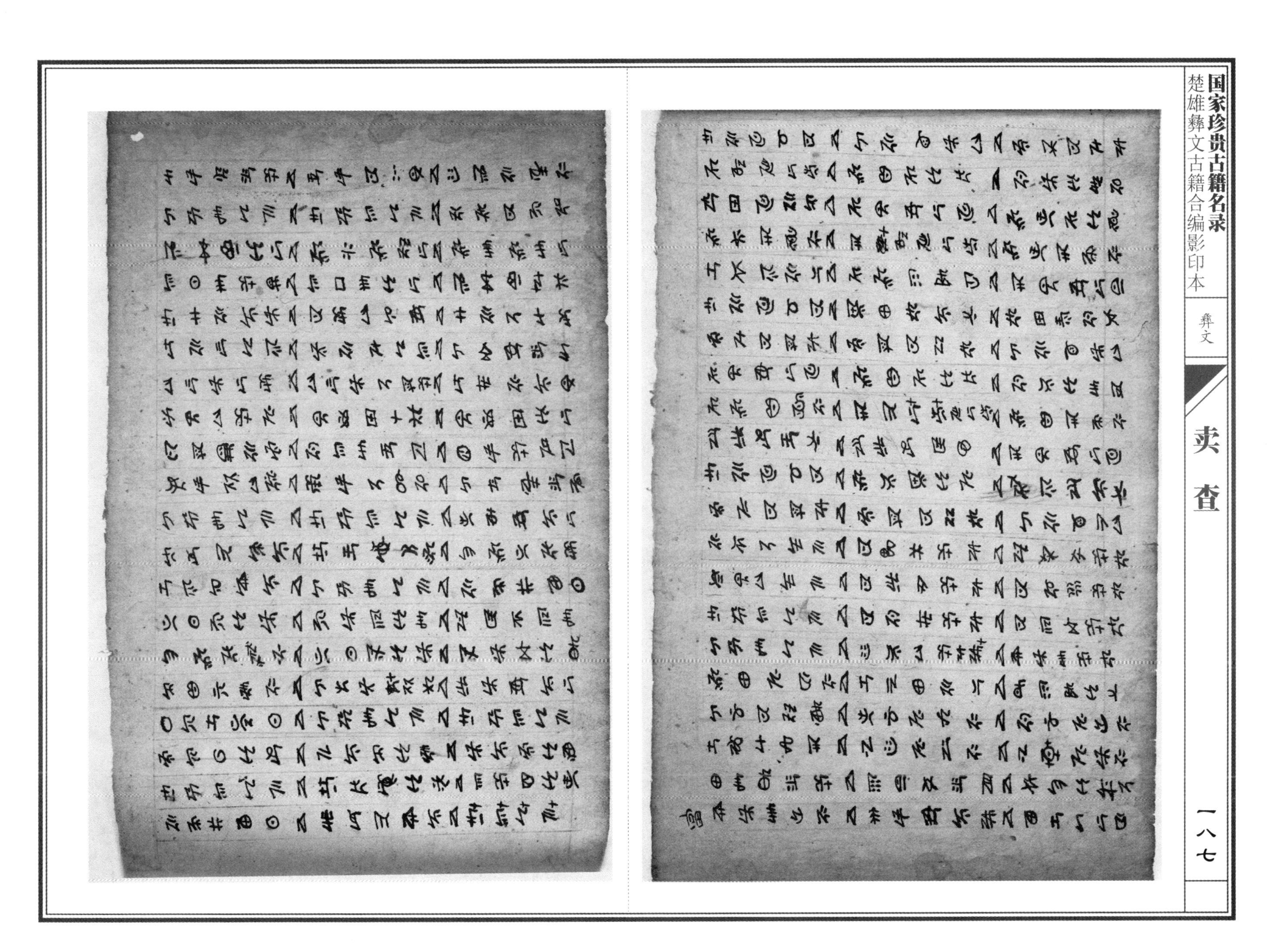

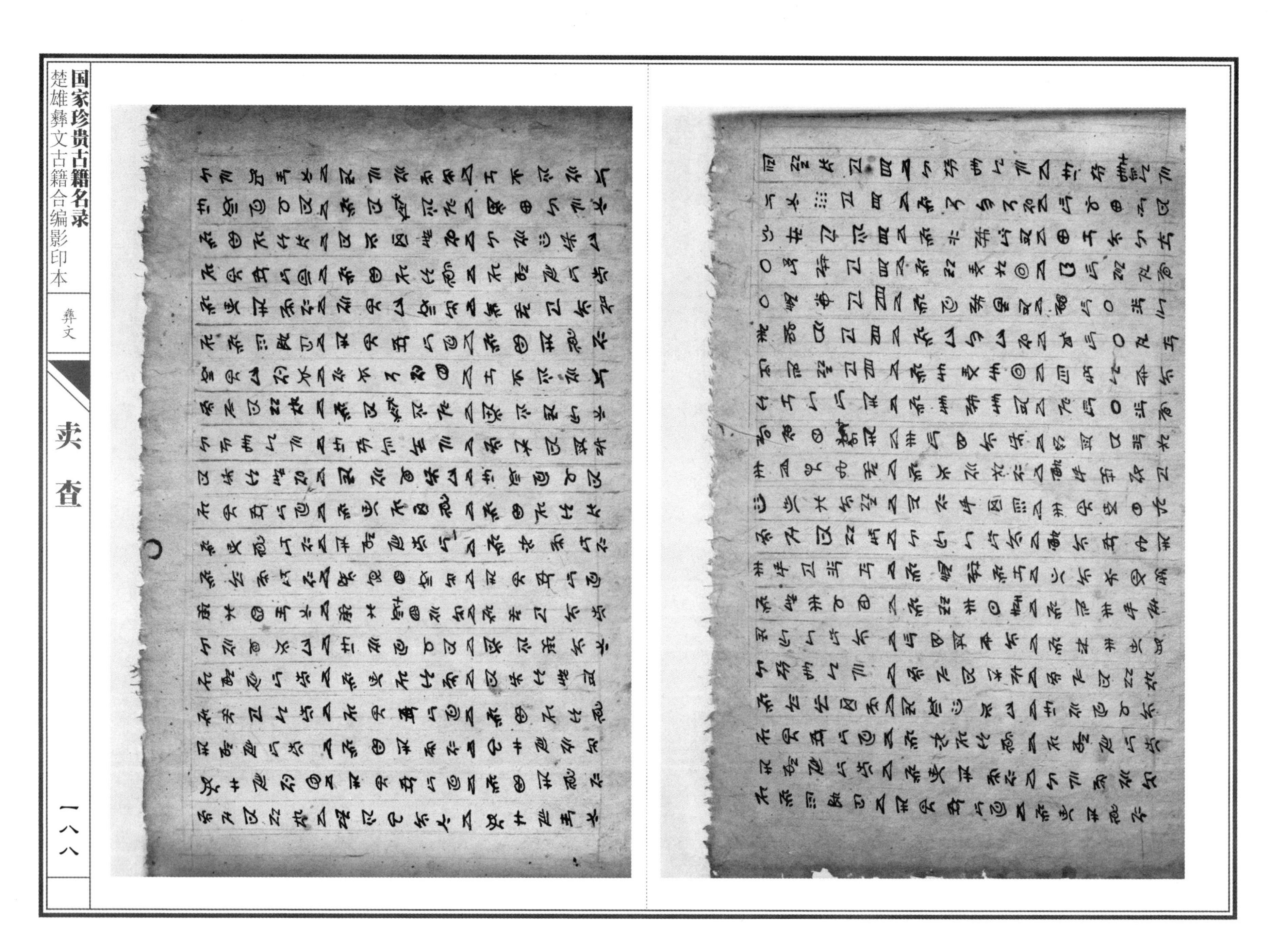

彝文

卖查

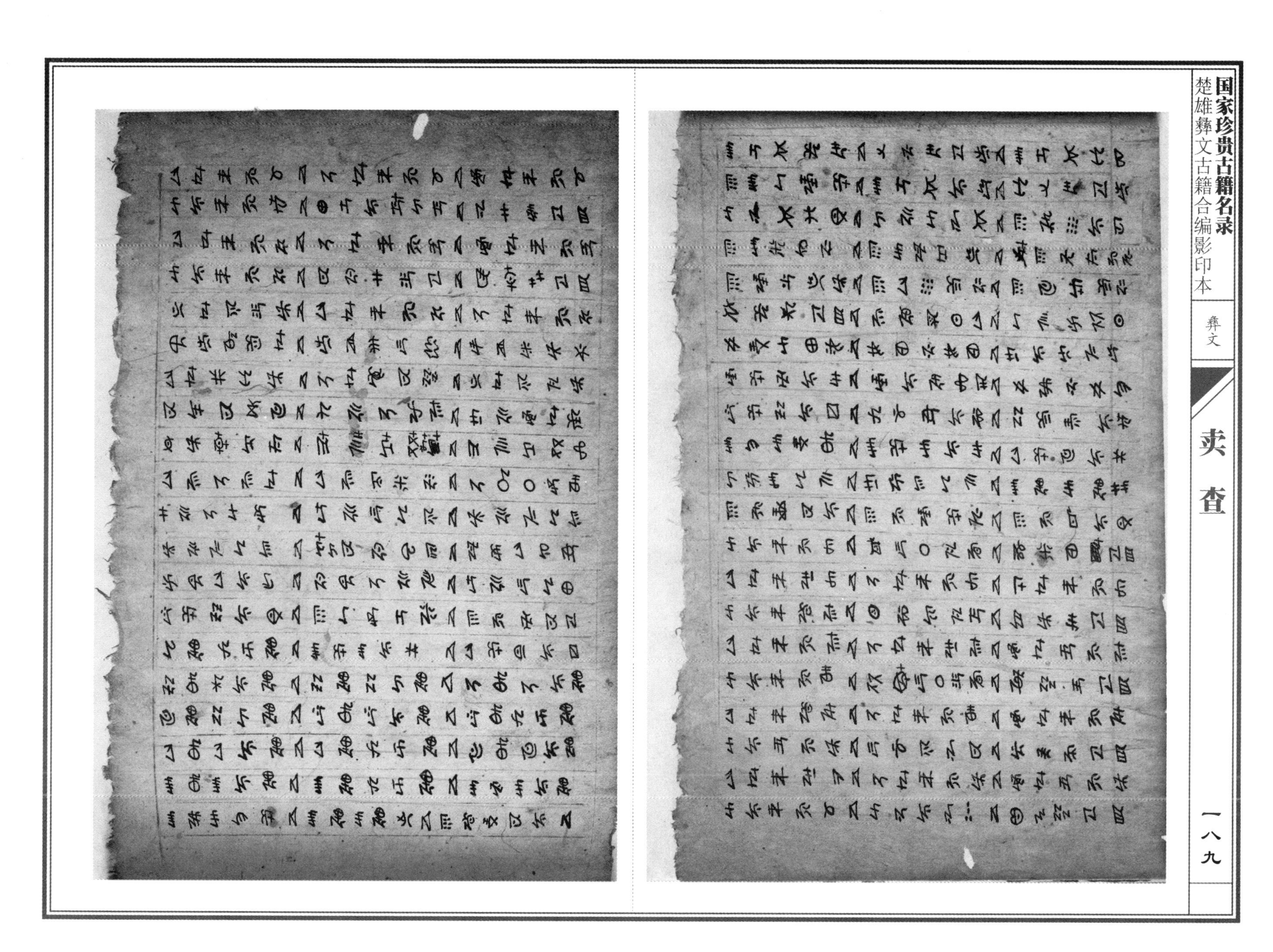

卖查

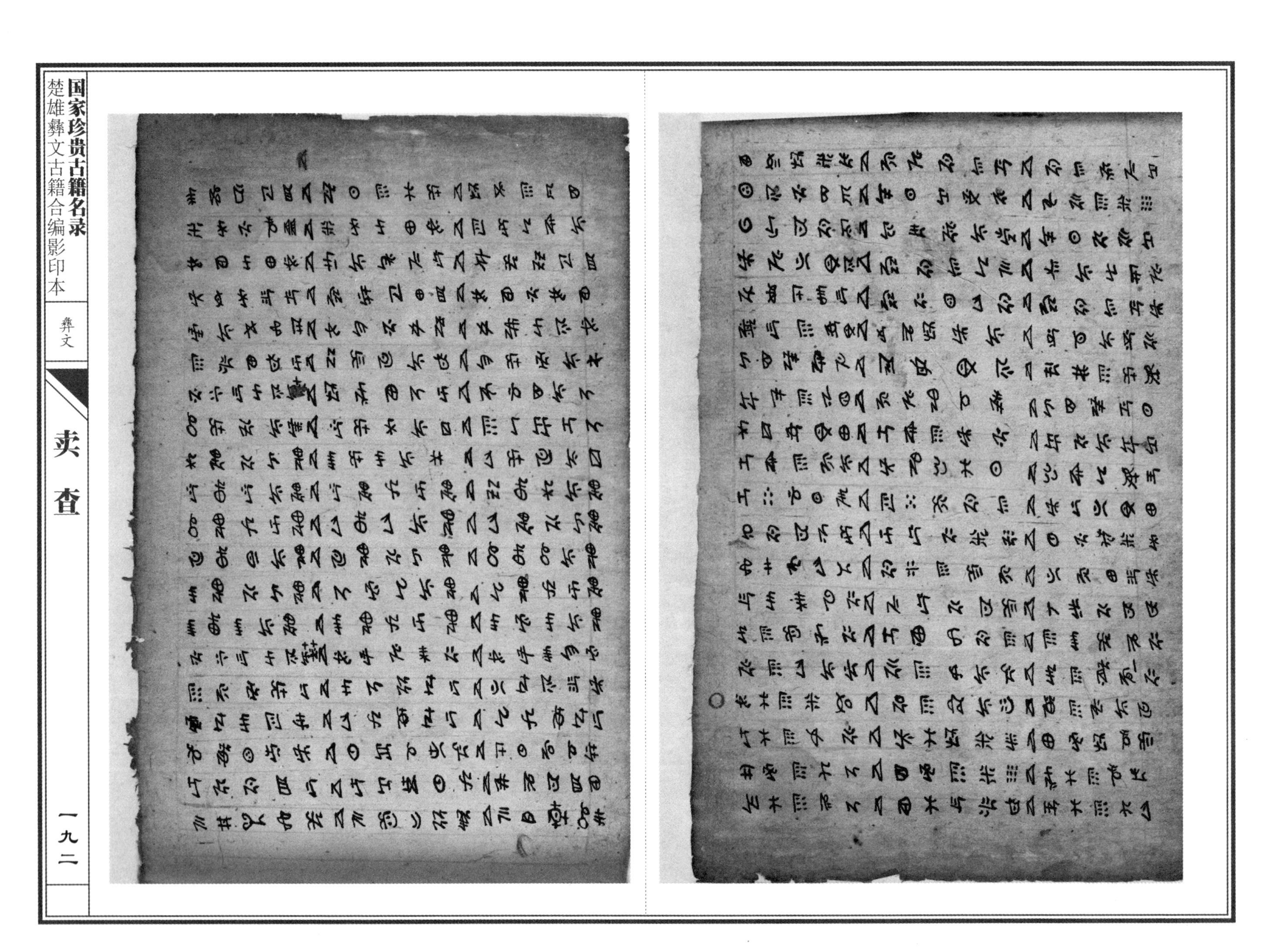

卖查

卖查

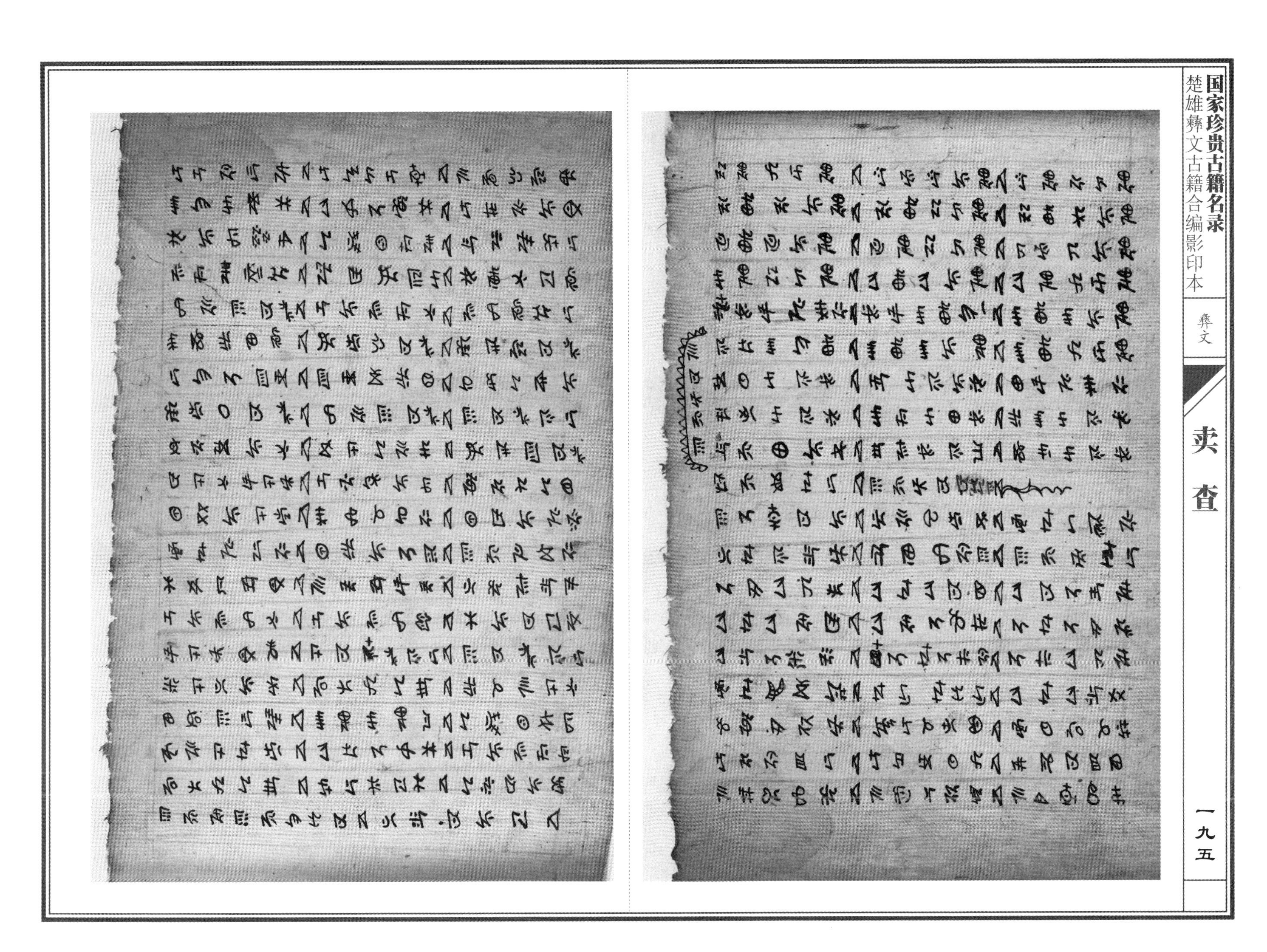

卖查

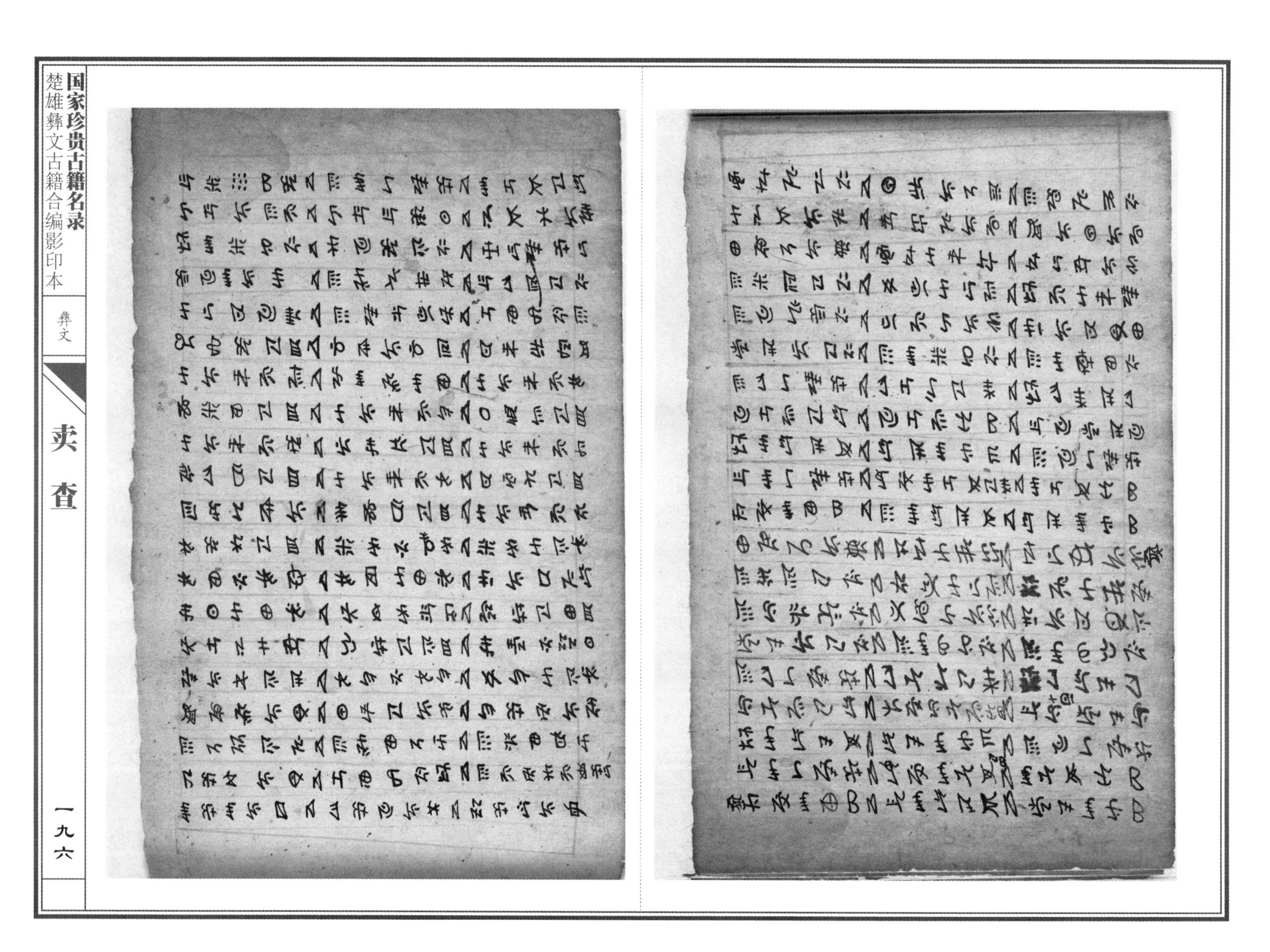

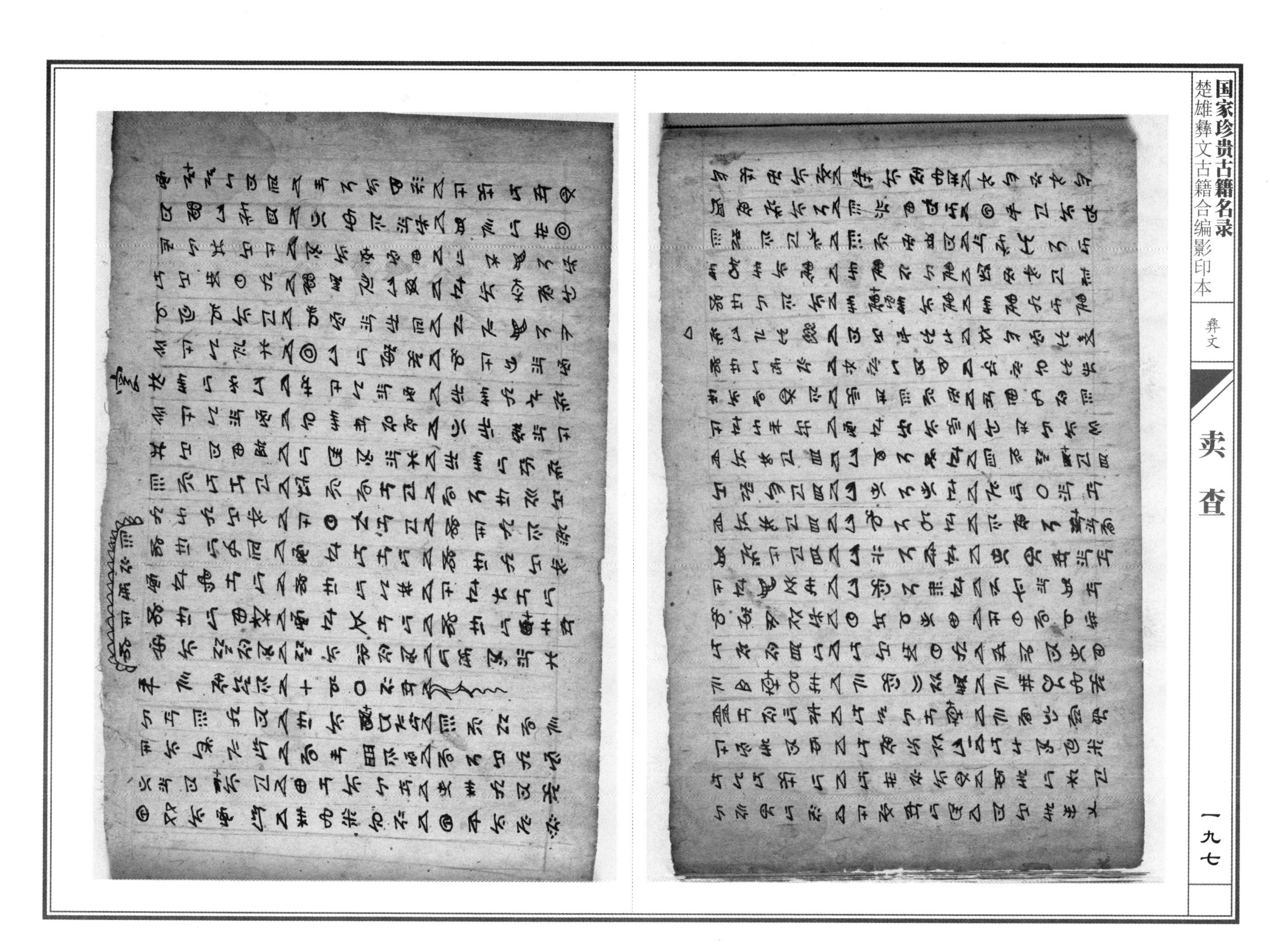

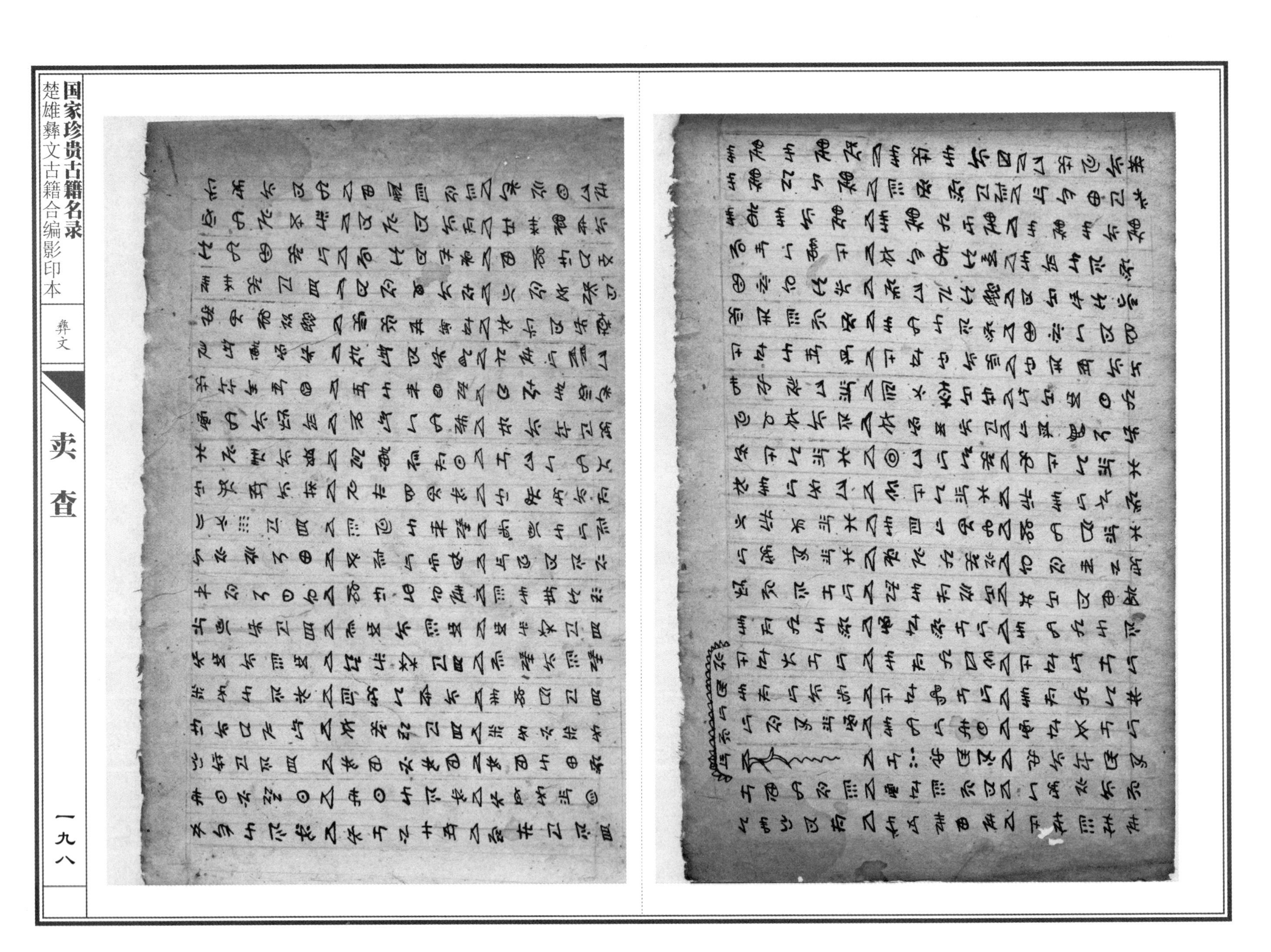

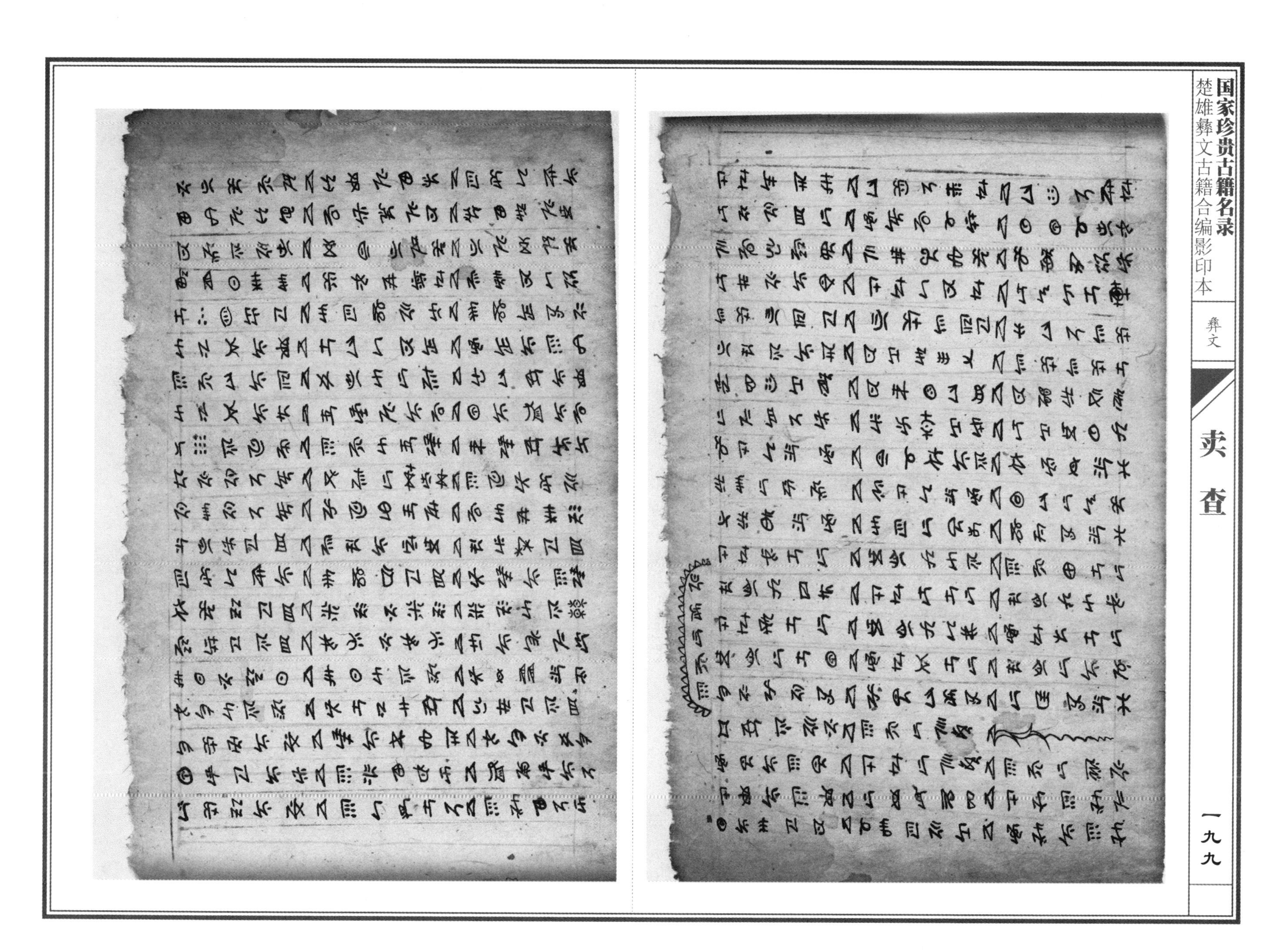

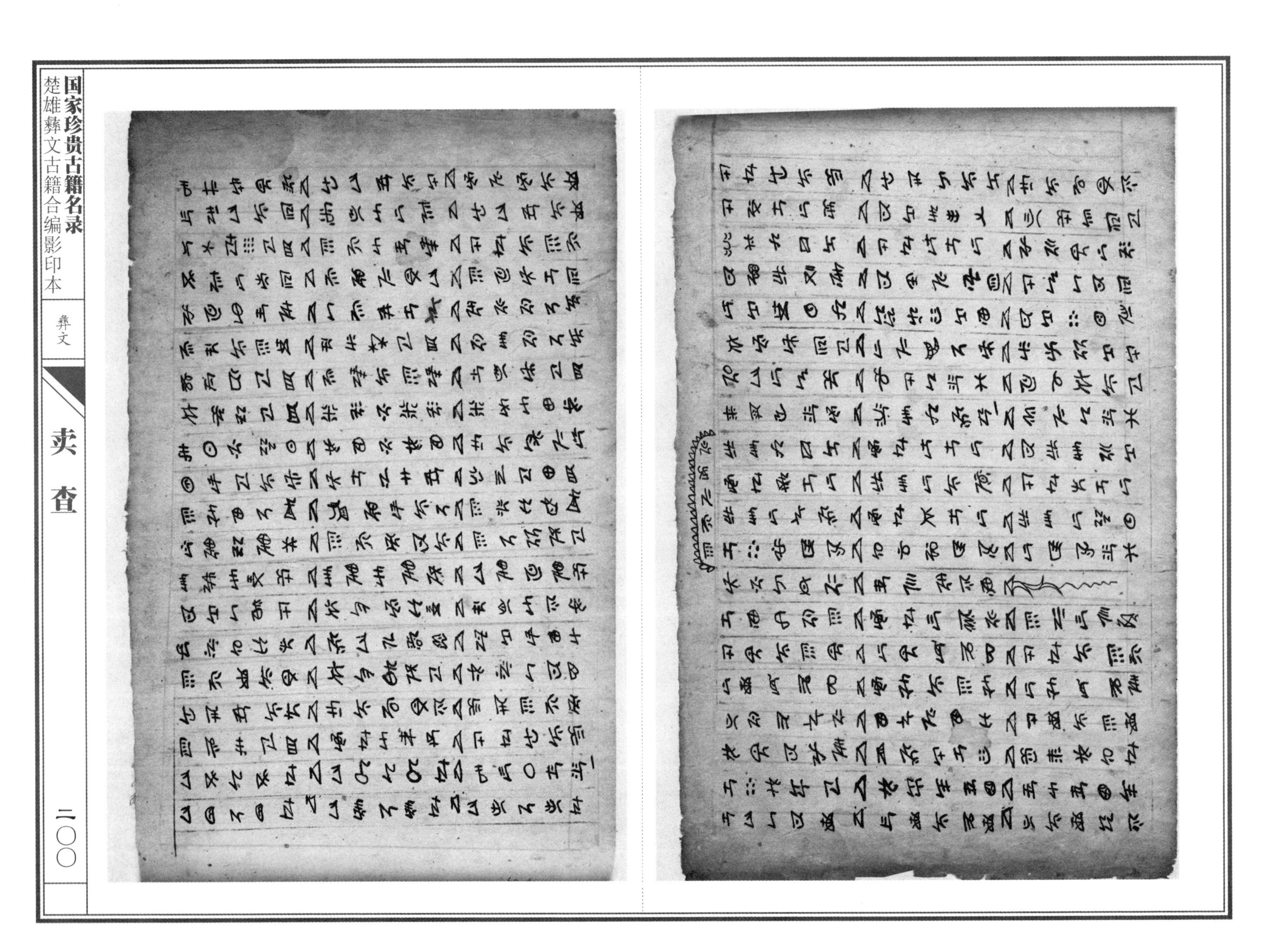

卖查

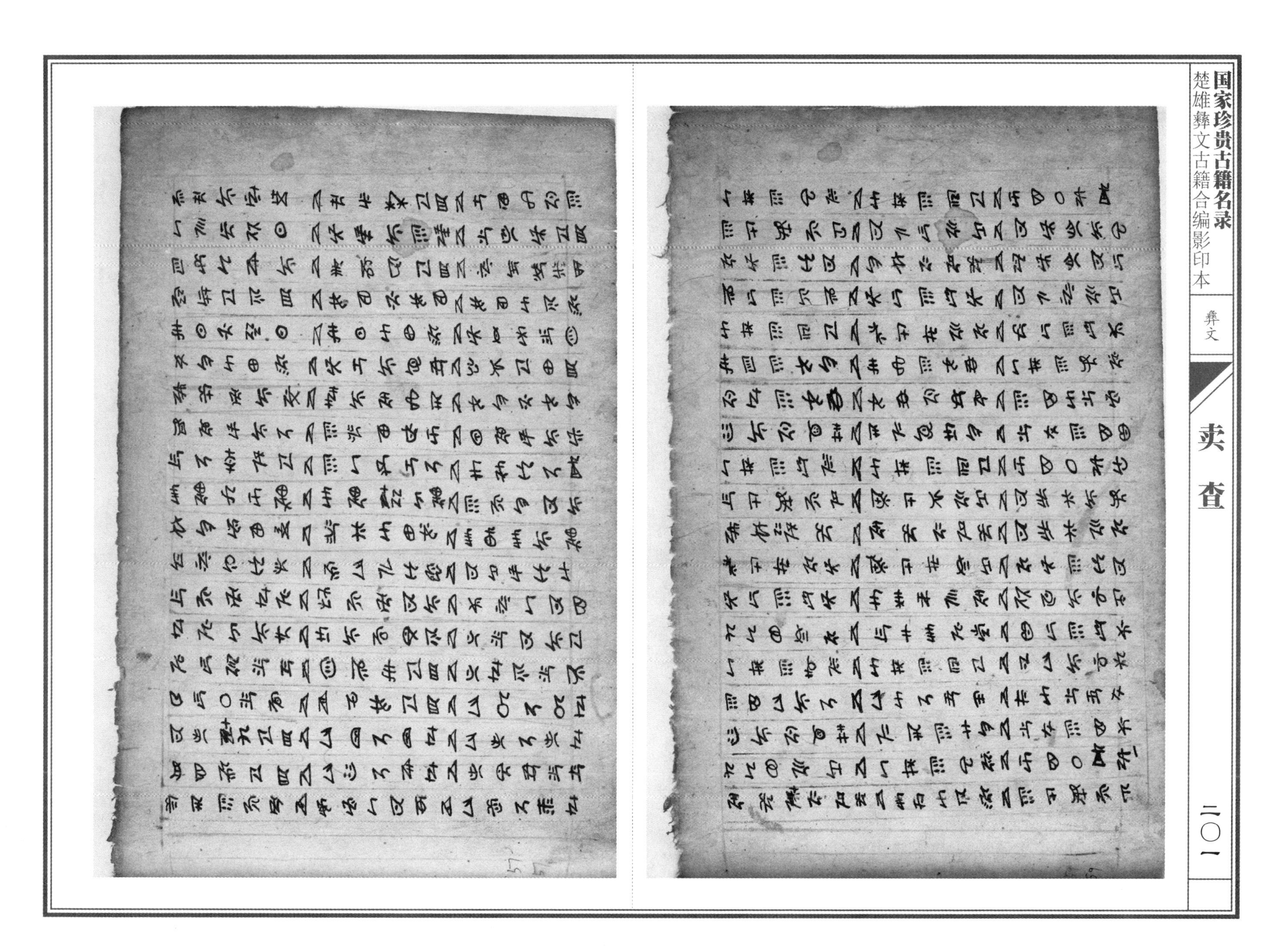

卖查

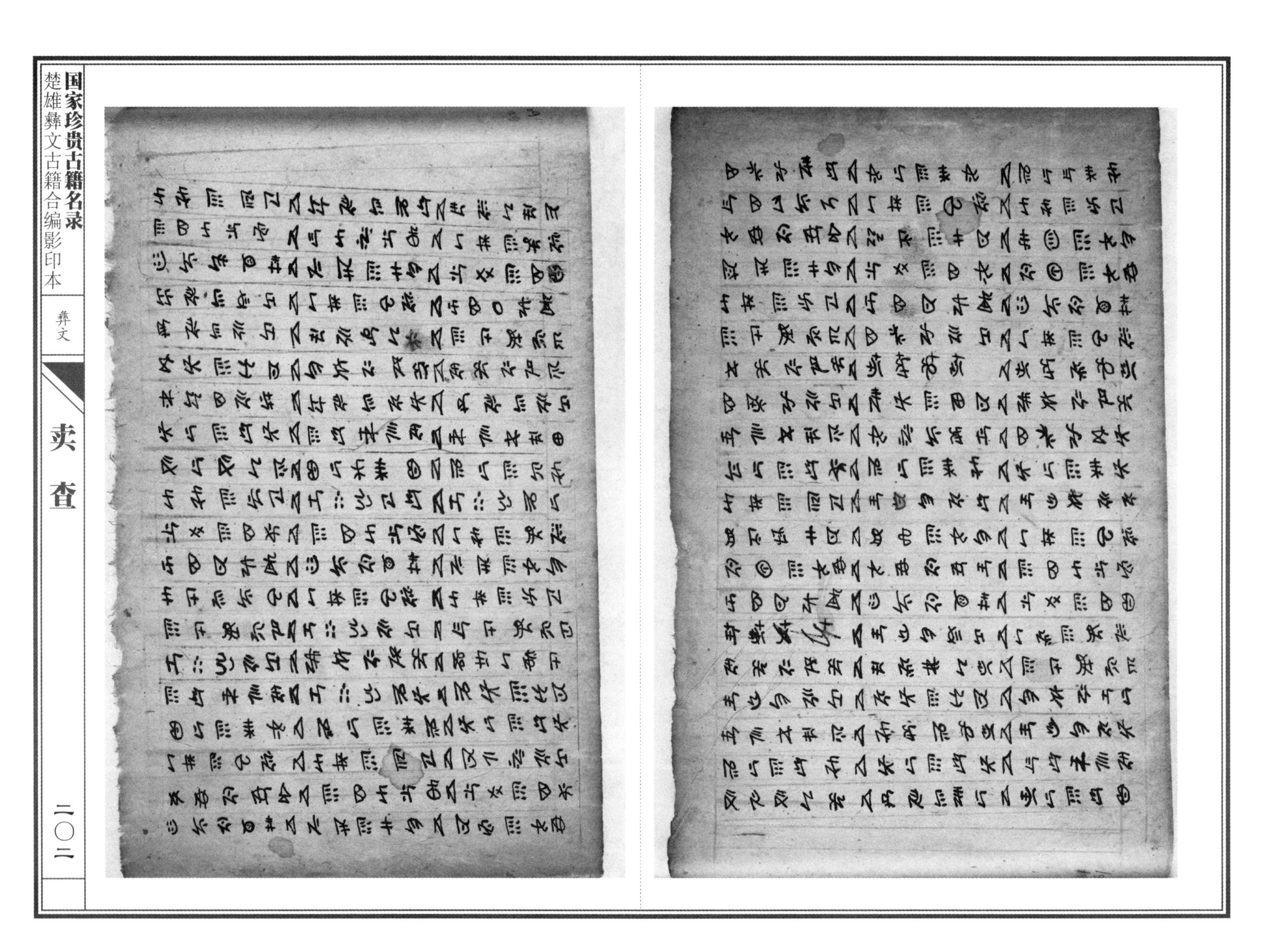

卖查

卖查

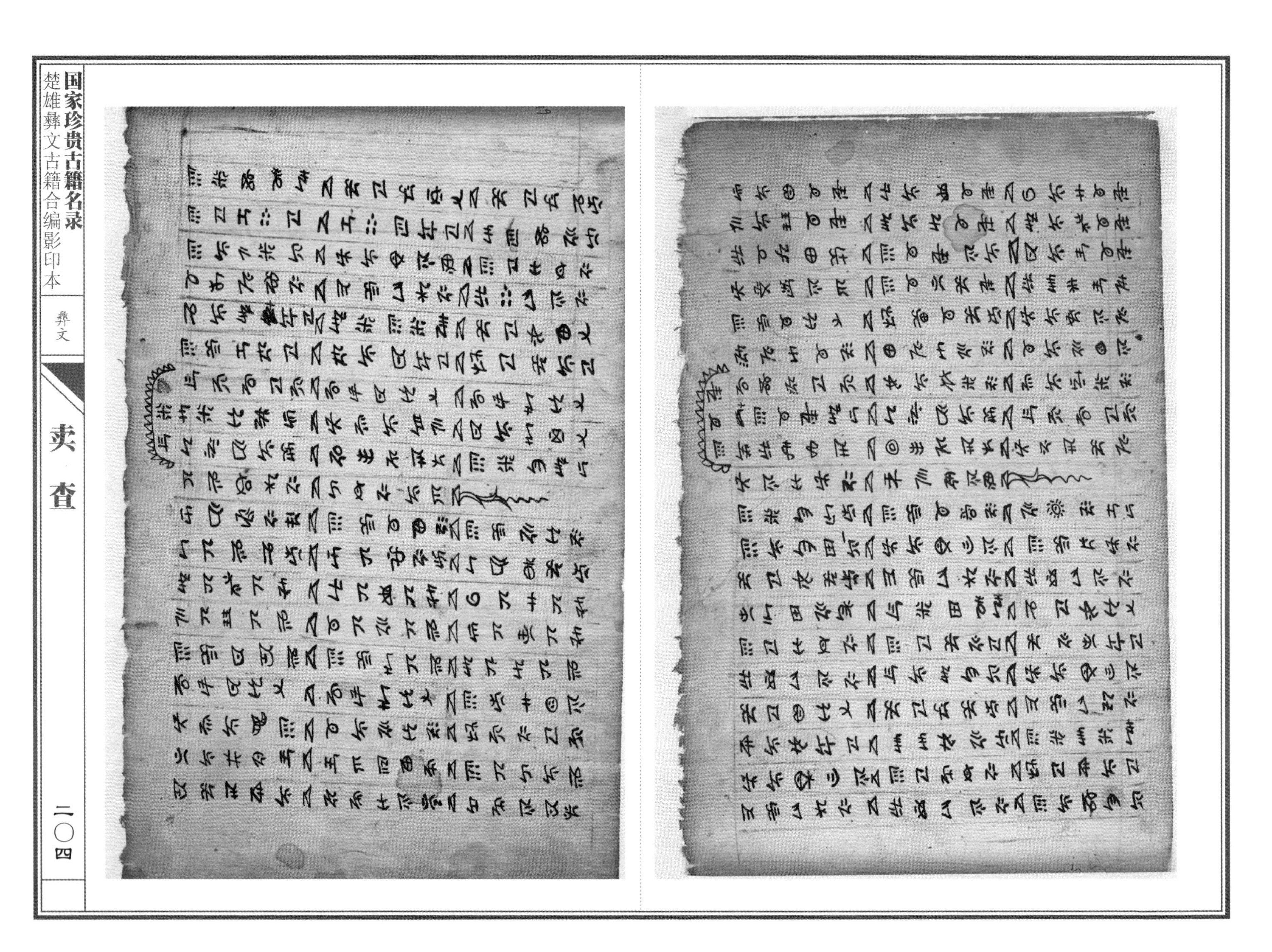

卖查

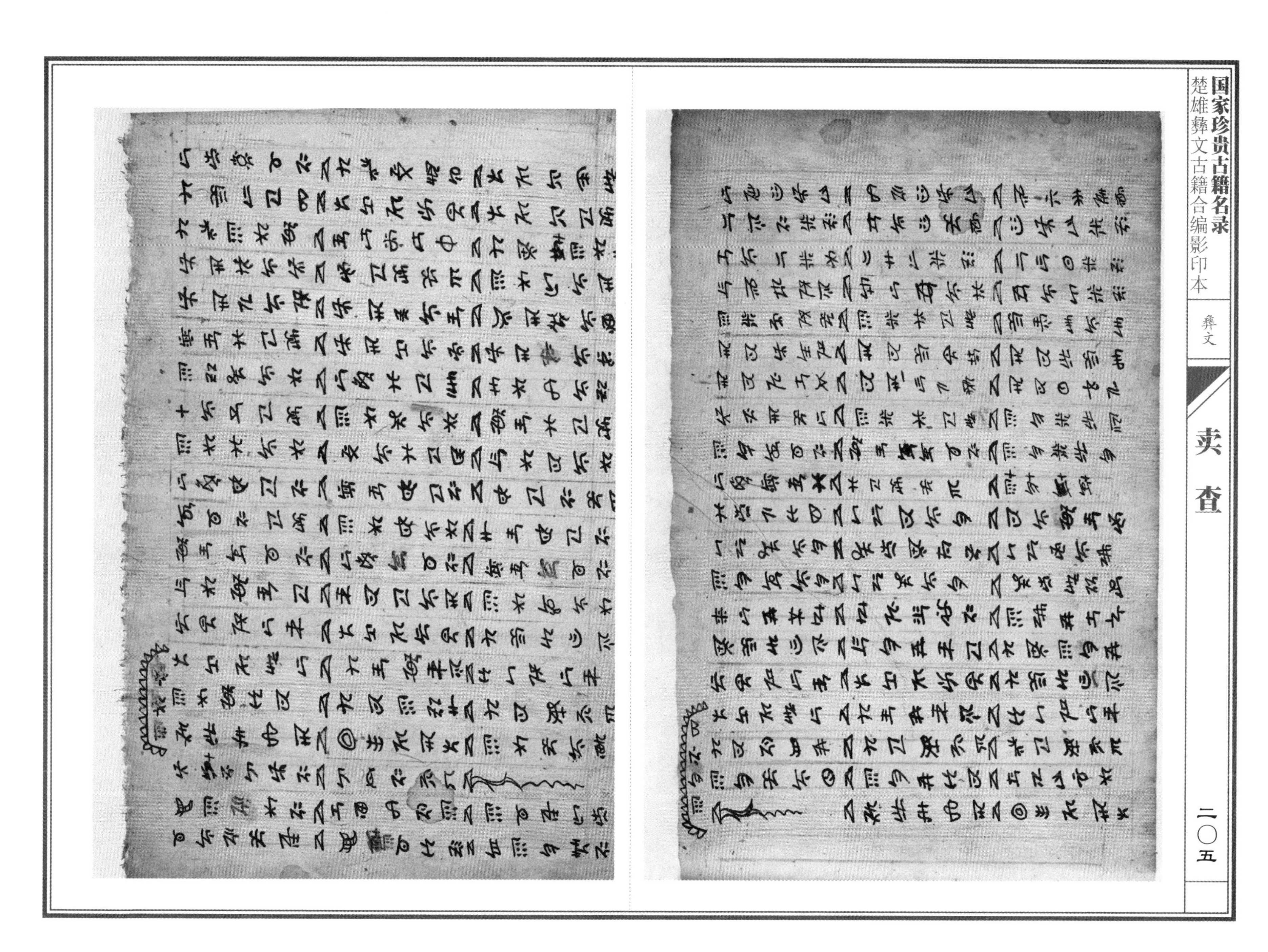

卖查

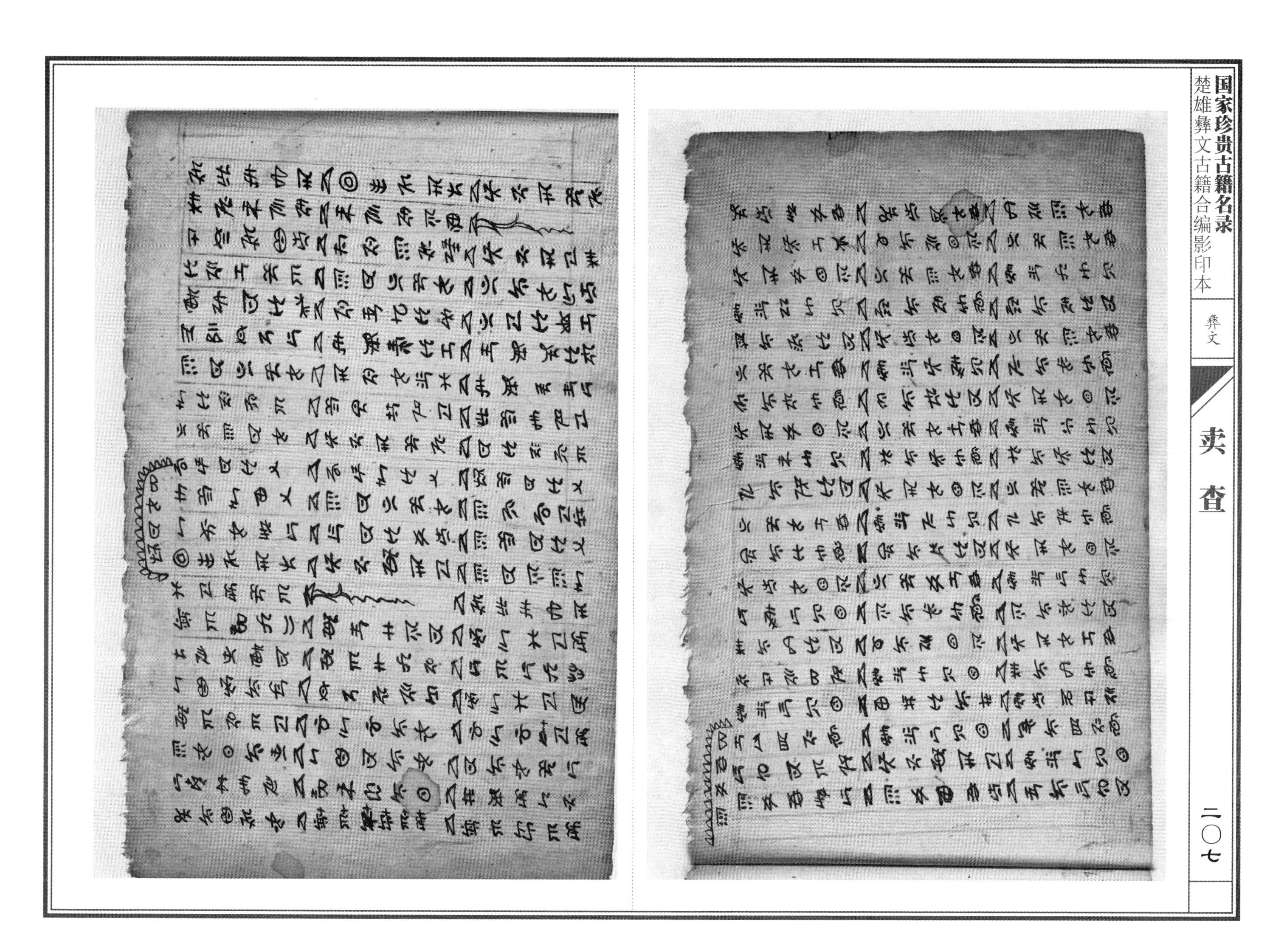

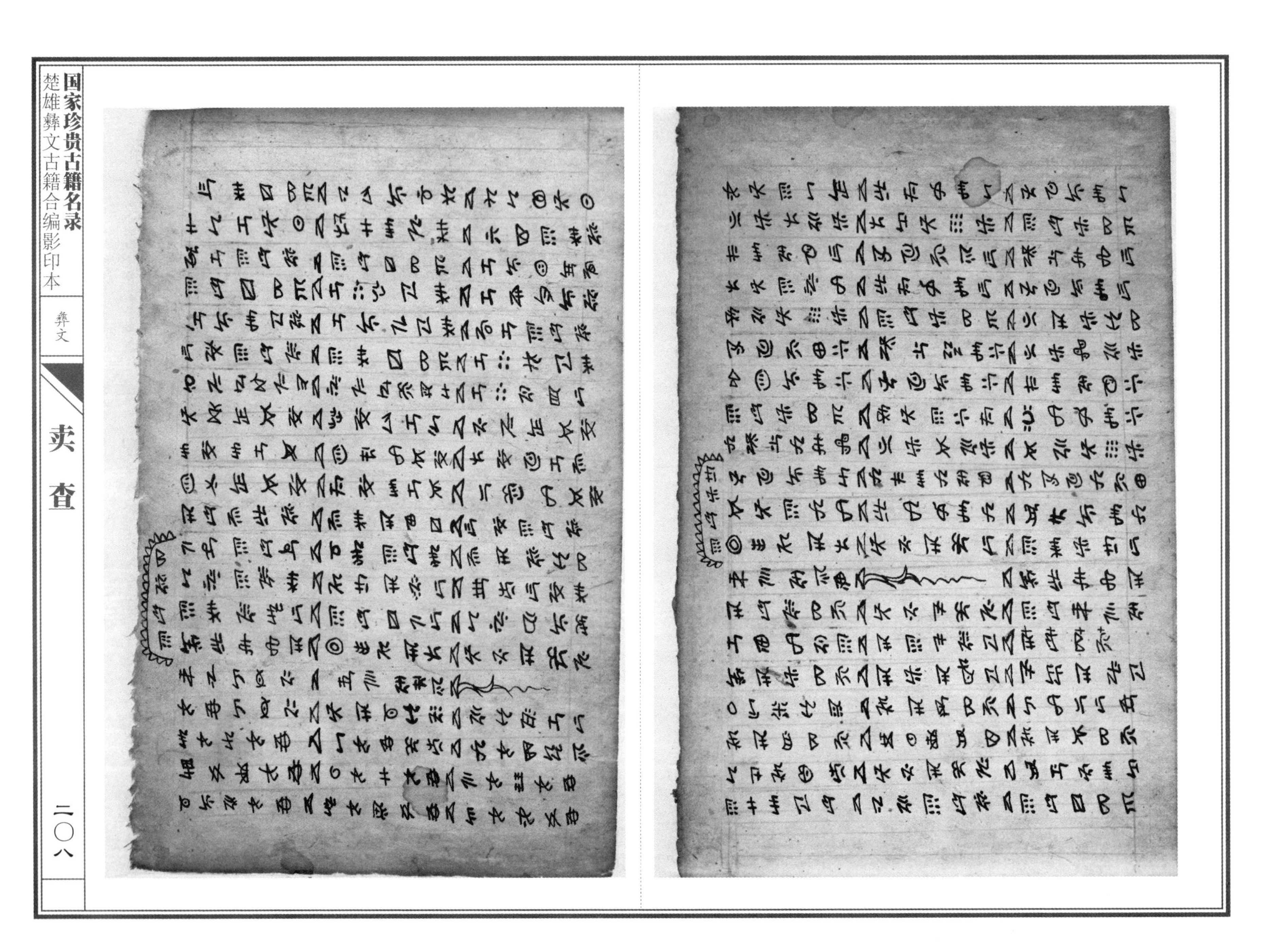

卖查

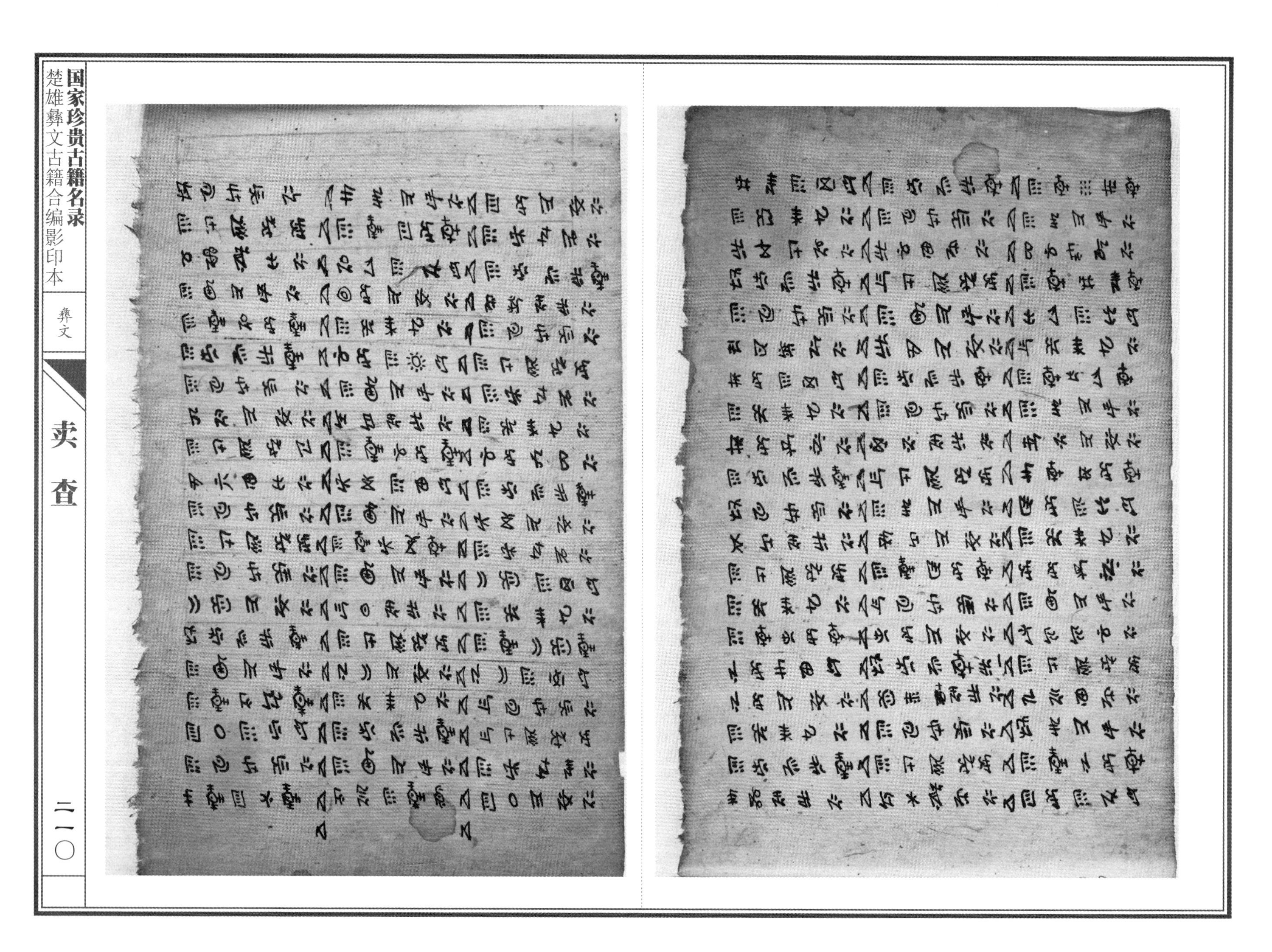

卖查

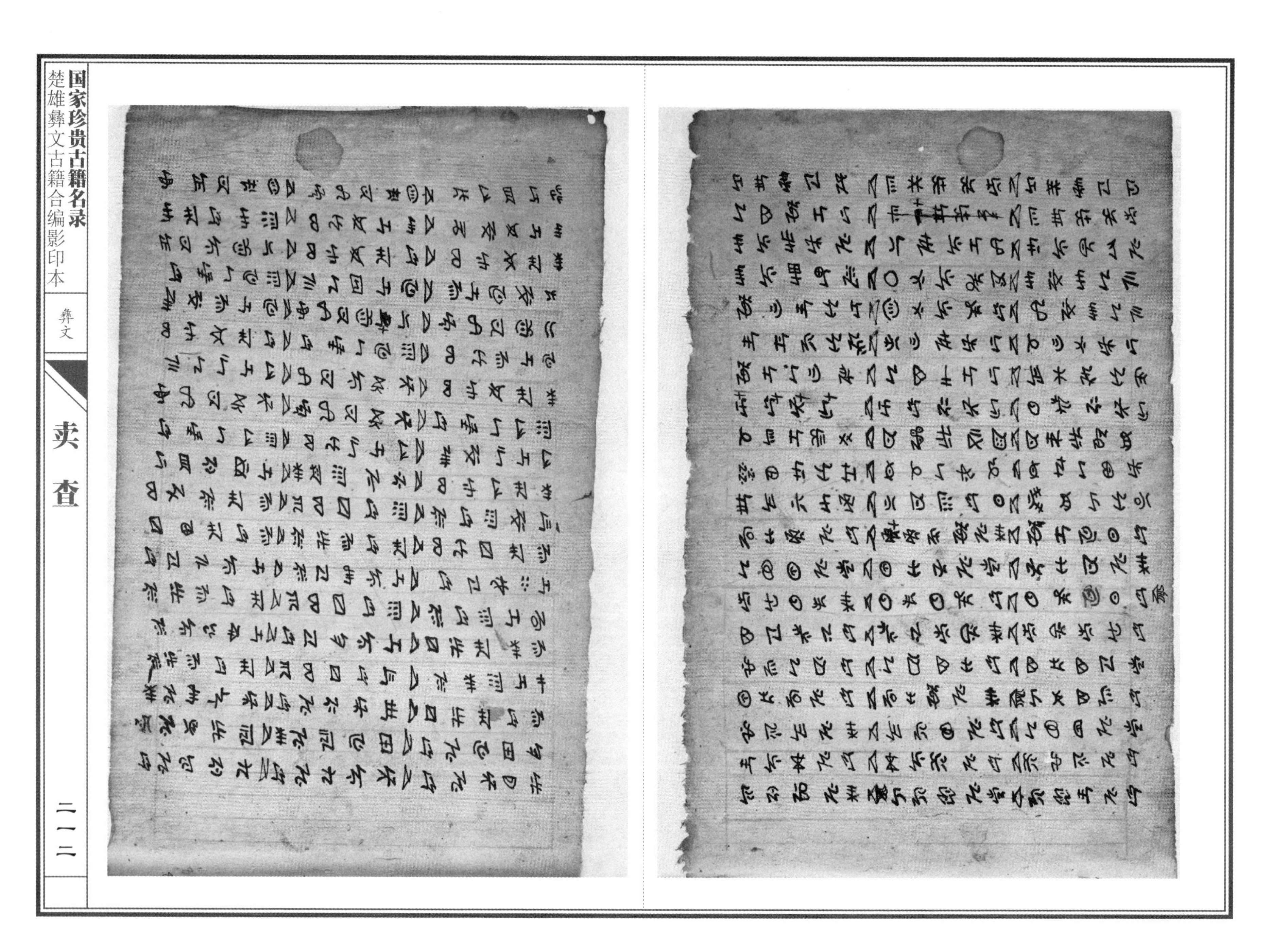

卖查

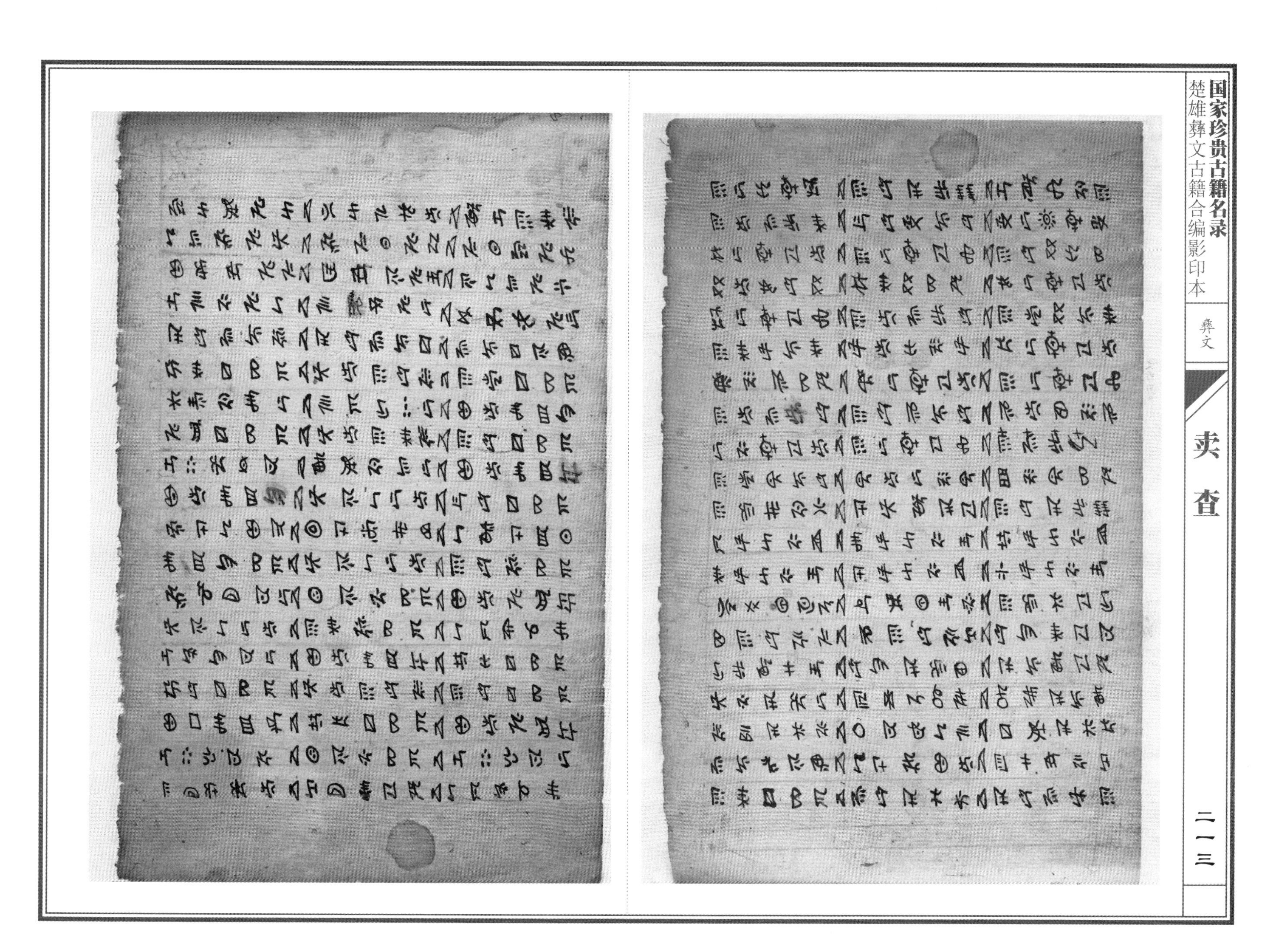

卖查

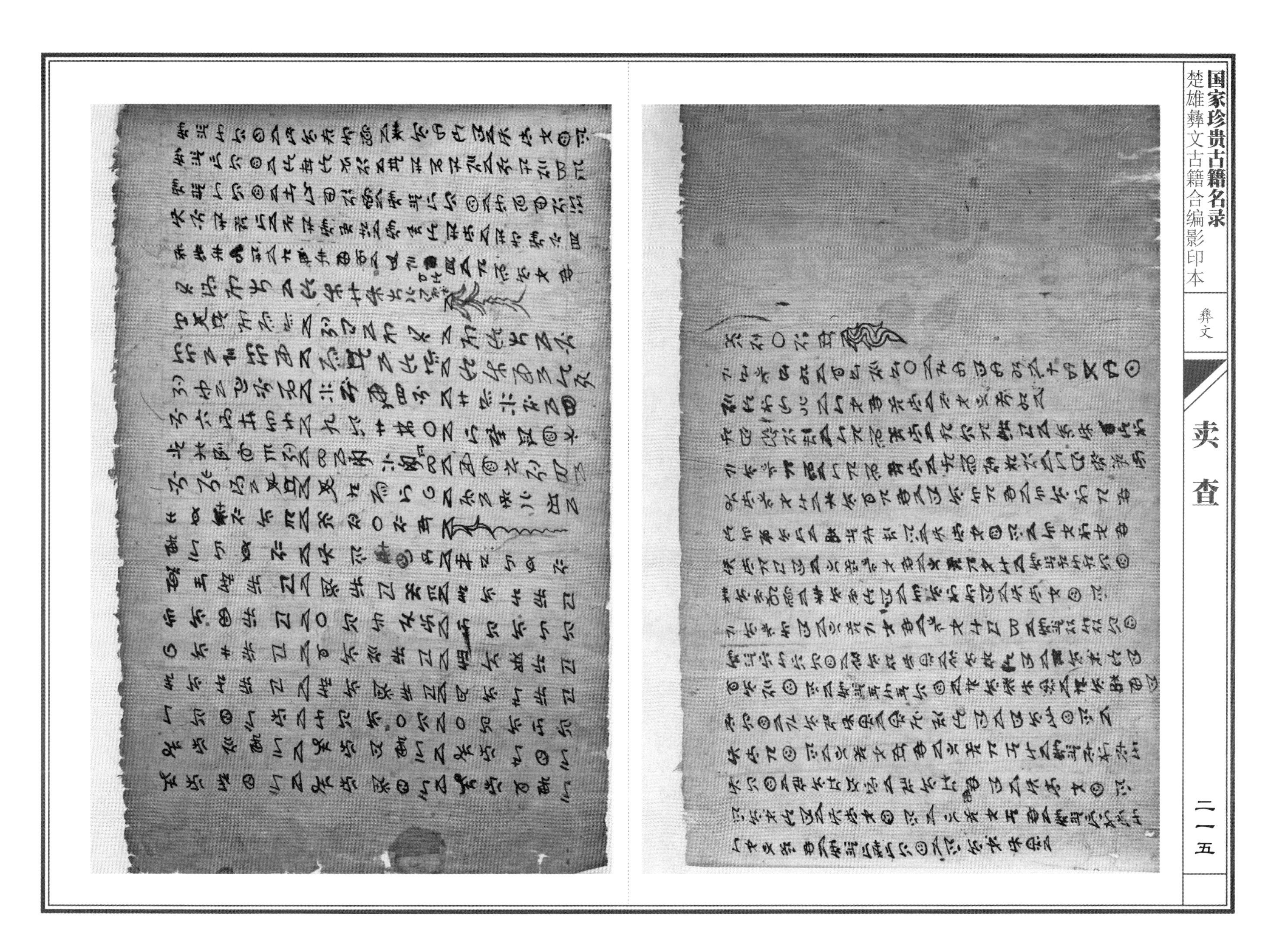

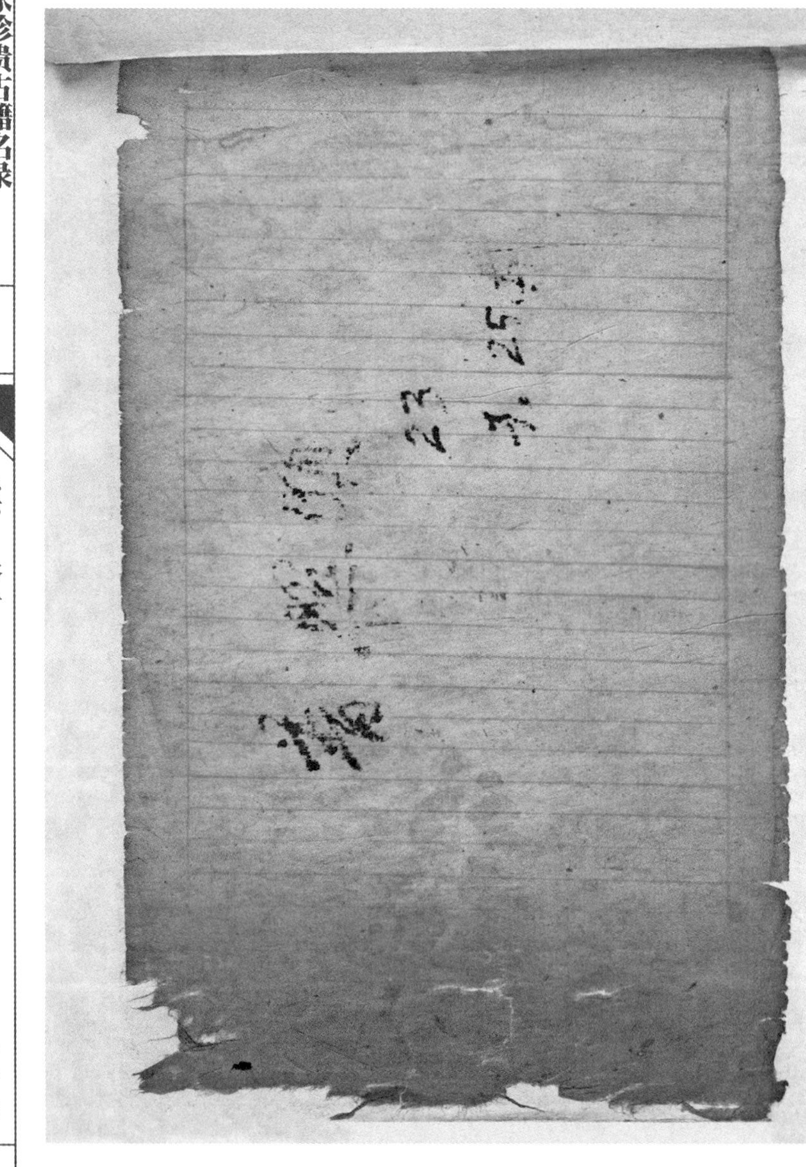

签书

《签书》，佚名著，清道光十八年（1838年）六月二十三日武定县佚名抄本。存一卷，一册。页面高二十厘米，广二十二点五厘米。半页十五行，行二十字。旧写本，本色，绵纸，线订册页装，有朱底色句读，一页两卦，每卦一彩图。凡二十一页，约四千八百字。末两页半残损。

签　书

《签书》，佚名著，清道光十八年（1838年）六月二十三日武定县佚名抄本。存一卷，一册。页面高二十厘米，广二十二点五厘米。半页十五行，行二十字。旧写本，本色，绵纸，线订册页装，有朱底色句读，一页两卦，每卦一彩图。凡二十一页，约四千八百字。末两页半残损。

《签书》为彝文占卦预测经书，系彝族日常祭祀经书类别，是彝族求神问卦之后的签文对照书籍，也是彝族求神问卦迁建房屋吉祥日历算书。是书流传于云南省武定县、禄劝县彝语东部方言彝区。该地区彝人逢大事断绝犹豫或家运不顺之时，或者是迁建房屋择选良辰吉日，必会找寻祭师毕摩求神问卦解疑去惑之后再行决定。该书为彝族求神问卦之后的签文对照书。彝族求神问卦解疑难，不似汉族多到寺庙佛前跪拜进行，而是在毕摩祖师神台前上香供酒跪拜进行，或在临时插布的太白金星神座前进行。竹签分别标有彝文序数，通过竹签，再将所得签号在签书上对应查阅。完整的彝文签书共有六十卦，一般形式为每卦一图，图在经籍的上半部分，图的下半部分有对应卦次的签文解语，此书前缺一至十一、十四卦，后缺五十三至六十卦。是书对研究彝族历史文化背景脉络及图画数据具有重要价值。

云南省楚雄彝族文化研究院藏。国家珍贵古籍名录号09725。

36#
楚彝: 36#

签书

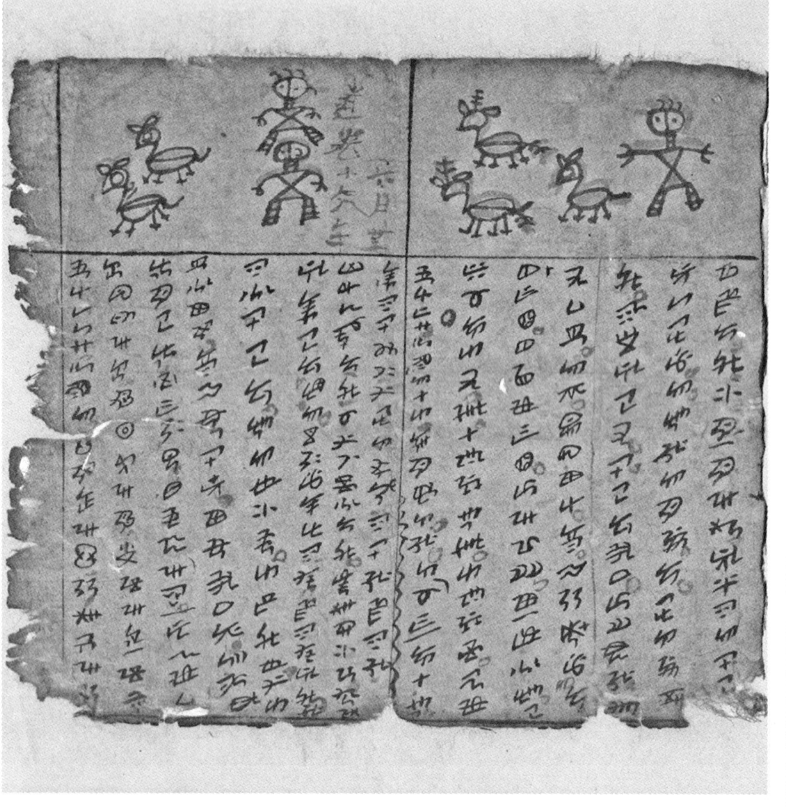

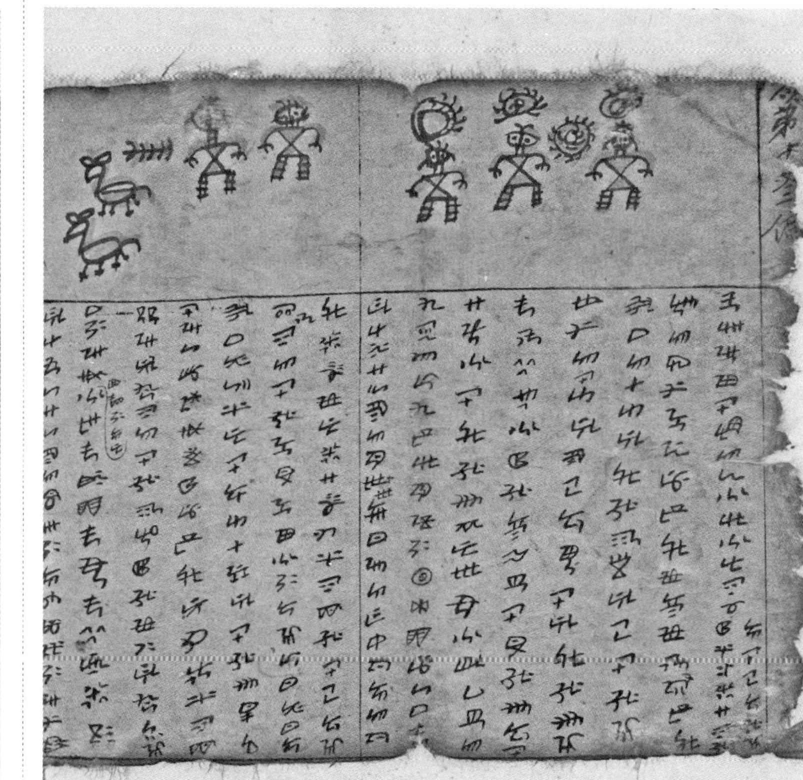

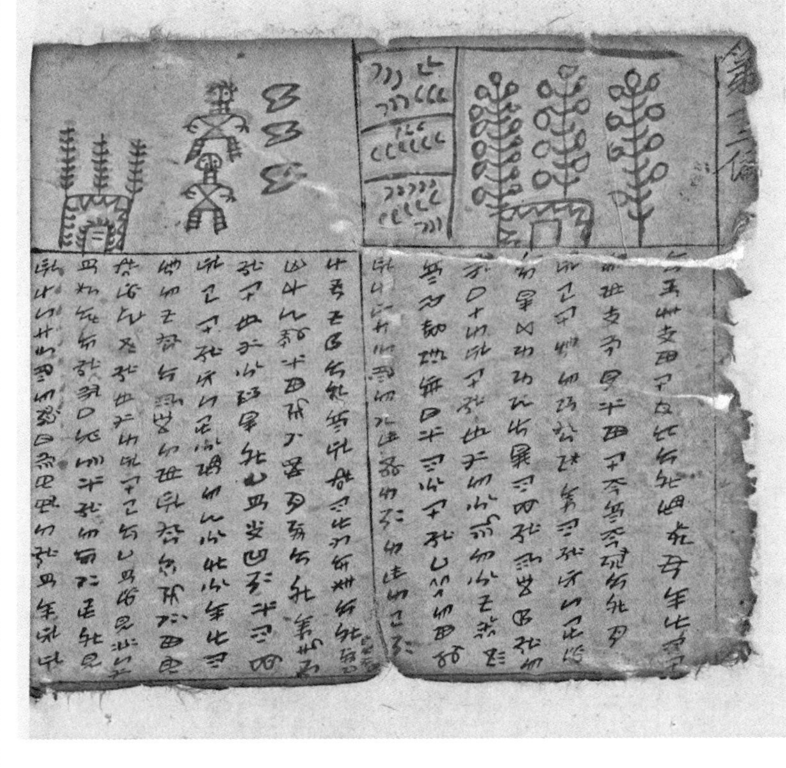

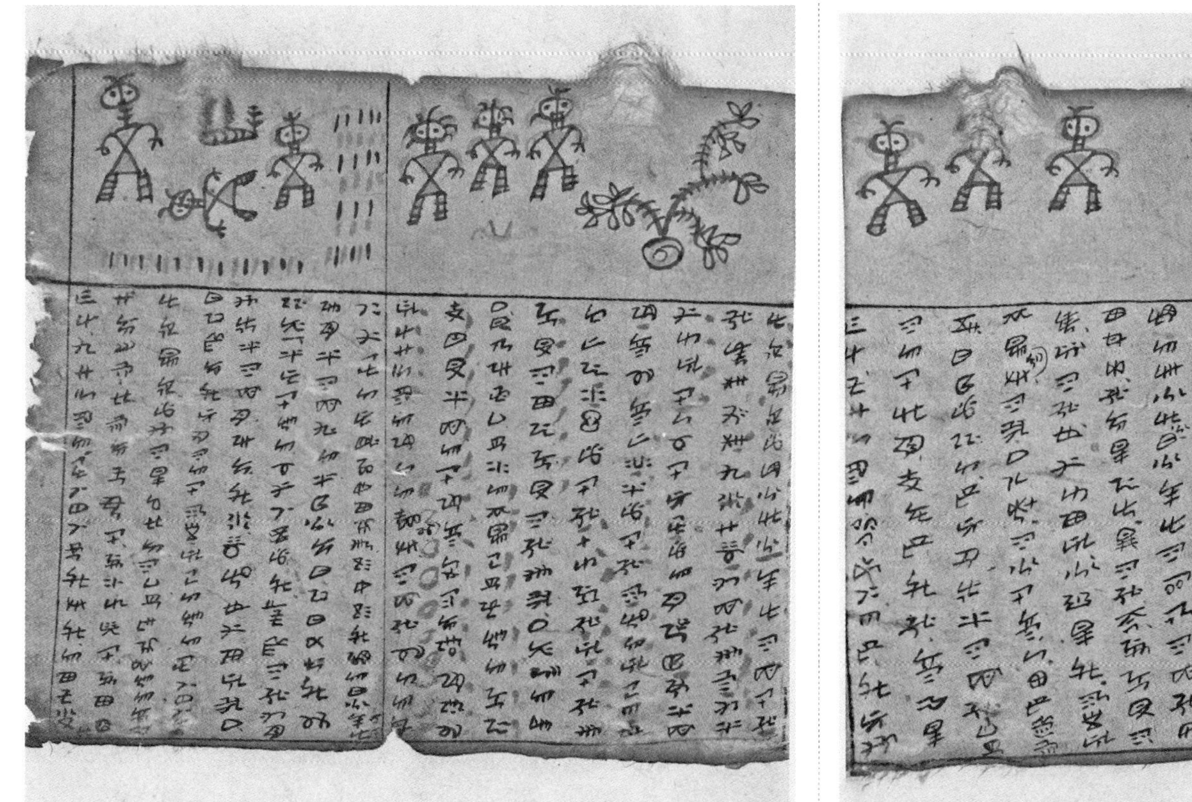

签书

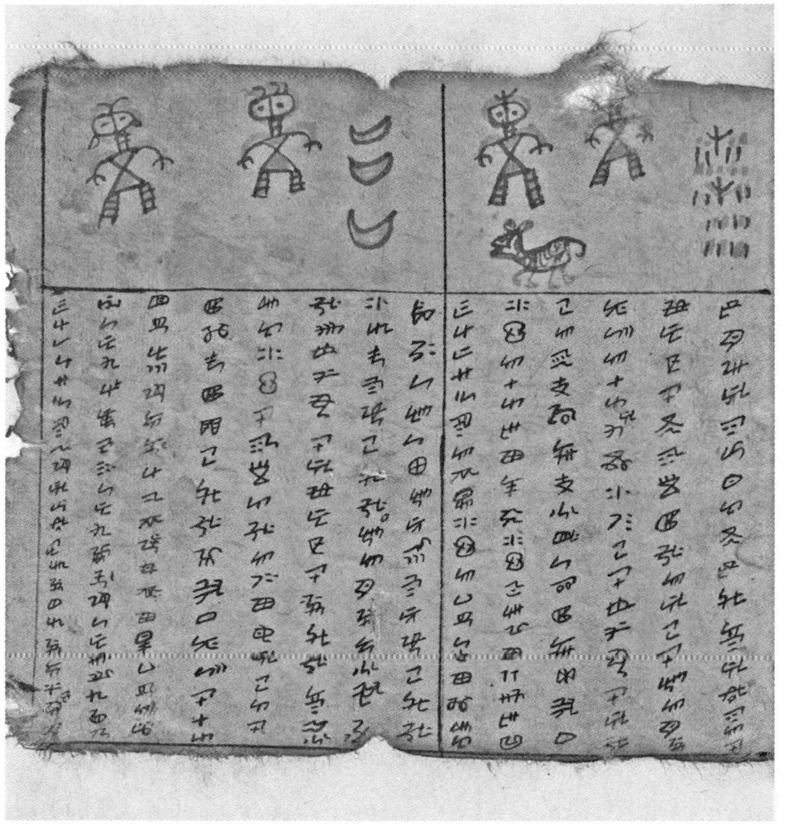

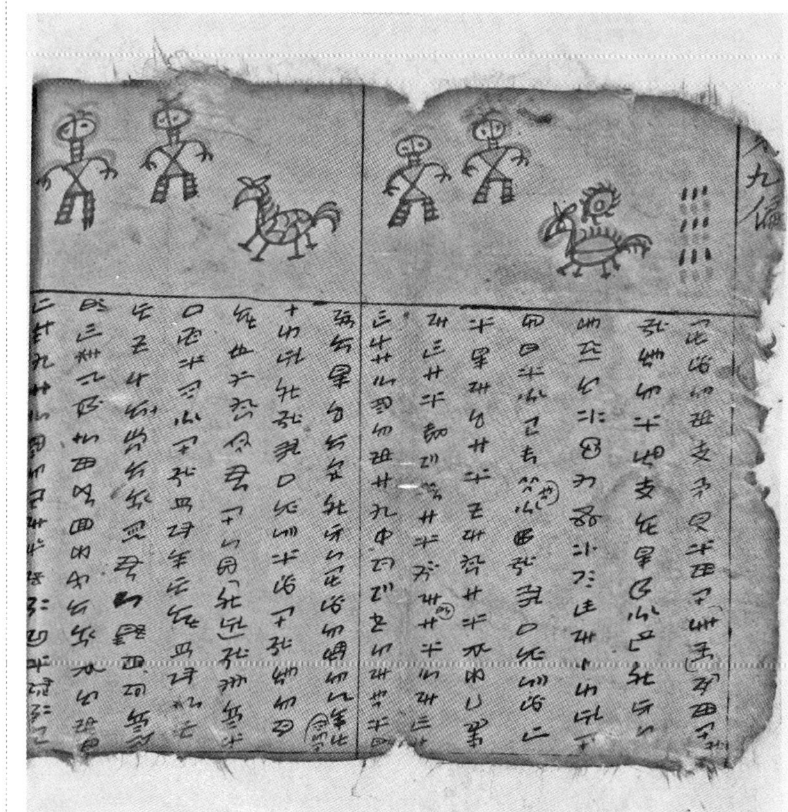

签书

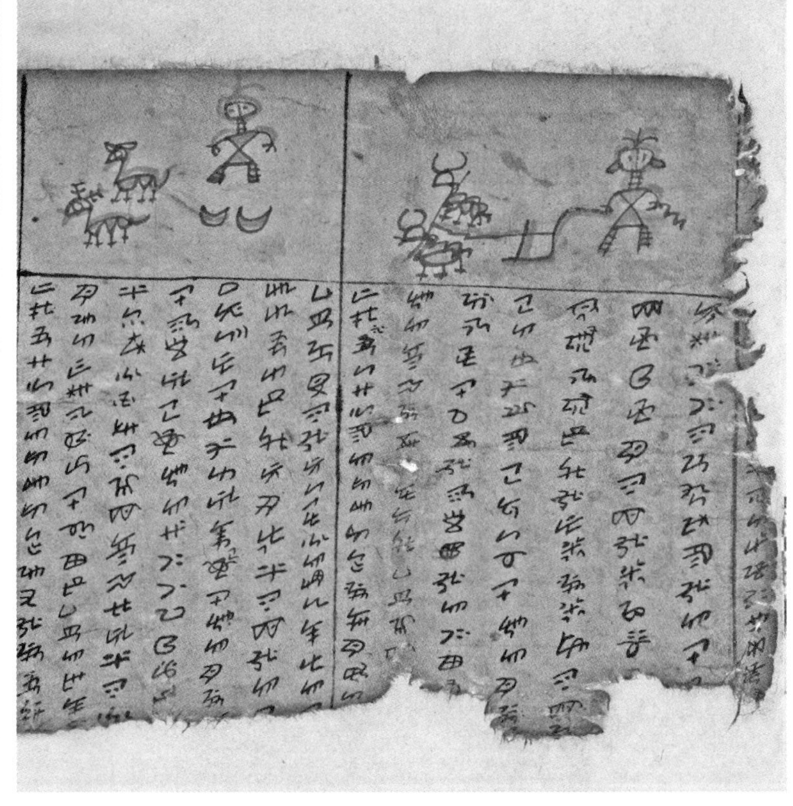

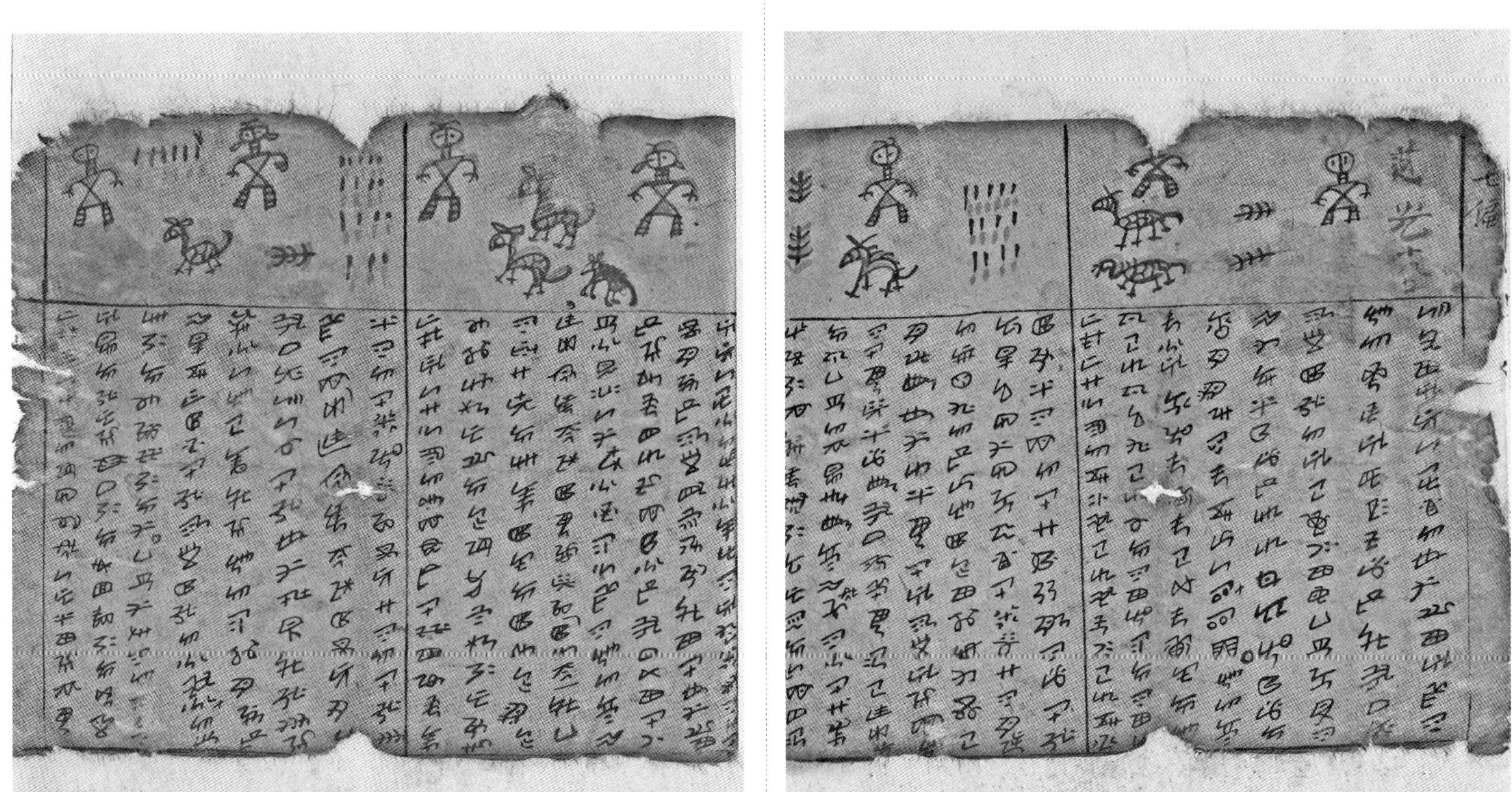

签书

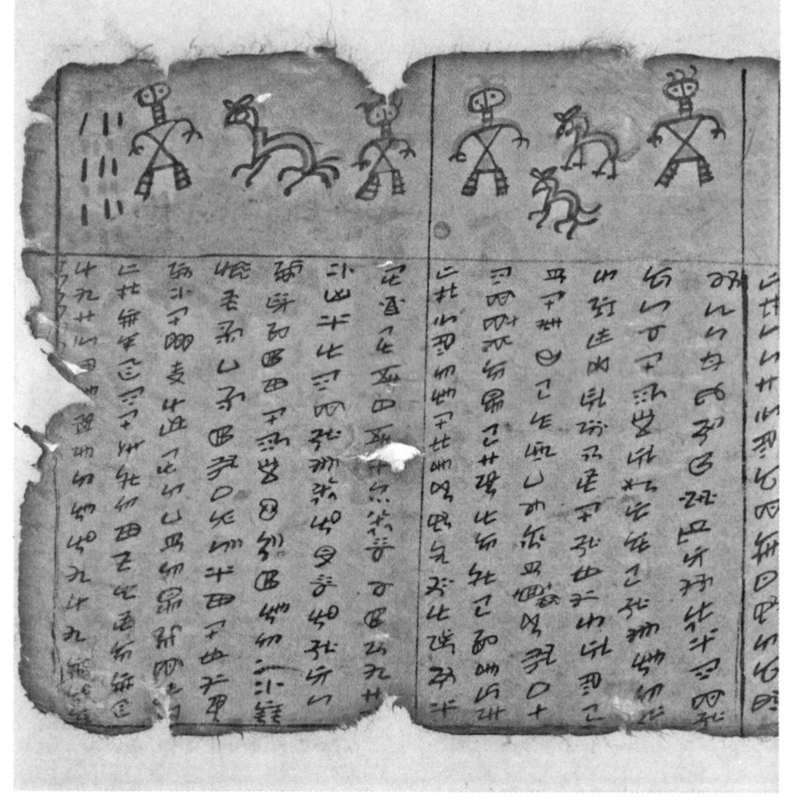

劝善经

《劝善经》，佚名著，明刻本。存一卷，一册。板框高二十一点七厘米，广十四点二厘米。半页二十行，行二十四至二十五字，黑鱼尾口，四周单栏。明正德年间刻本，本色绵纸，有朱色句读。

劝善经

《劝善经》，佚名著，明刻本。存一卷，一册。板框高二十一点七厘米，广十四点二厘米。半页二十行，行二十四至二十五字，黑鱼尾口，四周单栏。明正德年间刻本，本色绵纸，有朱色句读。

《劝善经》又译《太上感应篇》，因其以善恶报应为基本理念，劝诫众人以行善积德为主旨，所以通常称为“劝善经”。彝文《劝善经》流传于云南省武定县、禄劝县彝语东部方言彝区。《太上感应篇》据考证约成书于北宋中期，是一本道教经典经书。彝族独选其进行通译，并加以注释解说，最根本的原因在于其阐述的理念符合彝族社会的道德评判标准。反映了彝、汉同根共求，在思想道德、家庭伦理、人与社会、人与自然的观念上认识同一的实况。该书是滇、川、黔目前发现的八部彝文木刻印刷本中字数较多且极精致的一部。共五十九个印版（每版二页），前三个印版（六页）为《太上感应篇》的通译，后五十六个印版为逐句注释与解说，后一部分按照《太上感应篇》“善有善报”的观点，结合彝族传统伦理道德观，劝人行善积德，善待自然，论述了彝族社会的道德标准和做人准则。彝文《劝善经》全书二万六千余字，通篇句号断句，翻译准确，语言生动简练、刻字俊秀，保留了大量的古彝语词汇，是彝汉翻译、彝文写作、彝文书法不可多得的典范。全书内容充实，涉及彝族宗教礼俗及心理情态，是一部极其珍贵的彝文典籍，对研究彝族伦理、礼仪习俗、语言文学都具有很高的参考价值。

云南省楚雄彝族文化研究院藏。国家珍贵古籍名录号11278。

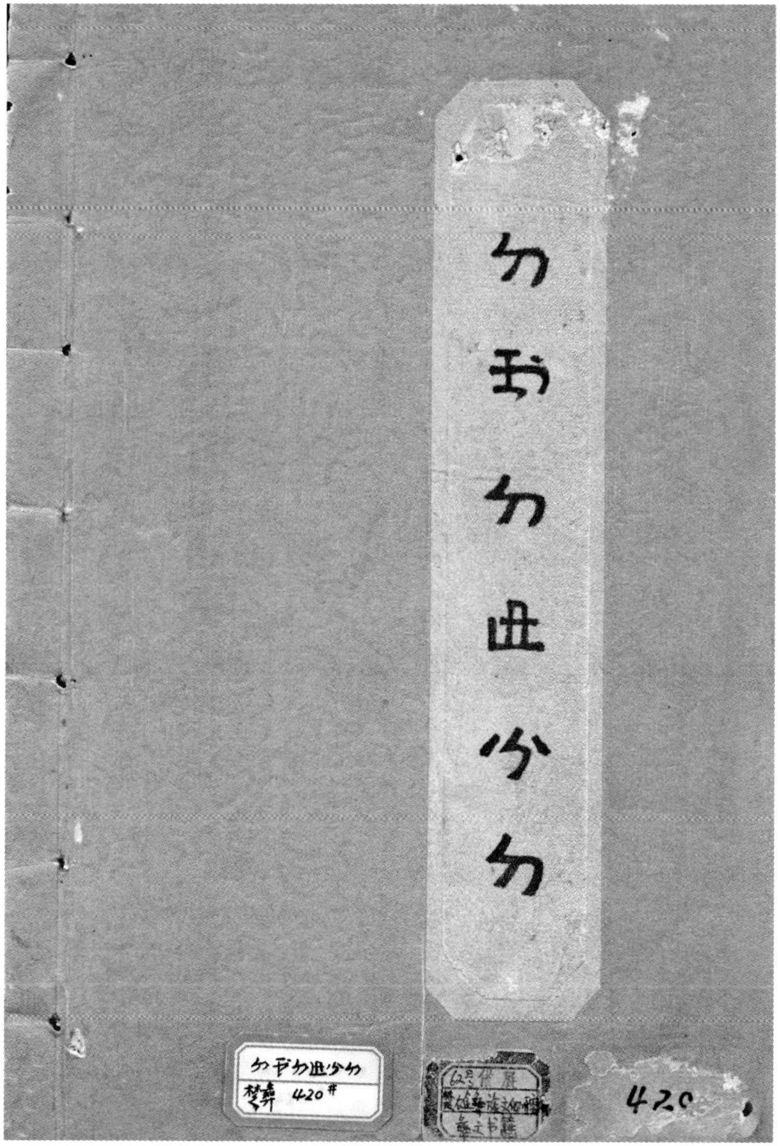

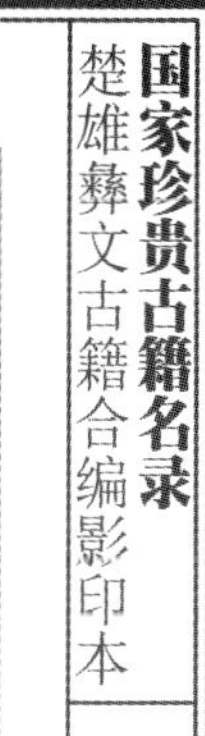

楚彝 420#

420

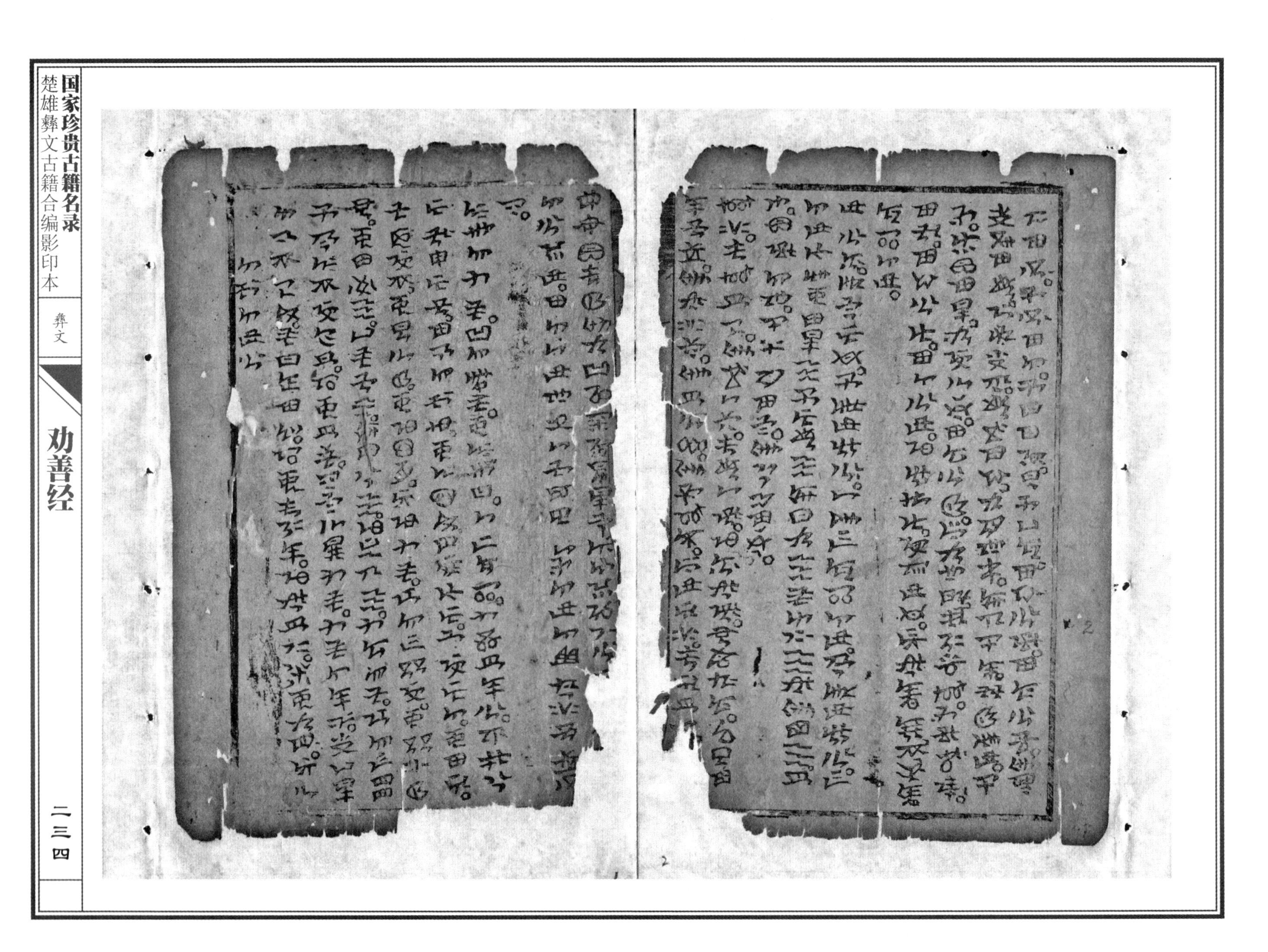

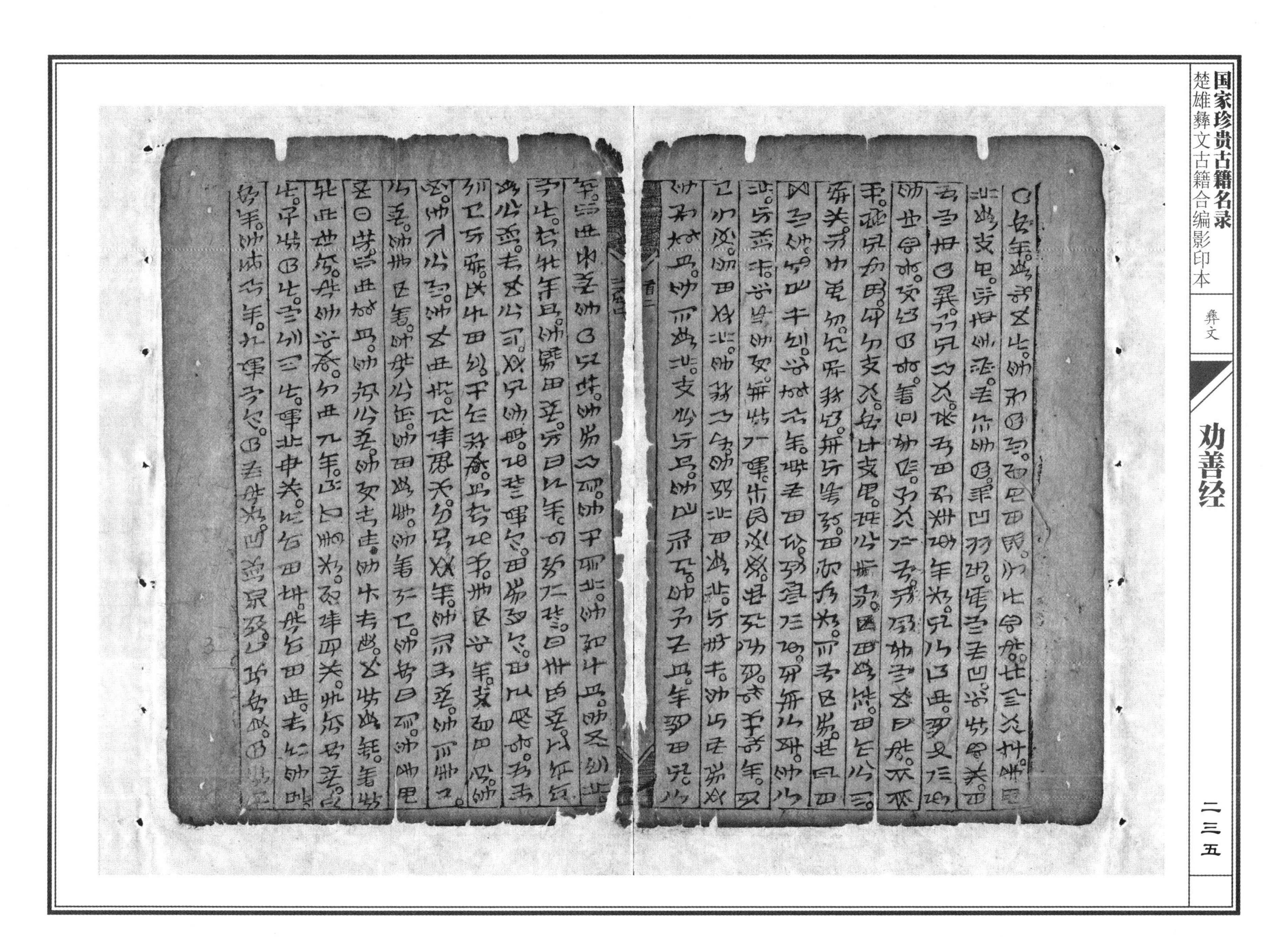

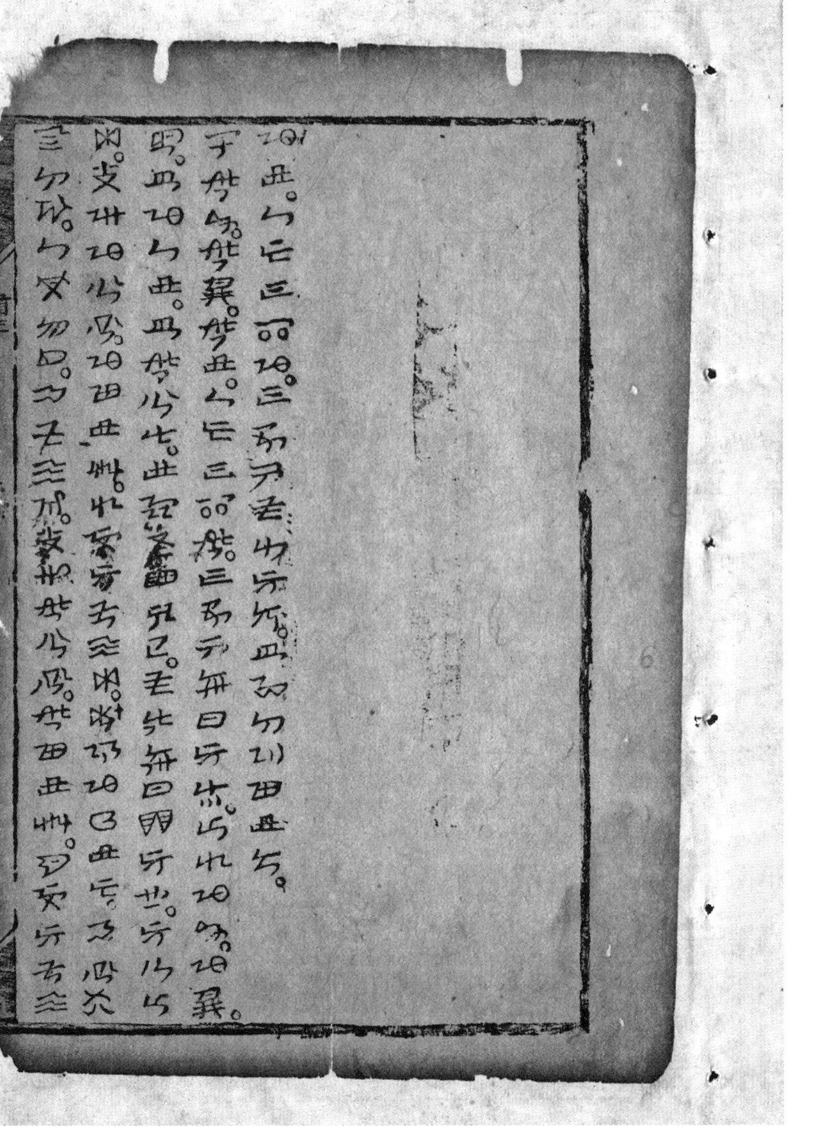

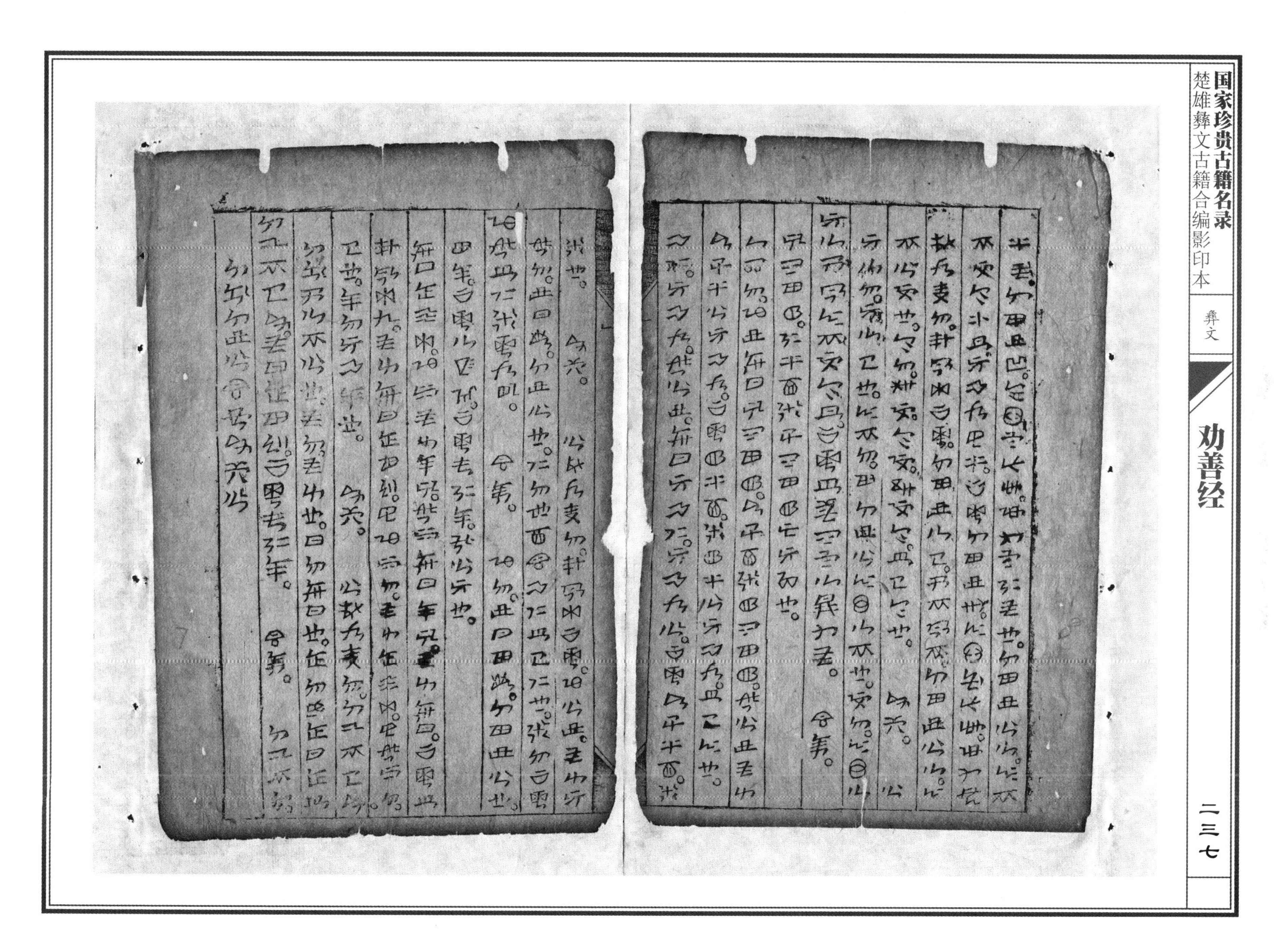

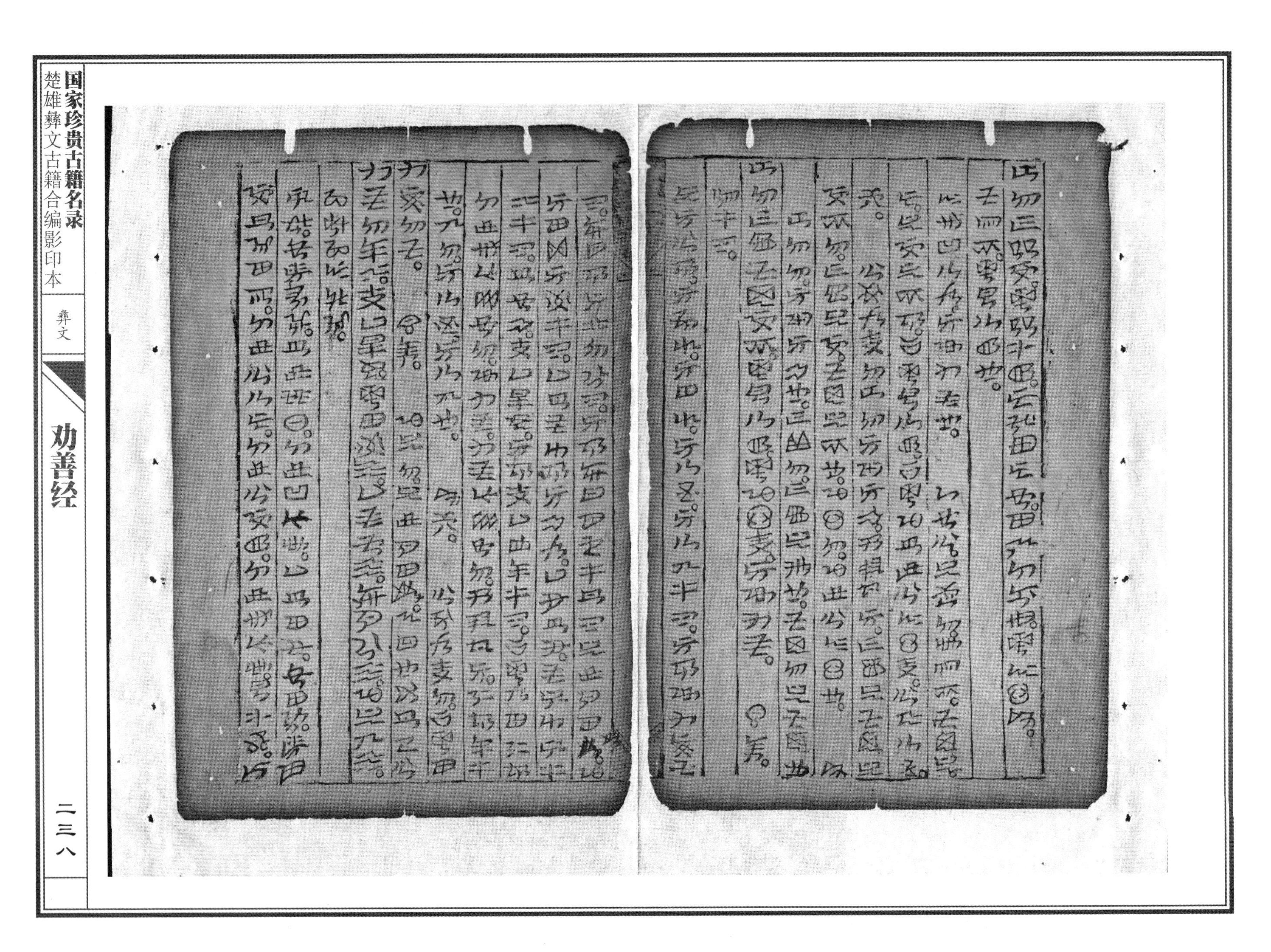

劝善经

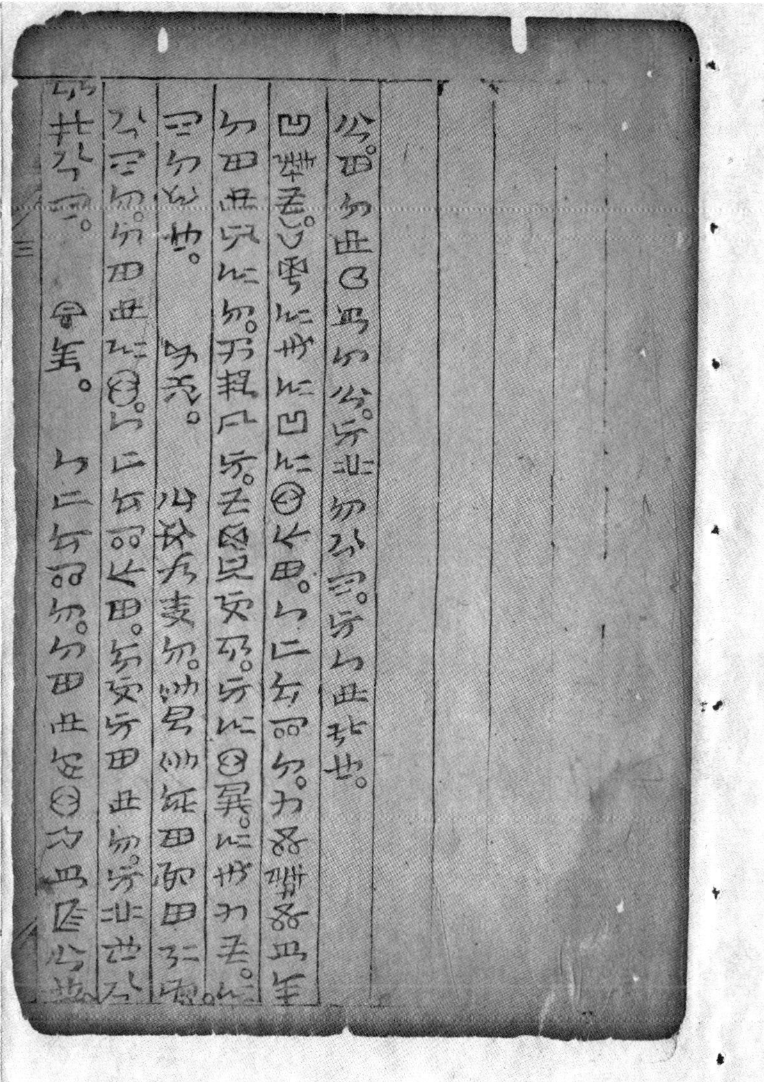

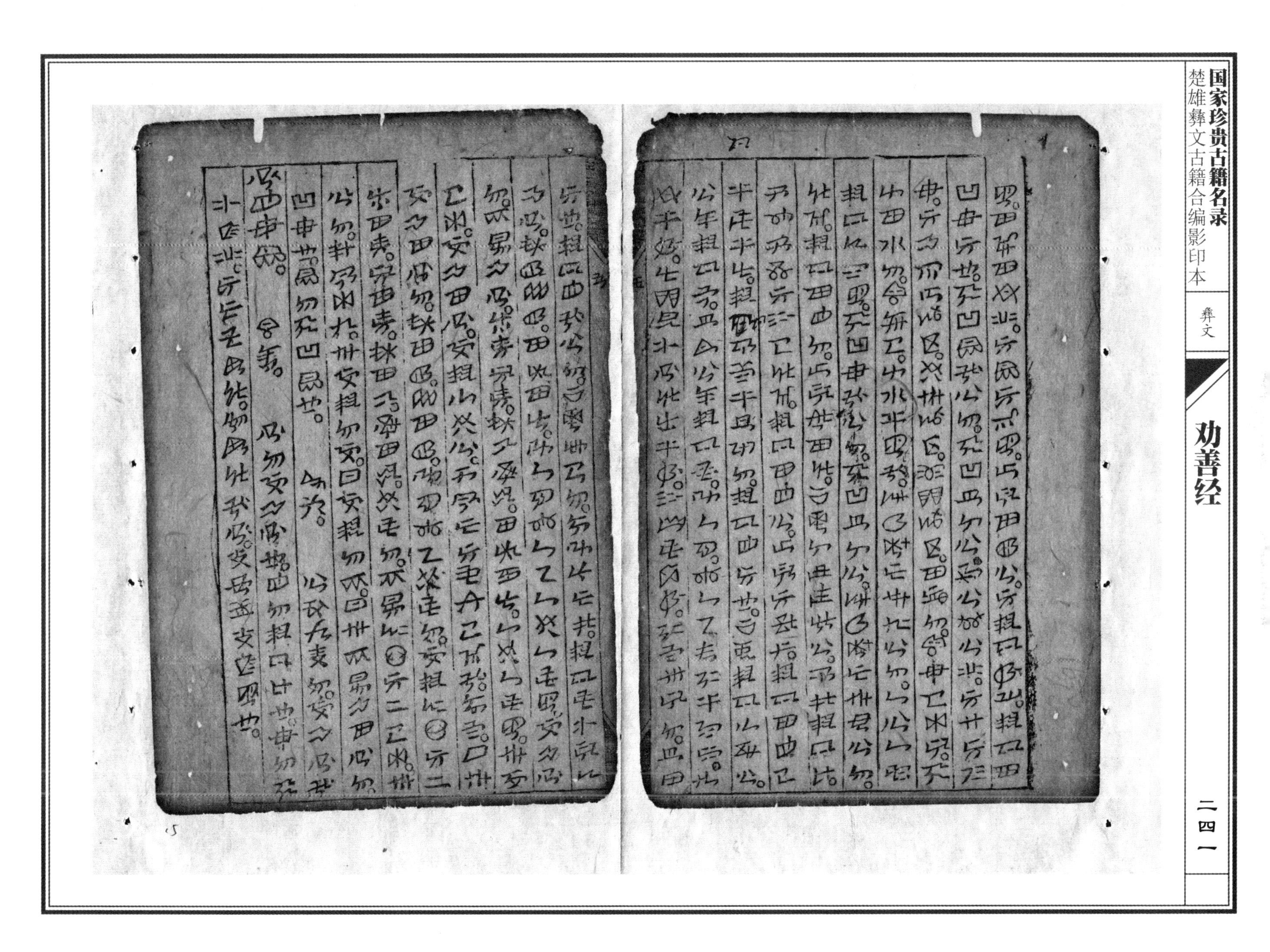

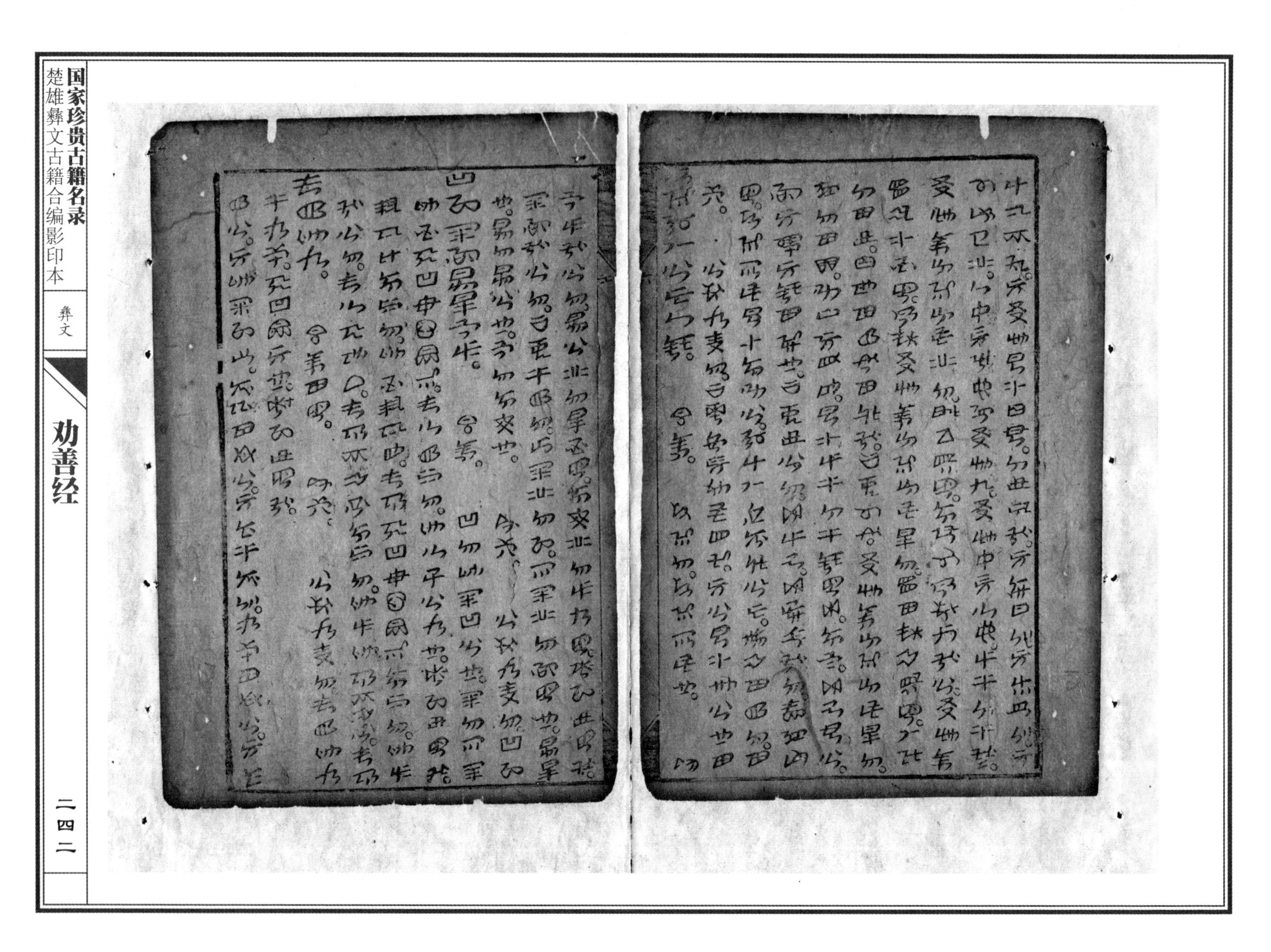

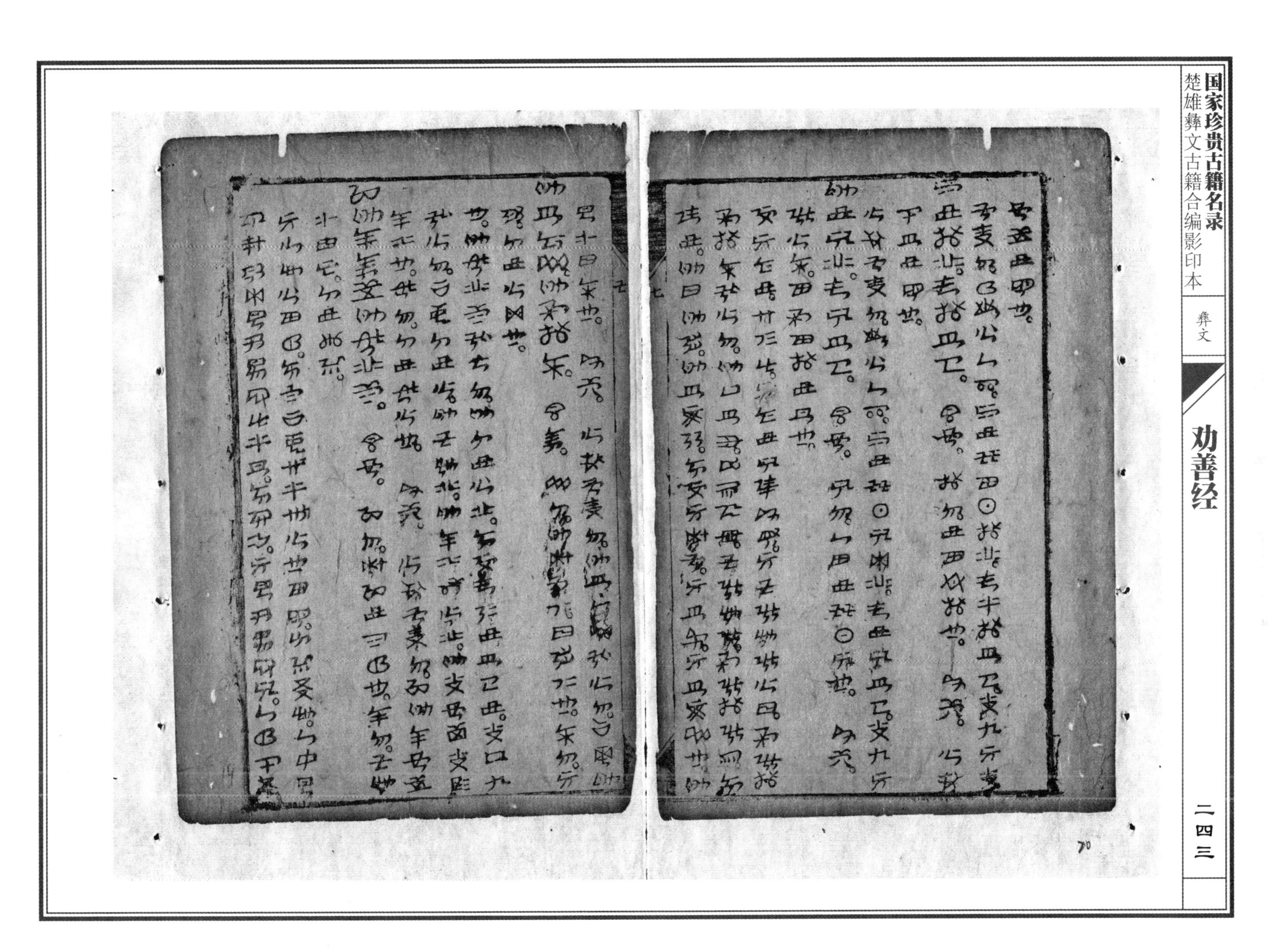

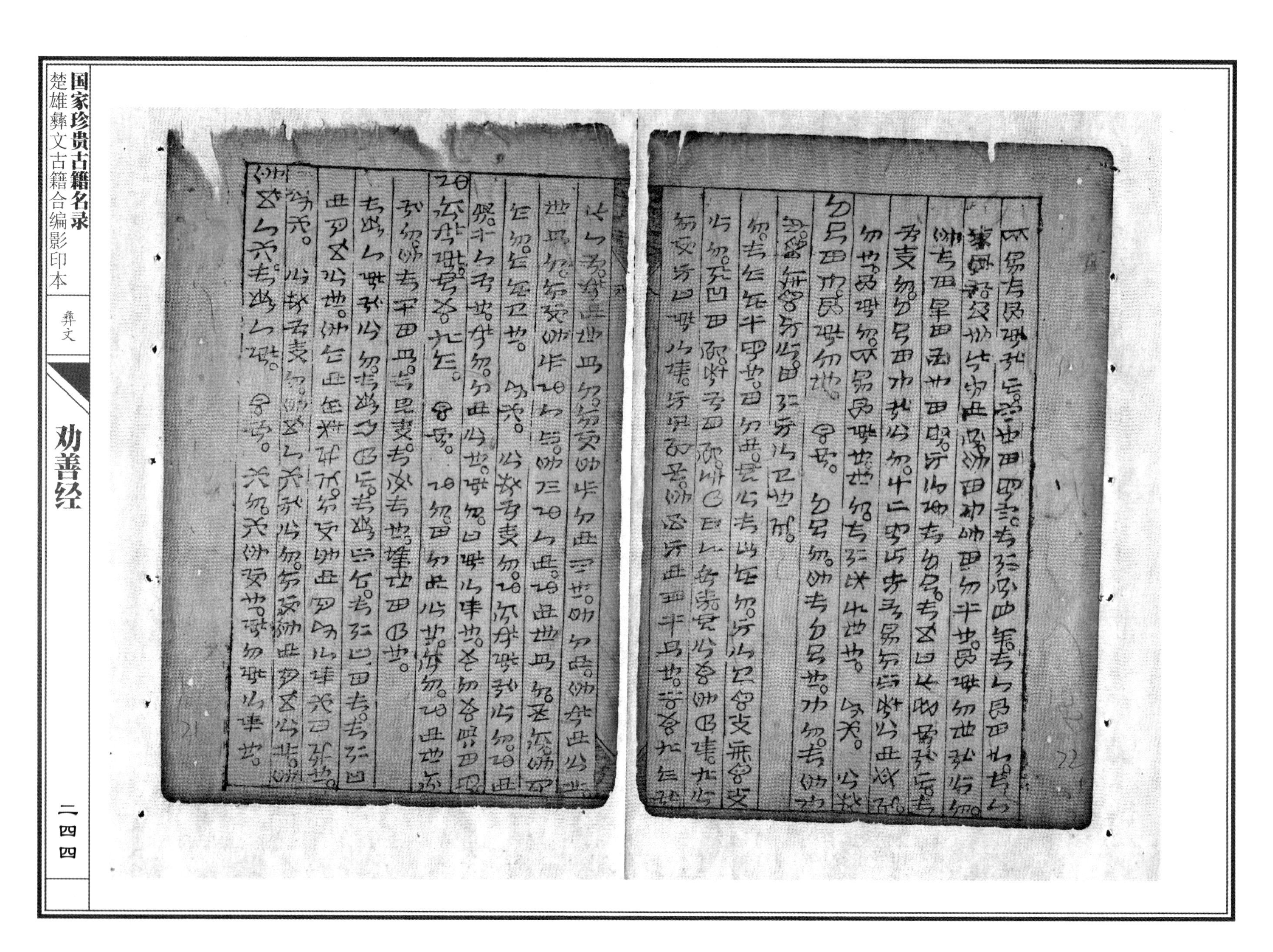

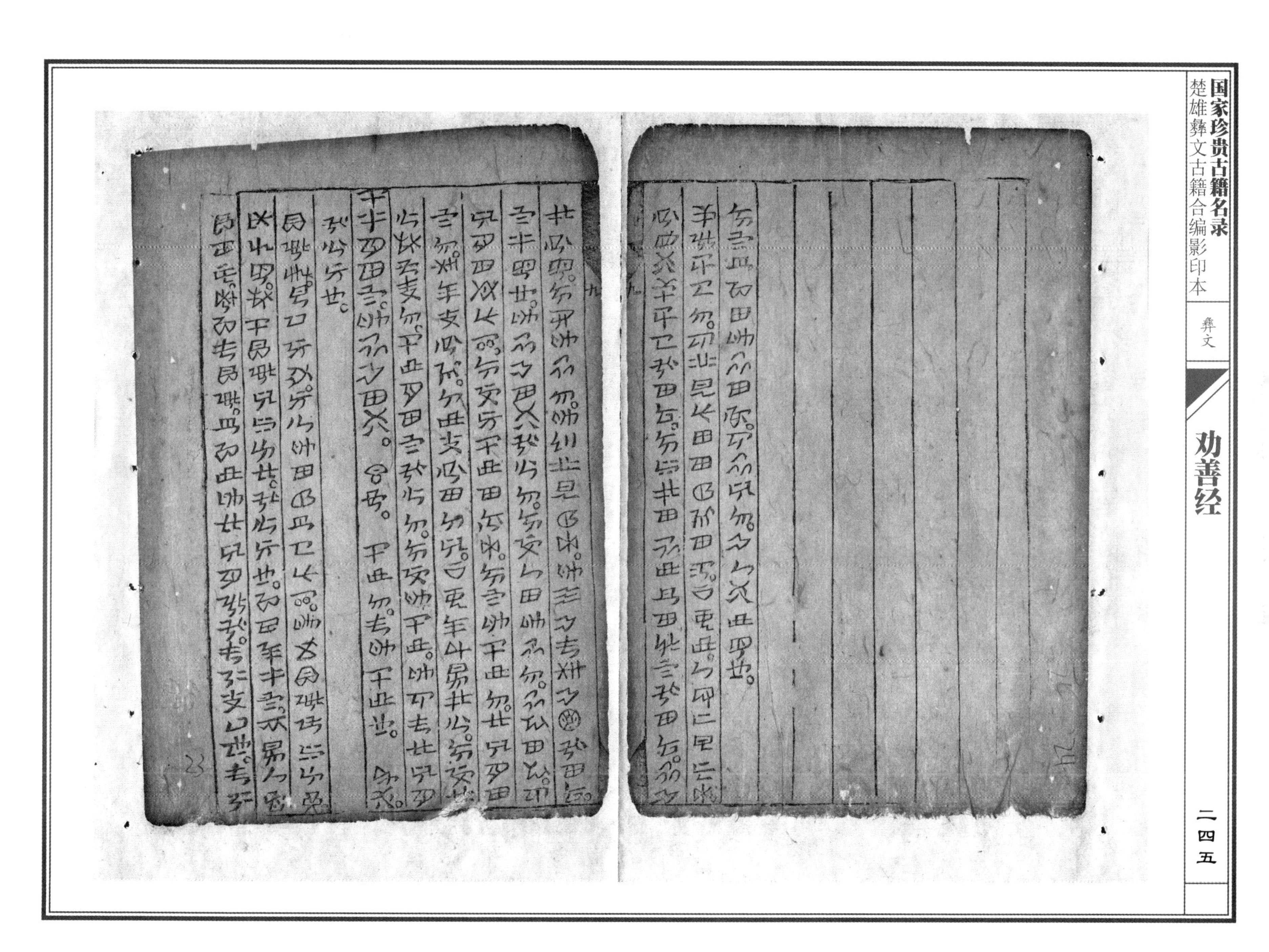

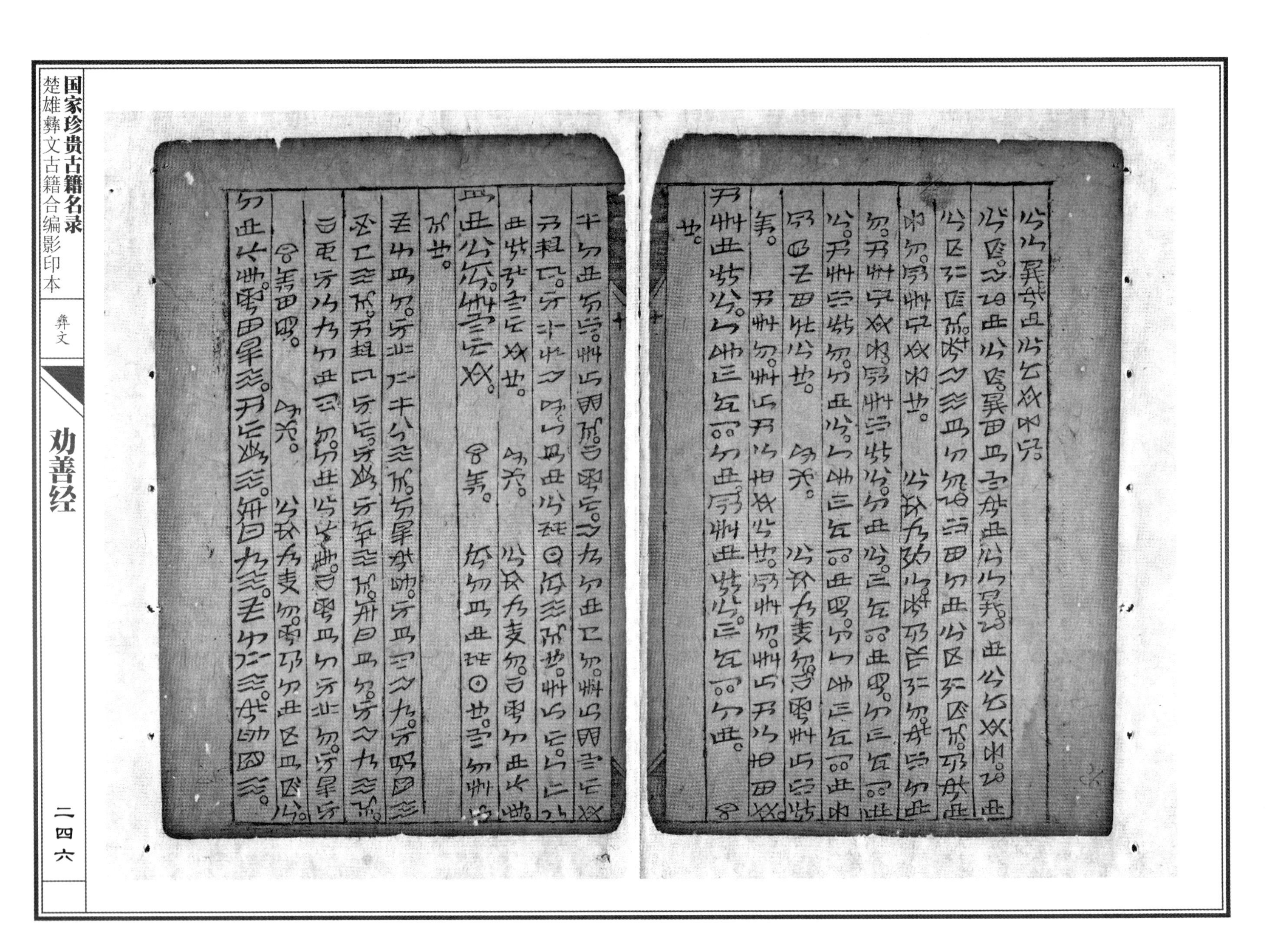

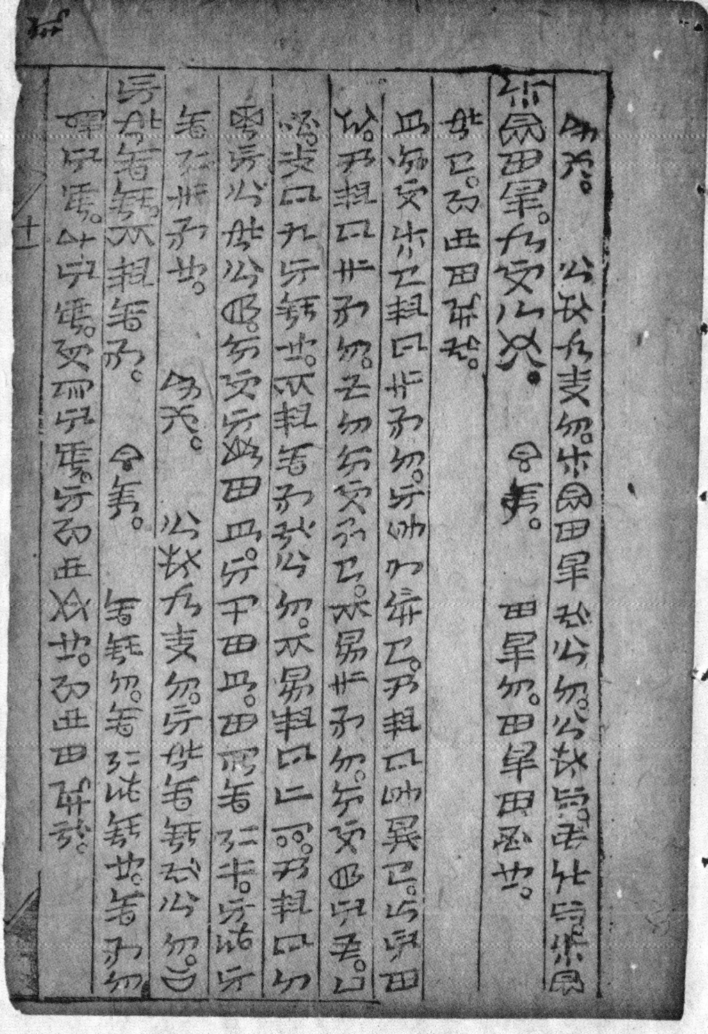

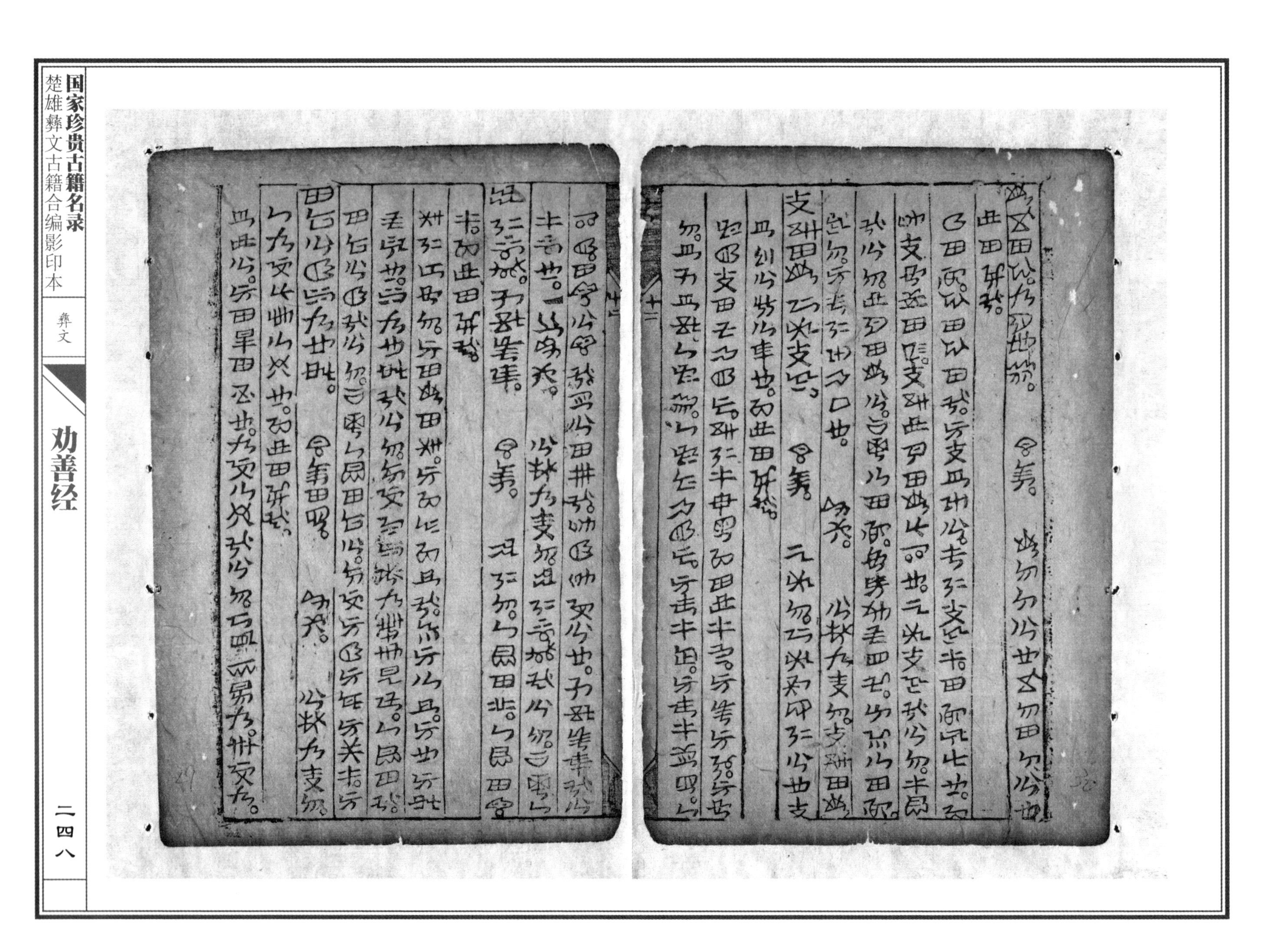

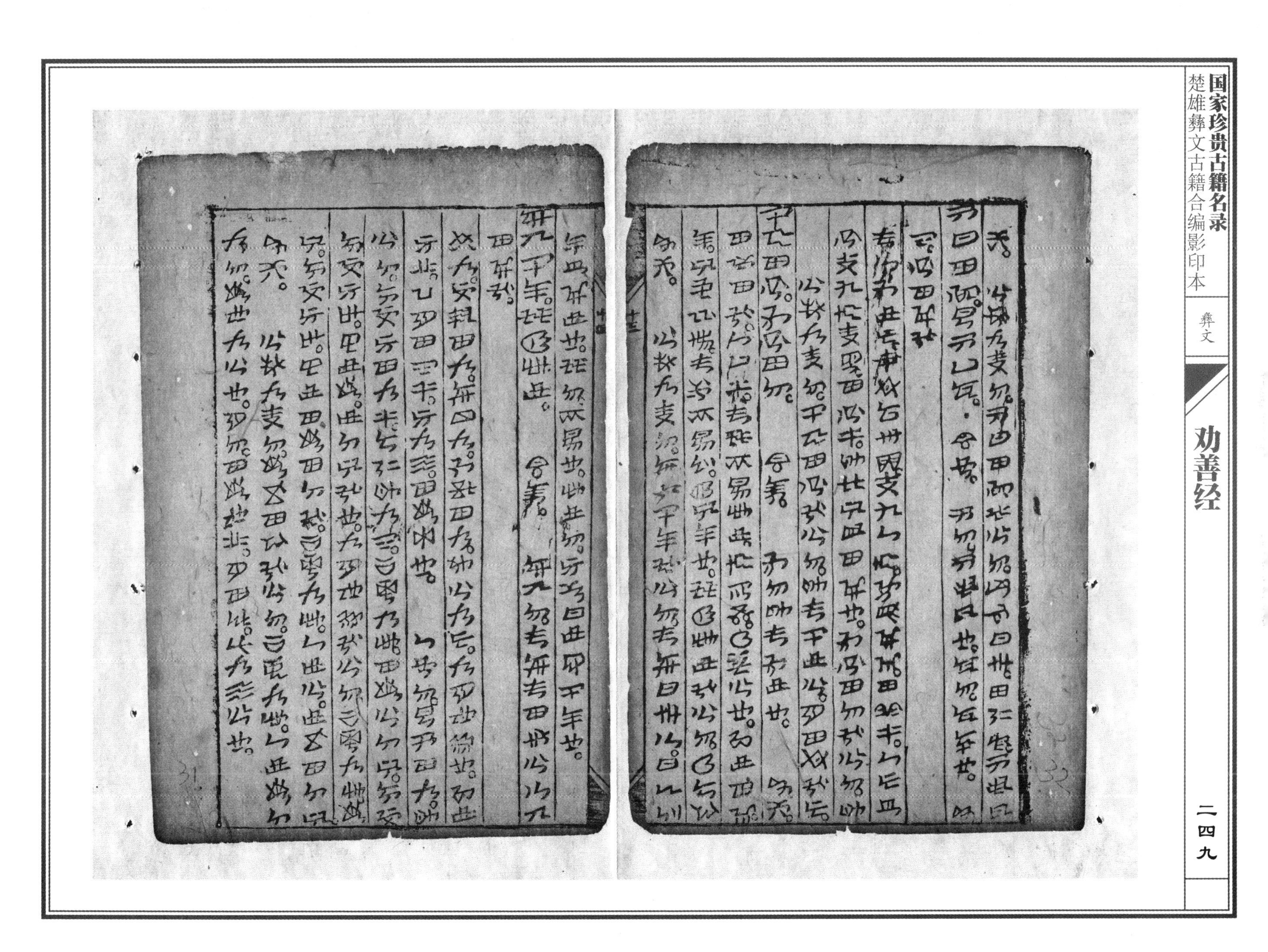

劝善经

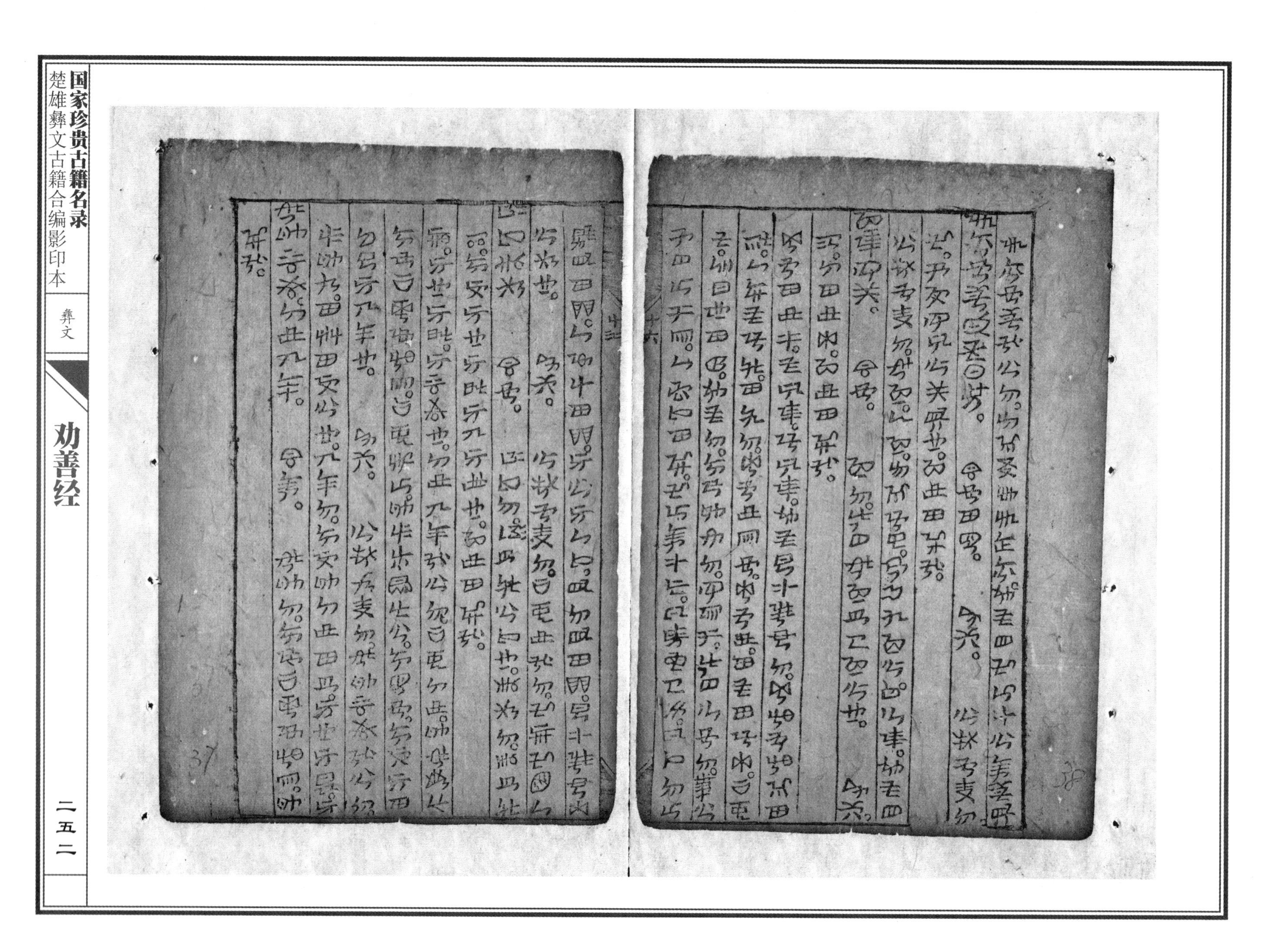

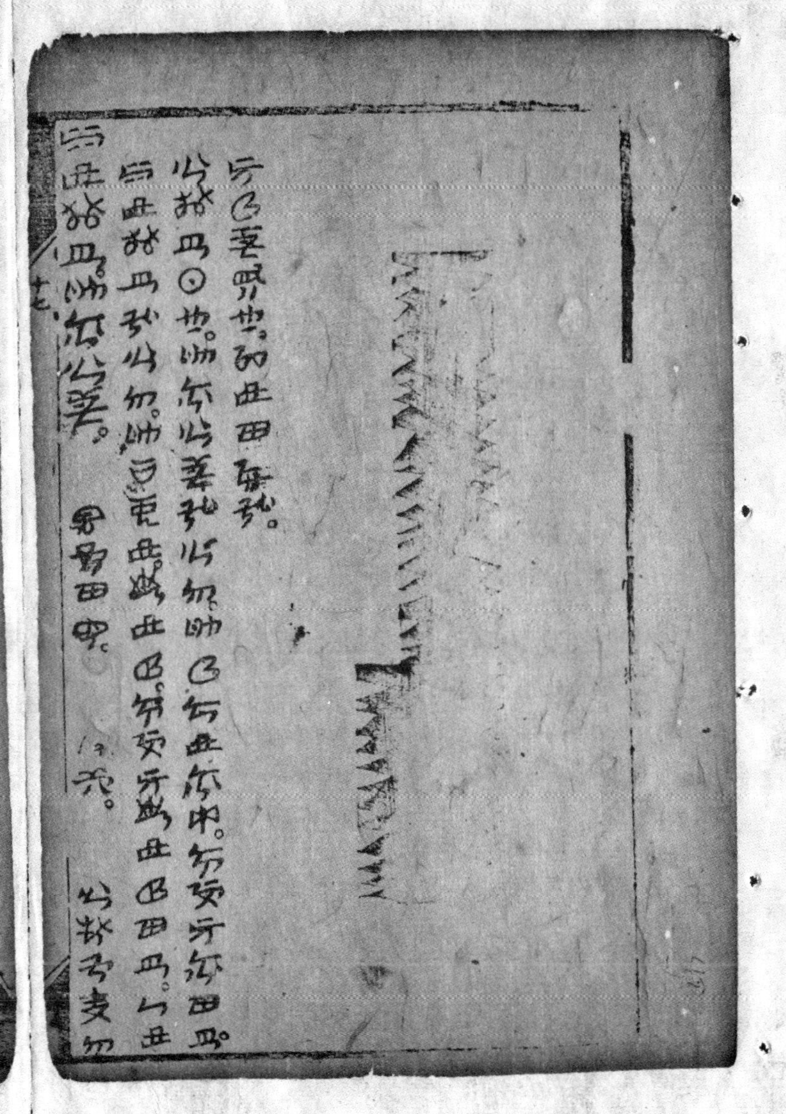

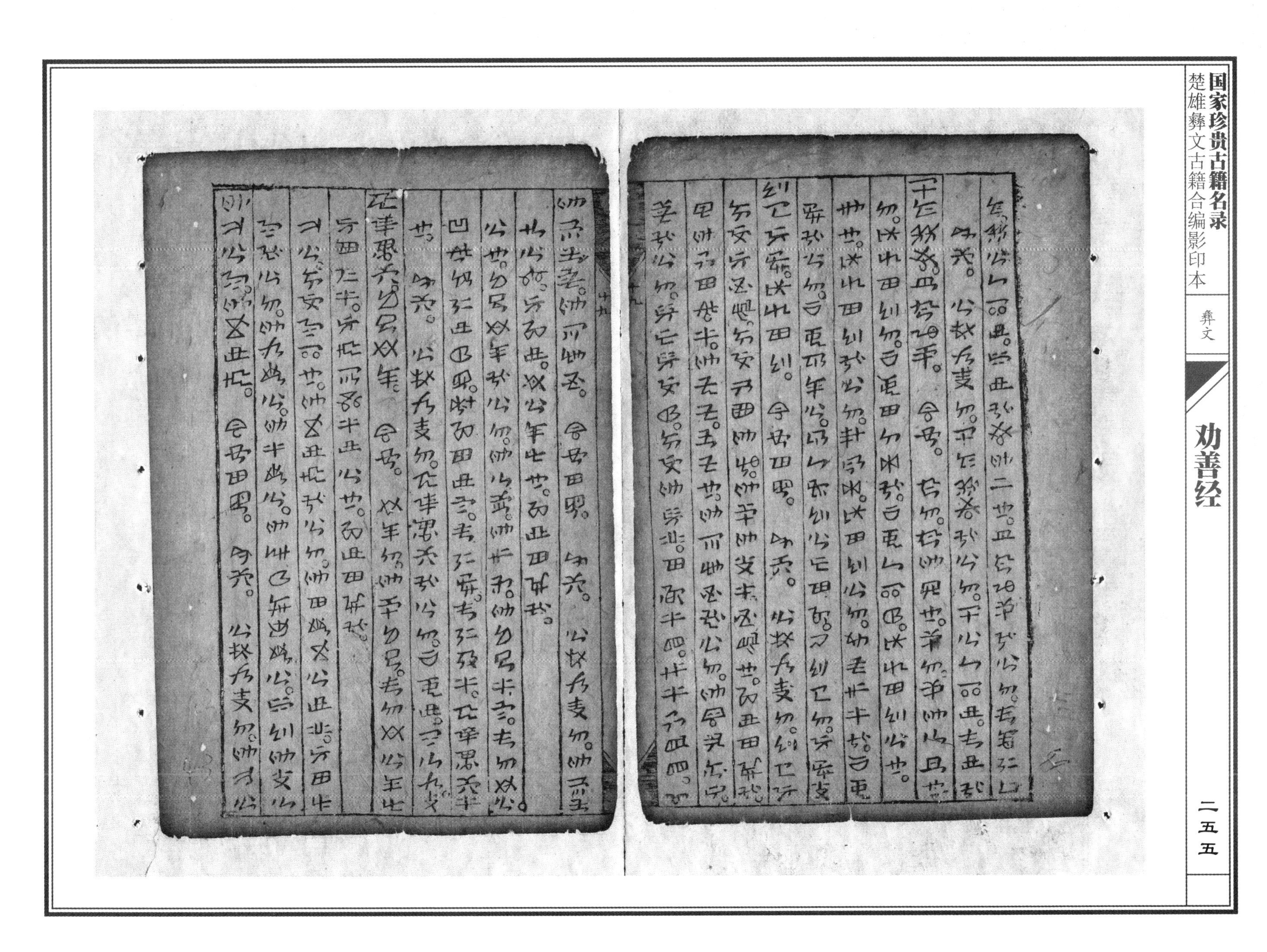

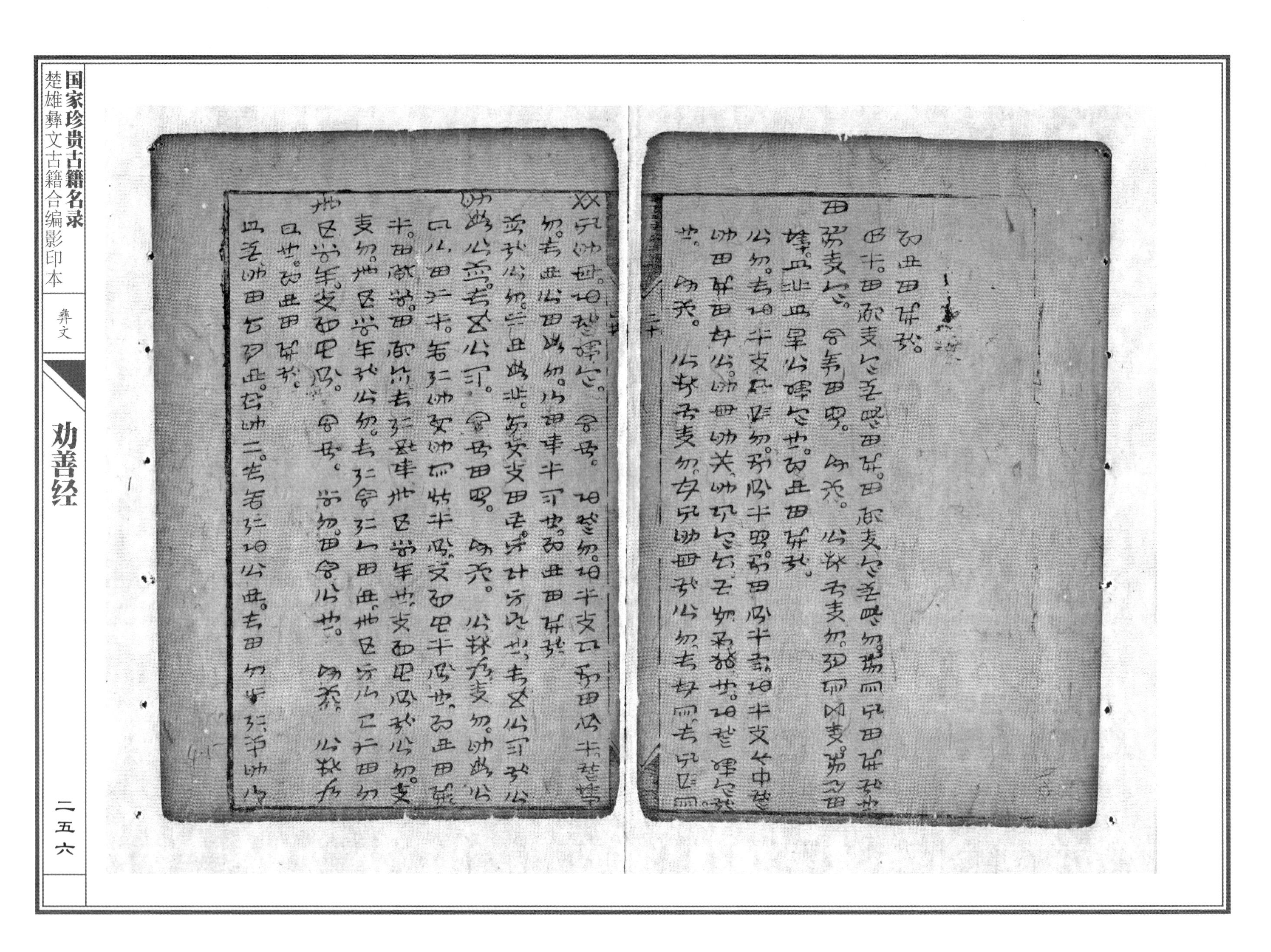

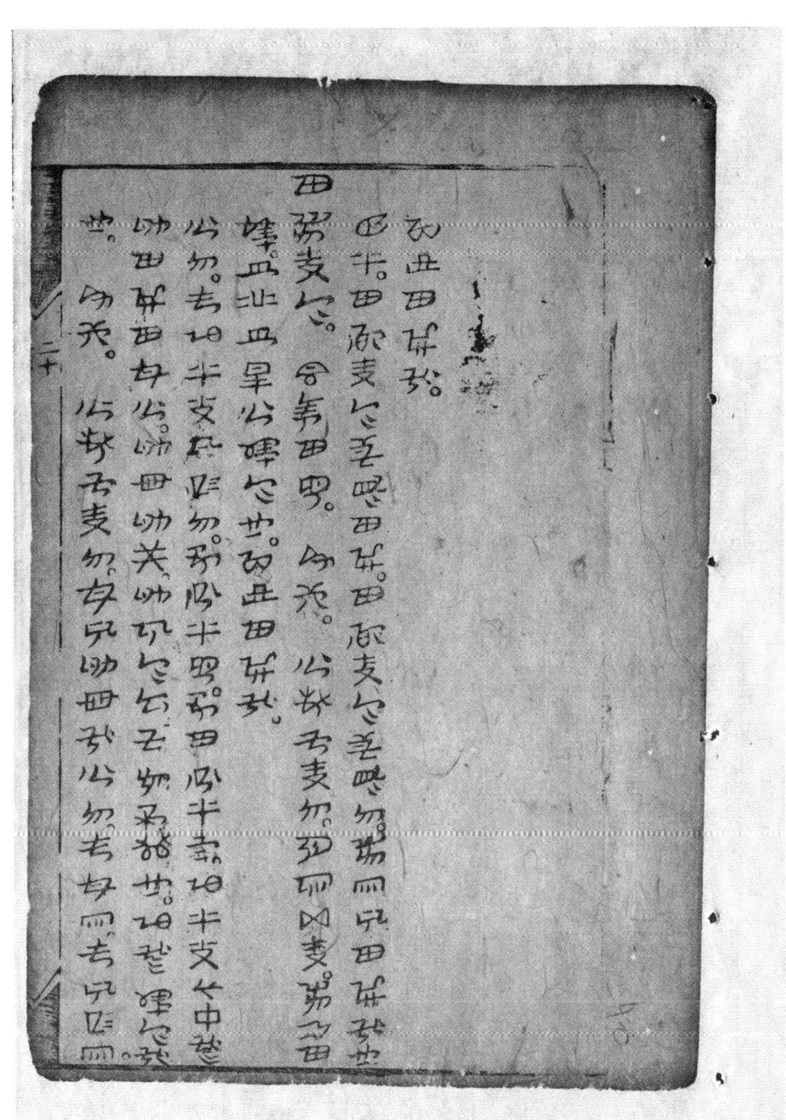

献酒献茶经

《献酒献茶经》，佚名著，清光绪二十九年（1903年）抄本。存一卷，一册。页面高十一点五厘米，广九点七厘米。半页八行，行十六至十七字，白口，无边栏。回写本，本色，绵纸，墨书。有云南省昆明市禄劝县汤郎土司印章六个印迹。

献酒献茶经

《献酒献茶经》，佚名著，清光绪二十九年（1903年）抄本。存一卷，一册。页面高十一点五厘米，广九点七厘米。半页八行，行十六至十七字，白口，无边栏。旧写本，本色，绵纸，墨书。有云南省昆明市禄劝县汤郎土司印章六个印迹。

《献酒献茶经》为彝族丧葬仪式经书，流传于云南省武定县、禄劝县彝语东部方言彝区。彝族人亡逝后，在进行祭奠之前和祭奠期间的早上和晚间，毕摩都要给亡者献酒献茶，表示家人和亲友向亡者敬献酒茶，以表对亡者的纪念和孝敬，寄托哀思之情。书中讲述到酒药的曲折发现、美酒的酿制过程以及茶树的种植、茶叶的烤制等内容。是书为毕摩向亡者献酒献茶祭仪时诵念的经书，可供彝族丧葬习俗研究参考。

云南省楚雄彝族文化研究院藏。国家珍贵古籍名录号09731。

献酒献茶经

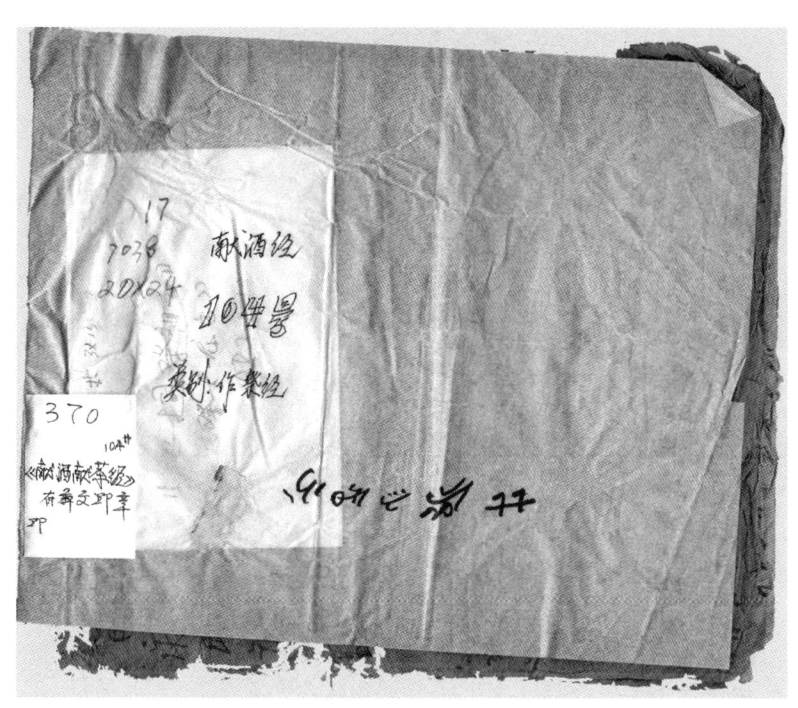

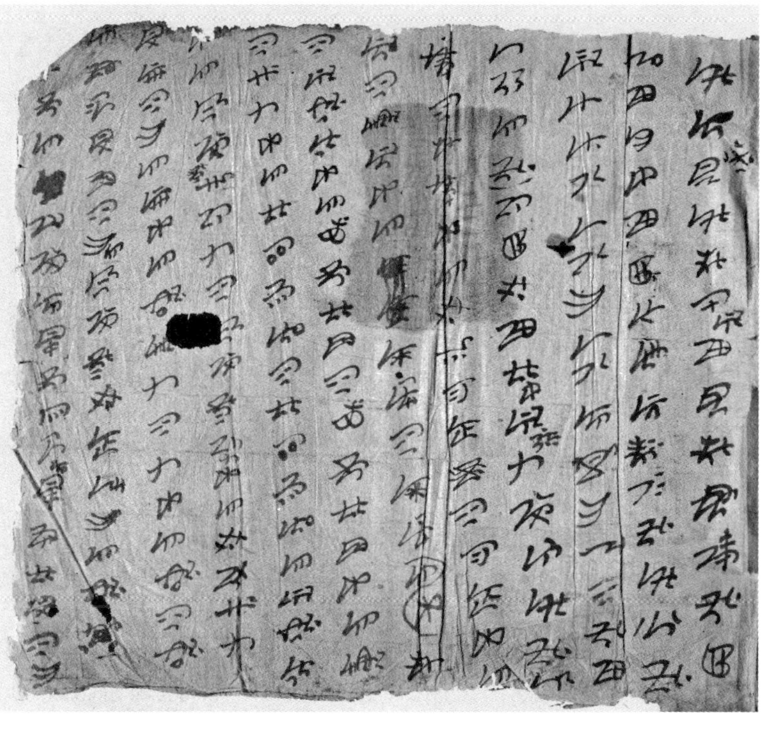

献酒献茶经

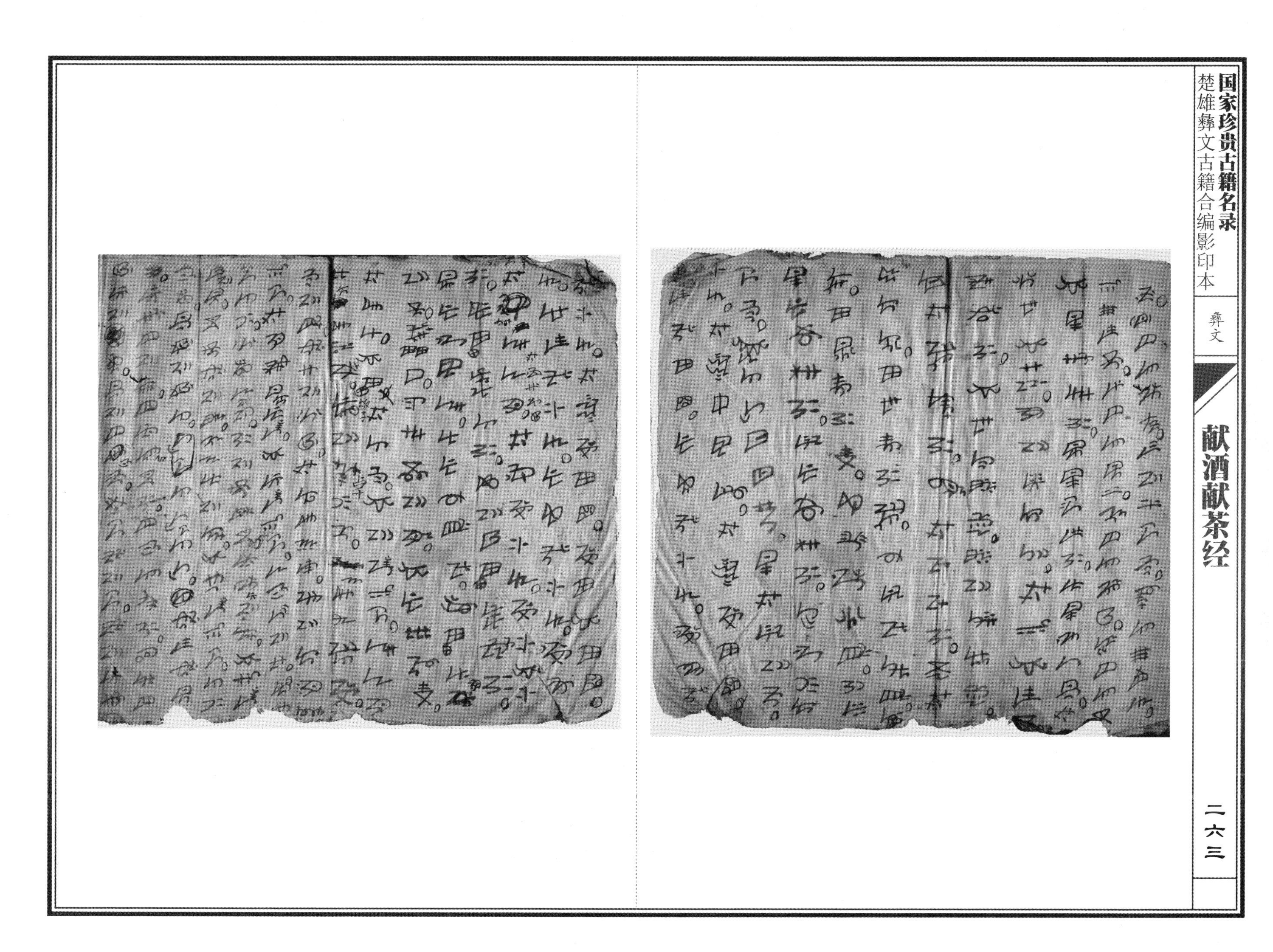

献酒献茶经

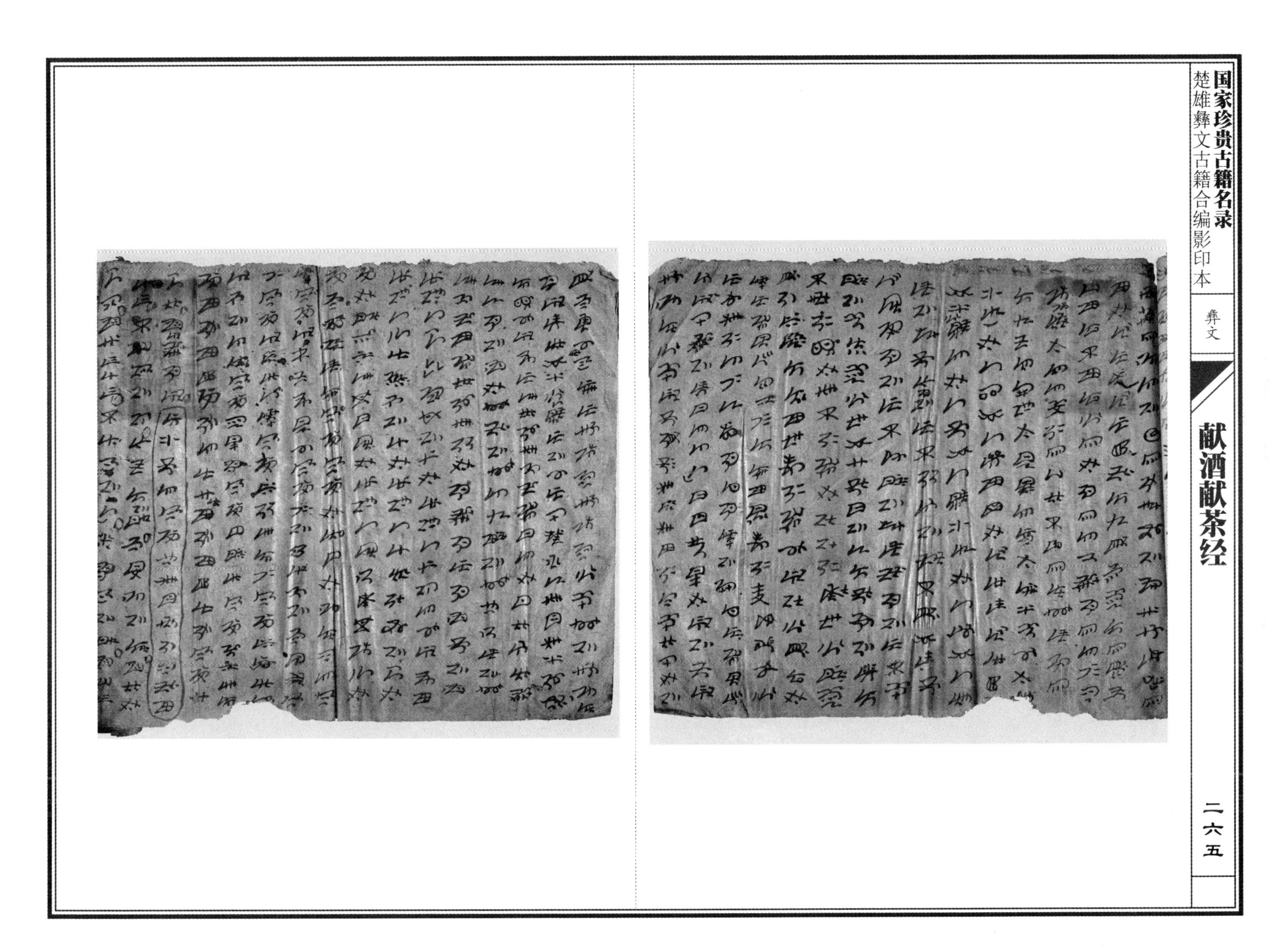

献酒献茶经

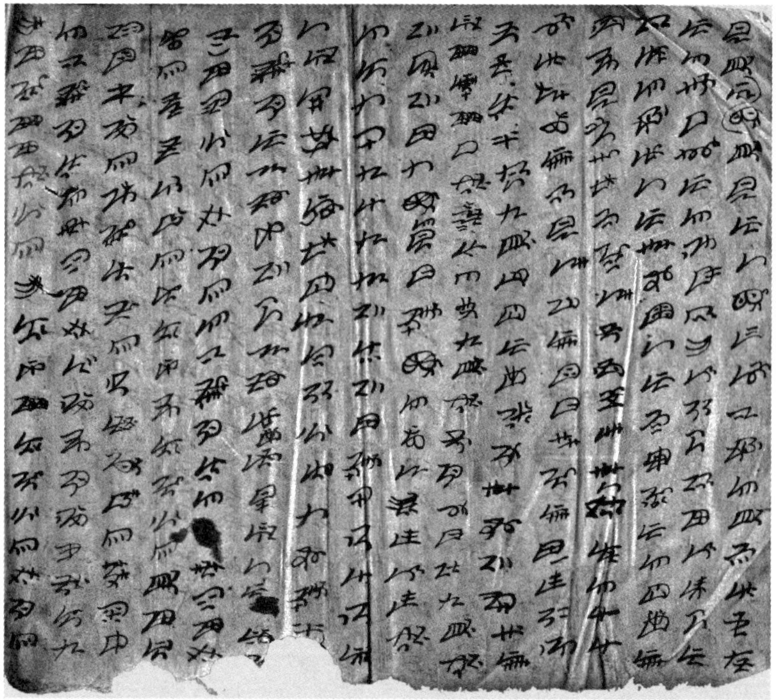

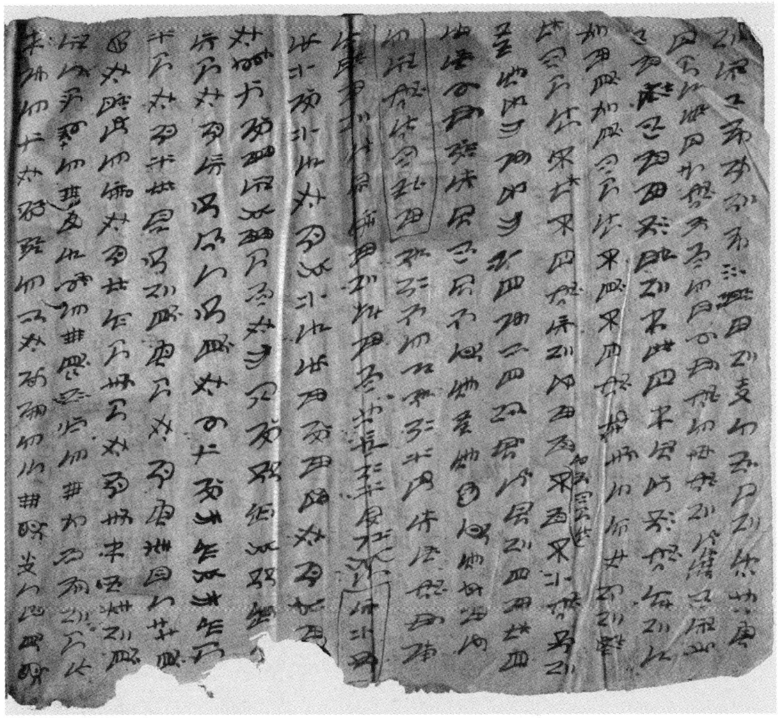

献酒献茶经

献水经

《献水经》，佚名著，清光绪十六年（1890年）抄本。存一卷，一册。页面高十六点一厘米，广二十九点四厘米。半页十五行，行十至十二字。白口，无边栏。回写本，本色，绵纸，线订册页装，墨书，有朱色句读。

献水经

《献水经》，佚名著，清光绪十六年（1890年）抄本。存一卷，一册。页面高十六点一厘米，广二十九点四厘米。半页十五行，行十至十二字。白口，无边栏。旧写本，本色，绵纸，线订册页装，墨书，有朱色句读。

《献水经》为彝族丧葬仪式经书，流传于云南省武定县、禄劝县彝语东部方言彝区。彝族老人去世，延请的毕摩到来时，在举行祭奠时期中的每日早晚都要给逝者献水。内容记述了世间凡有生命的植物、动物去世时，同样也要饮水解渴，故而产生向亡灵献水之仪式，劝解亡灵口渴不渴都要饮足净水，这样，在回归祖先发祥地的路上才不至于口干舌燥，得以顺利抵达。可供彝族丧葬习俗研究参考。

云南省楚雄彝族文化研究院藏。国家珍贵古籍名录号09729。

献水经

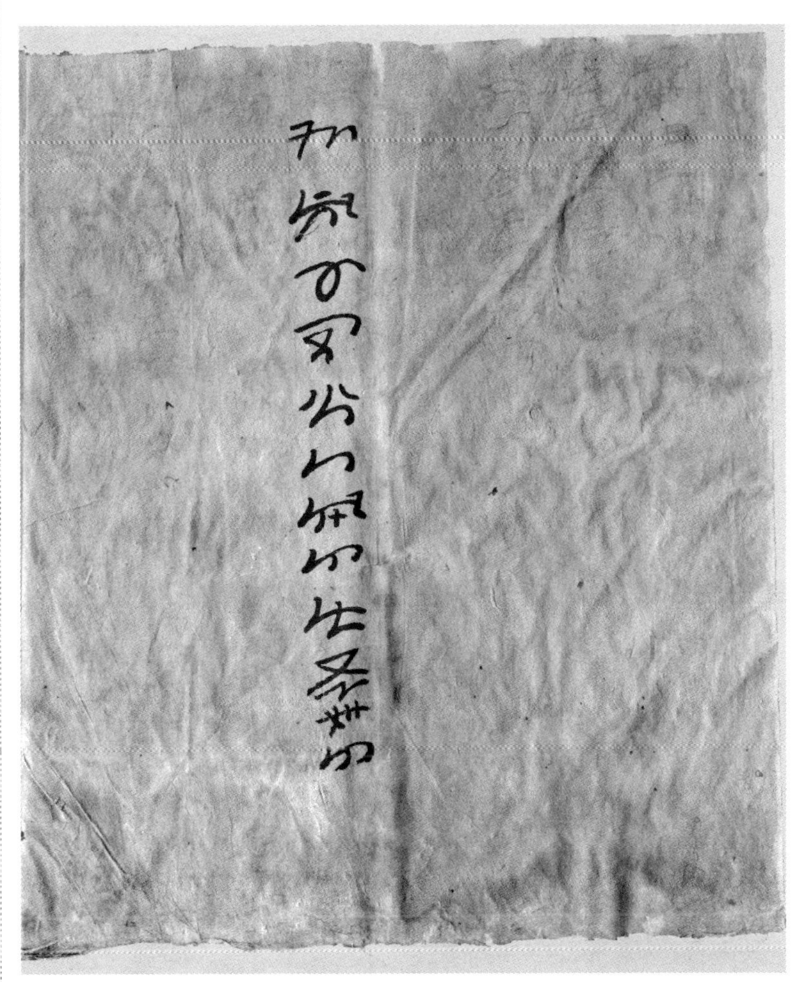

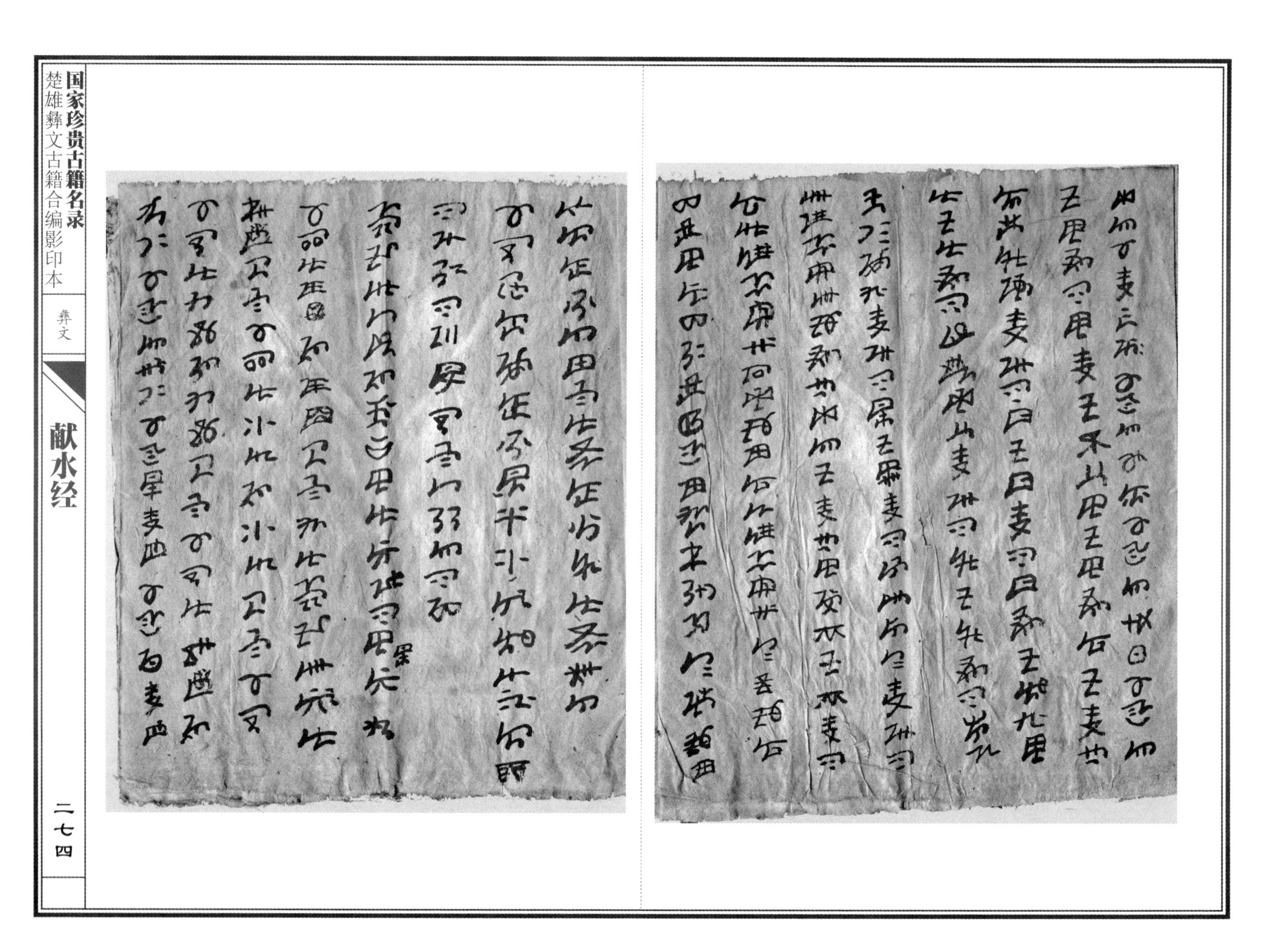

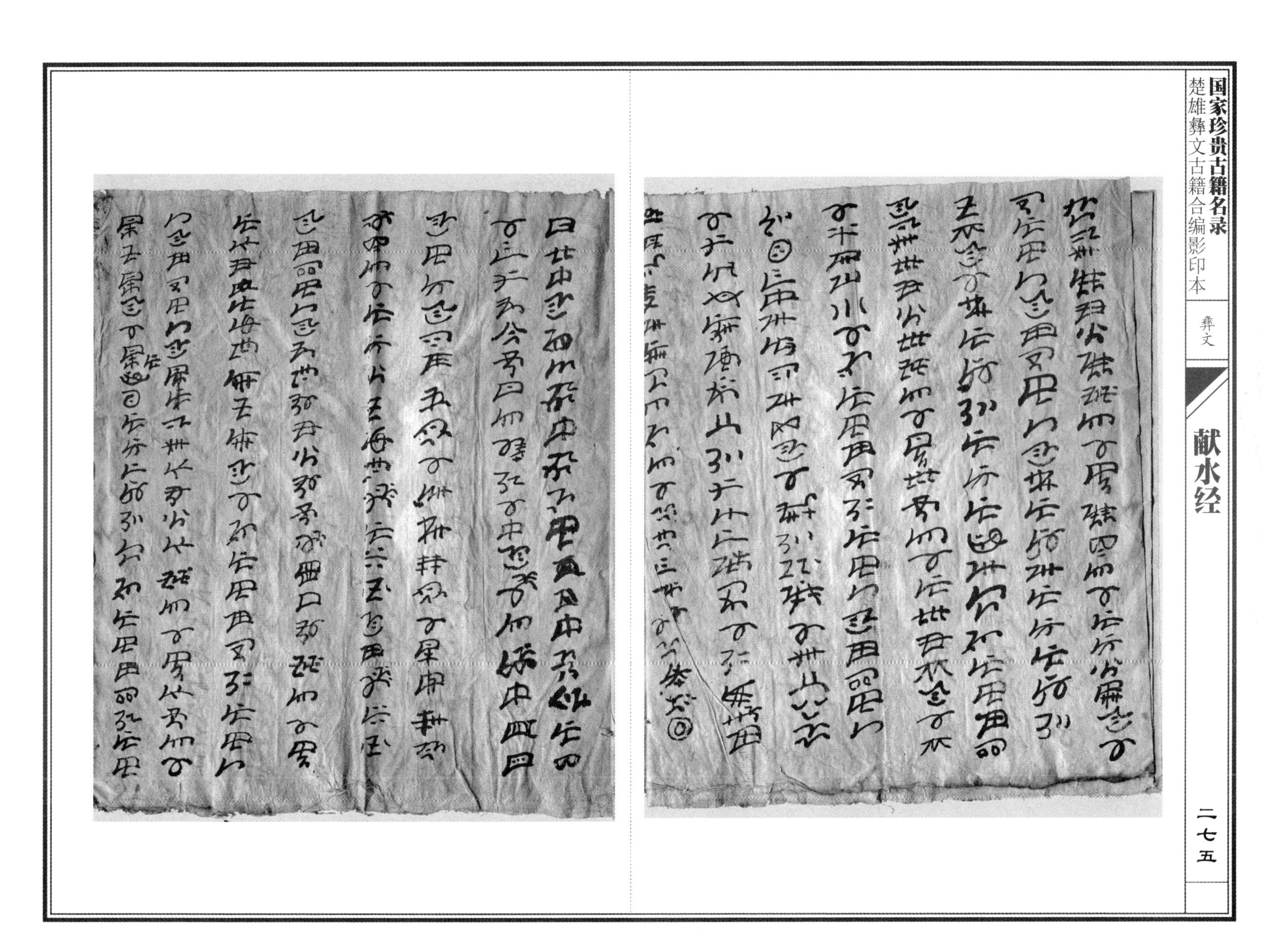

献水经

叙谱续代书

《叙谱续代书》，佚名著，清咸丰四年（1854年）抄本。存一卷，一册。板框高十七点一厘米，广二十七厘米。半页八行，行二十一字。白口，上下单栏。旧写本，本色，绵纸，线订册页装，有朱色句读，具体抄写的确切年代是用朱砂写就。

叙谱续代书

《叙谱续代书》，佚名著，清咸丰四年（1854年）抄本。存一卷，一册。板框高十七点一厘米，广二十七厘米。半页八行，行二十一字。白口，上下单栏。旧写本，本色，绵纸，线订册页装，有朱色句读，具体抄写的确切年代是用朱砂写就。

《叙谱续代书》是流传滇东北武定、禄劝一带彝族纳苏人丧葬仪式经书。此经书为丧葬中“合灵”祭仪中吟诵。如果夫妇双方的一方先去世，并已制作灵牌供在家堂上，待另一方去世后制作灵牌时，需将夫妇俩灵牌进行合并，成为一个附有夫妇双方灵魂的灵牌，共同享受子孙的供奉。意在使已逝去夫妇能得到列祖列宗的认可而进入谱系。可供研究彝族灵魂观念时做参考。

云南省楚雄彝族文化研究院藏。国家珍贵古籍名录号11311。

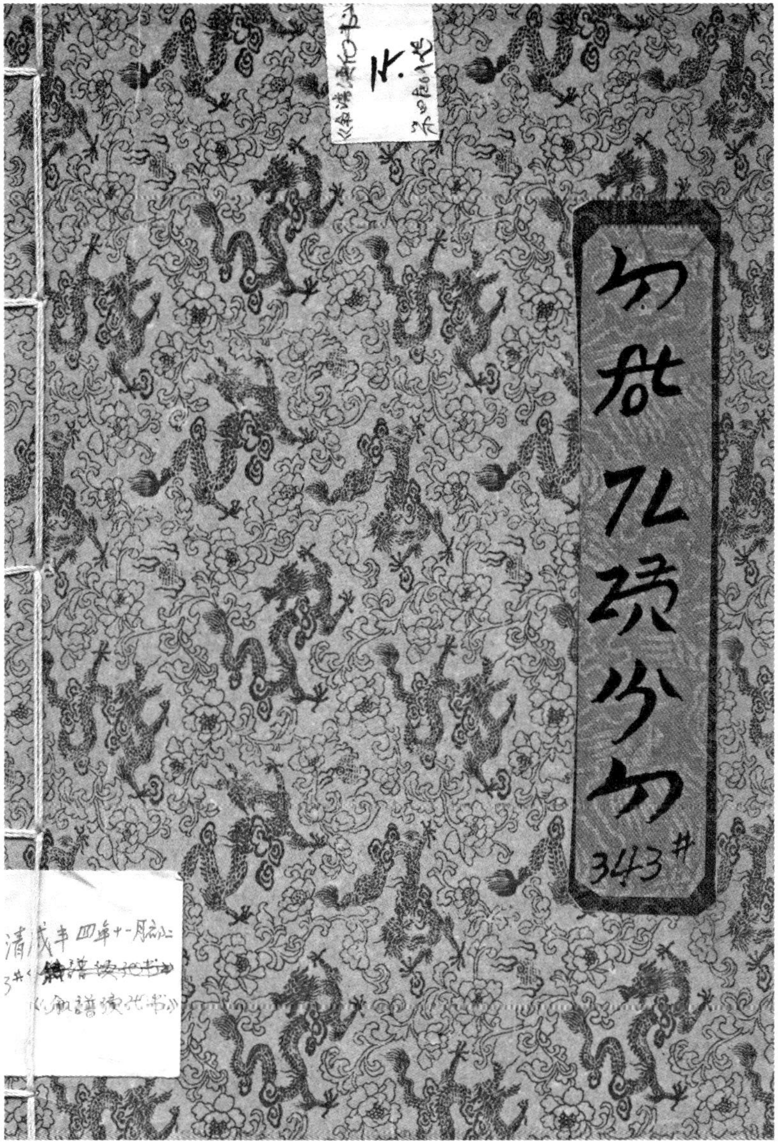

叙谱续代书

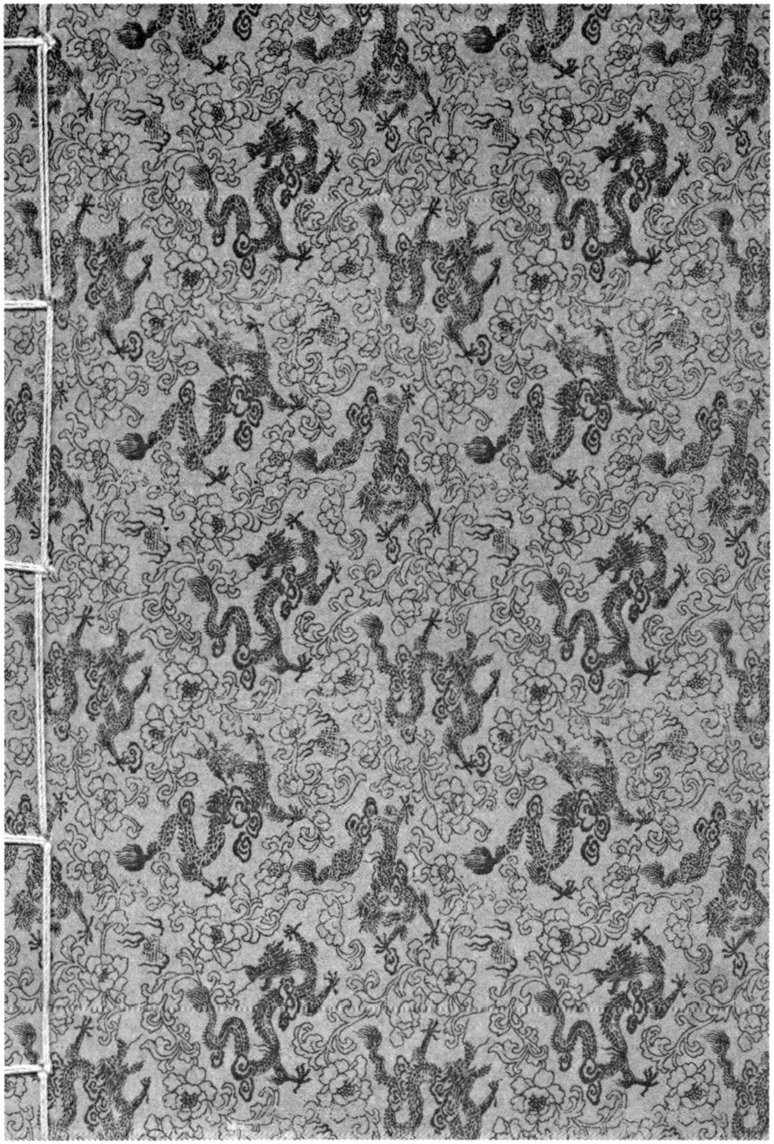

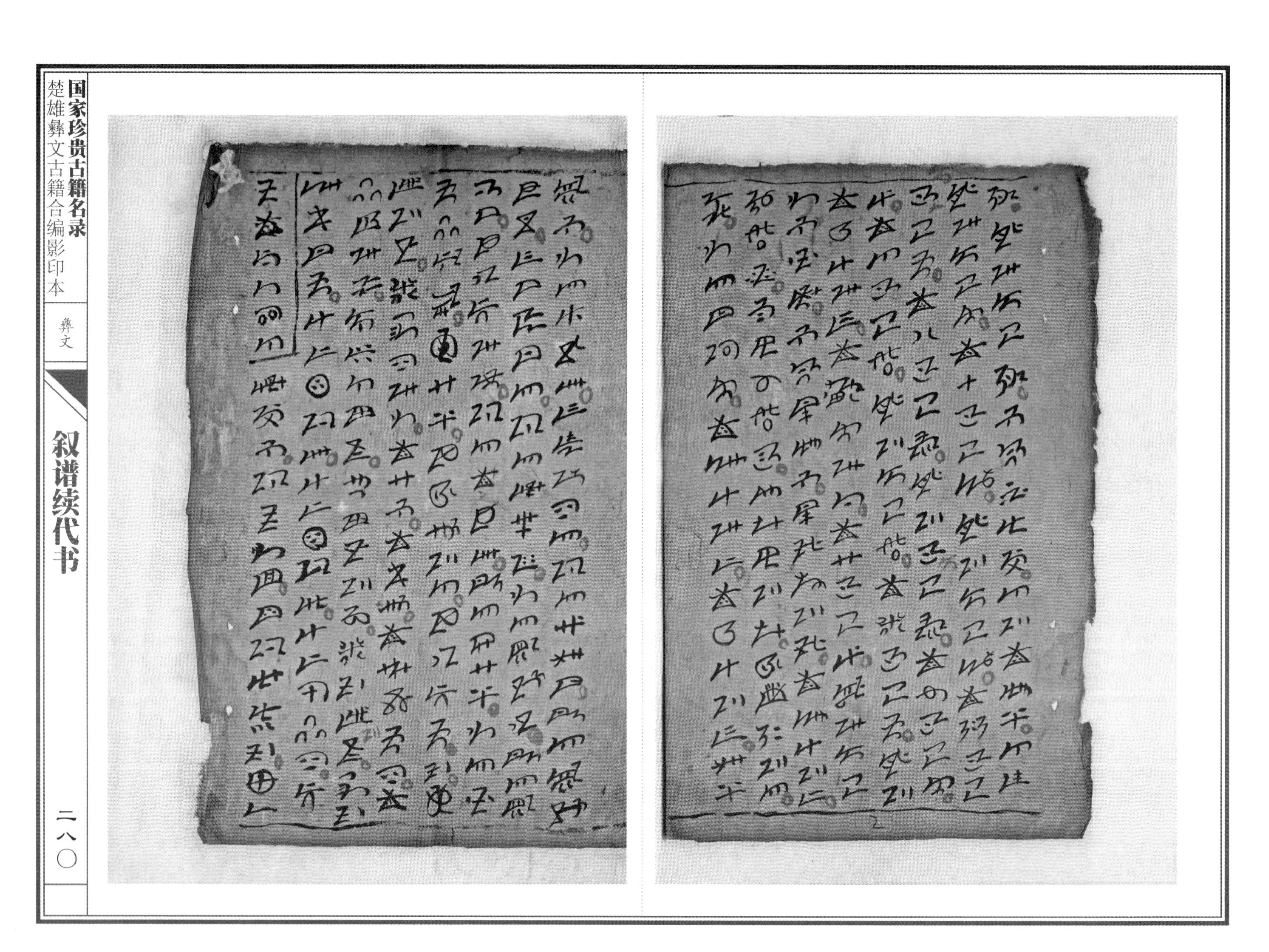

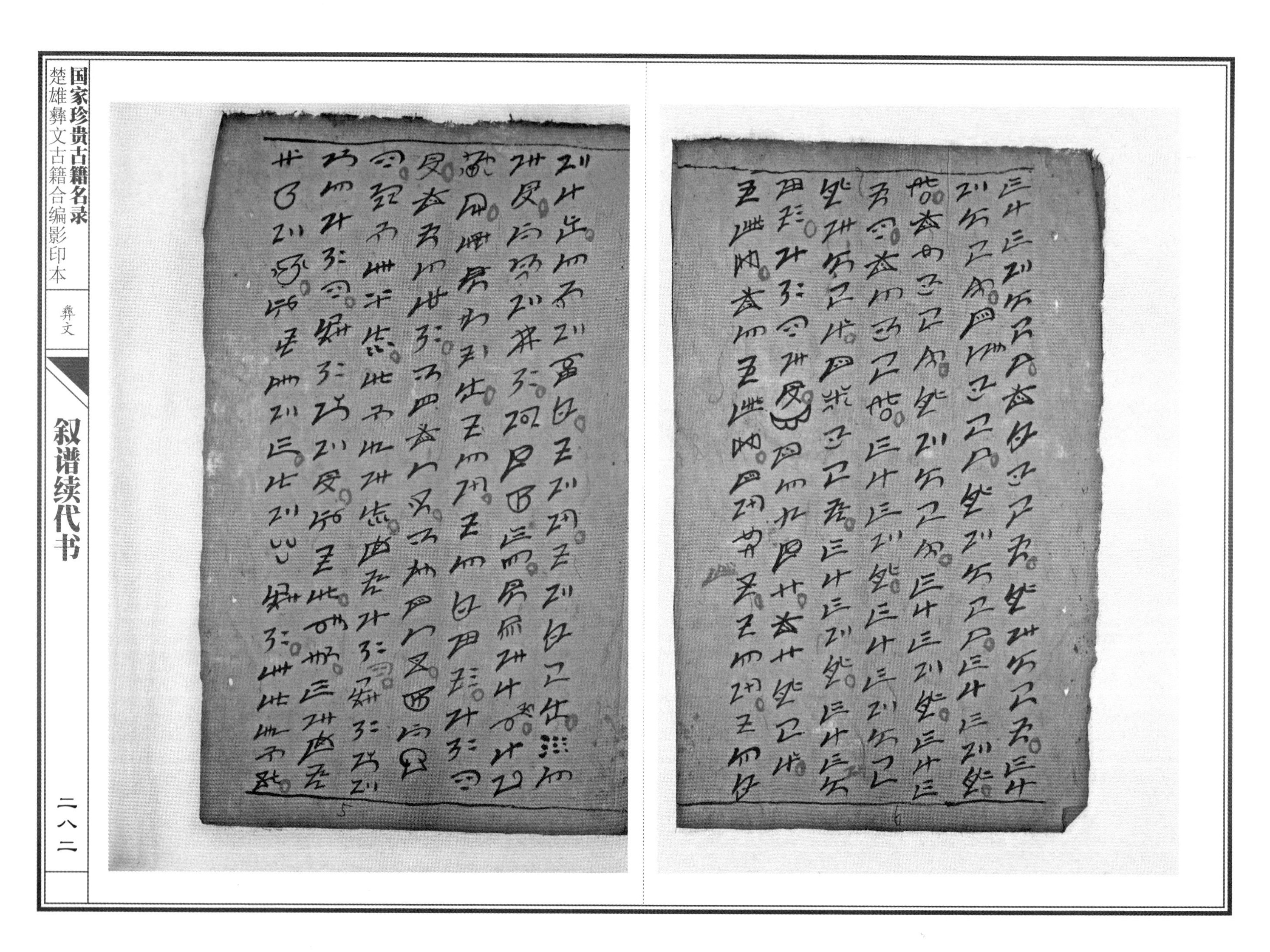

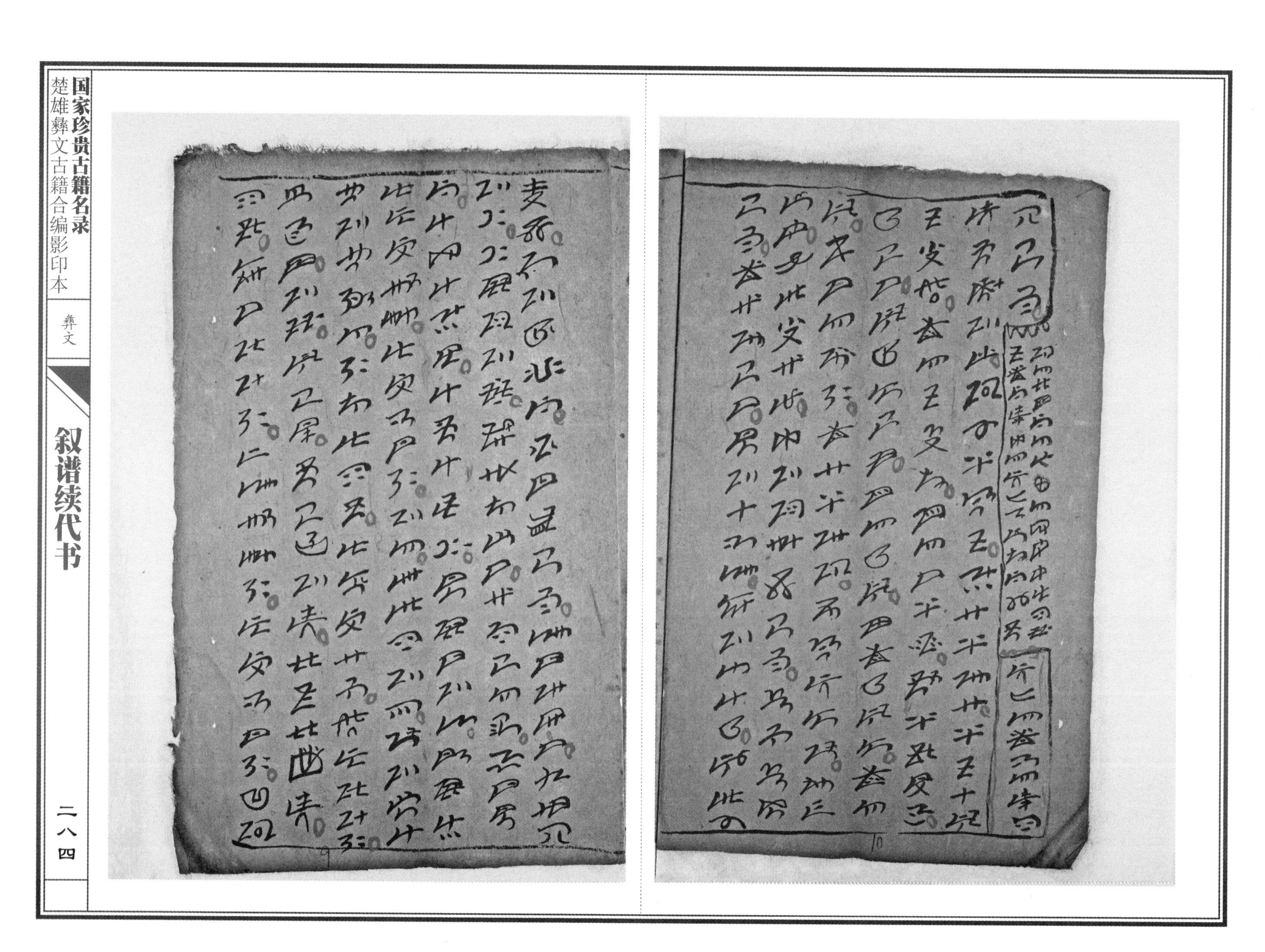

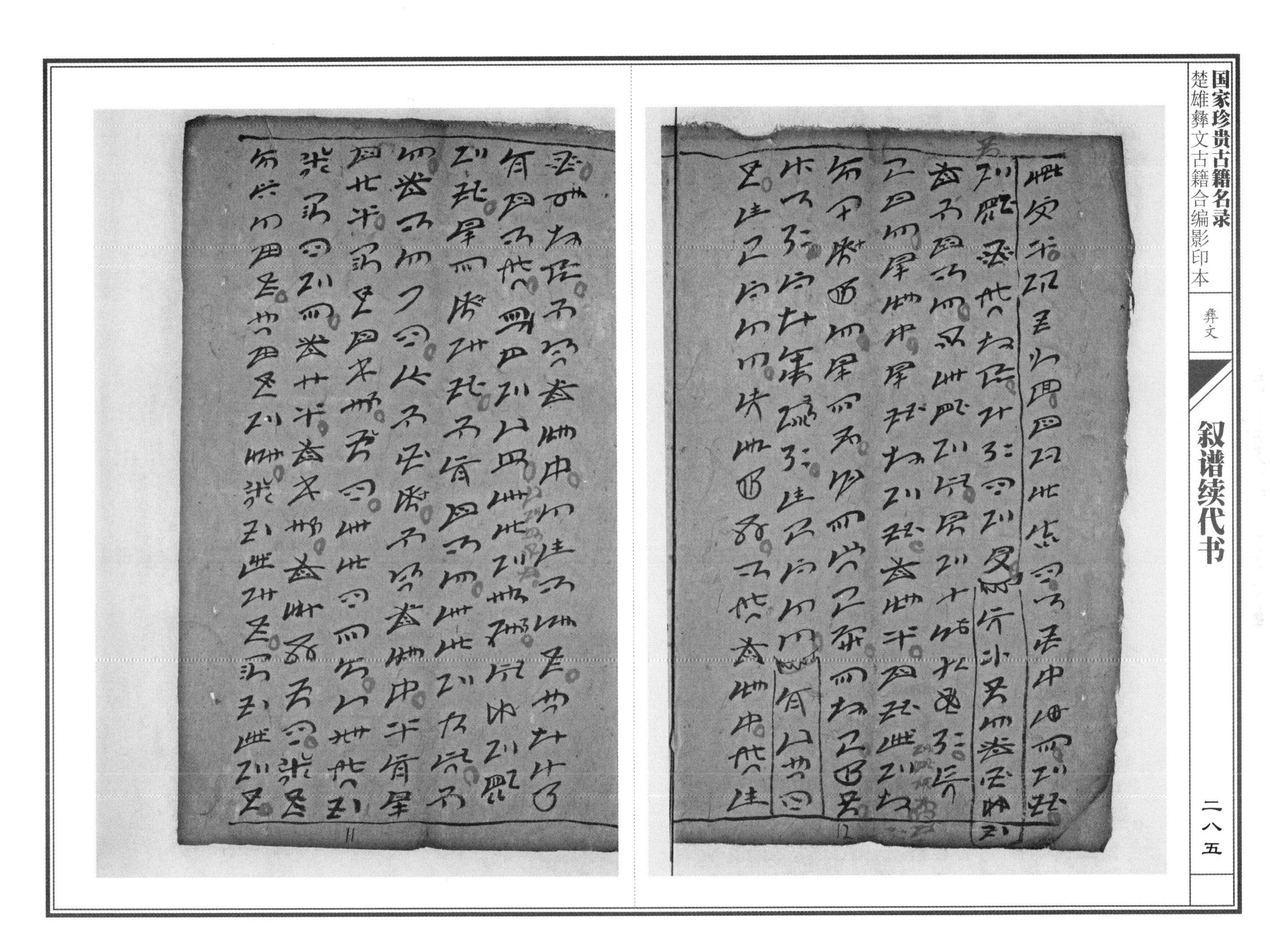

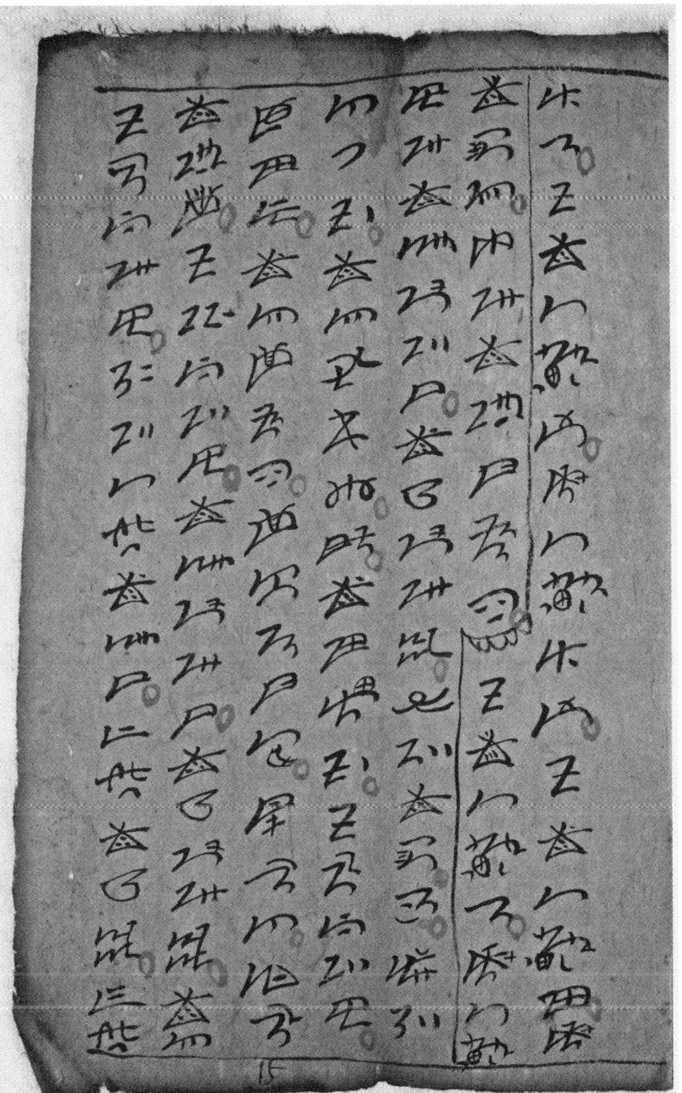

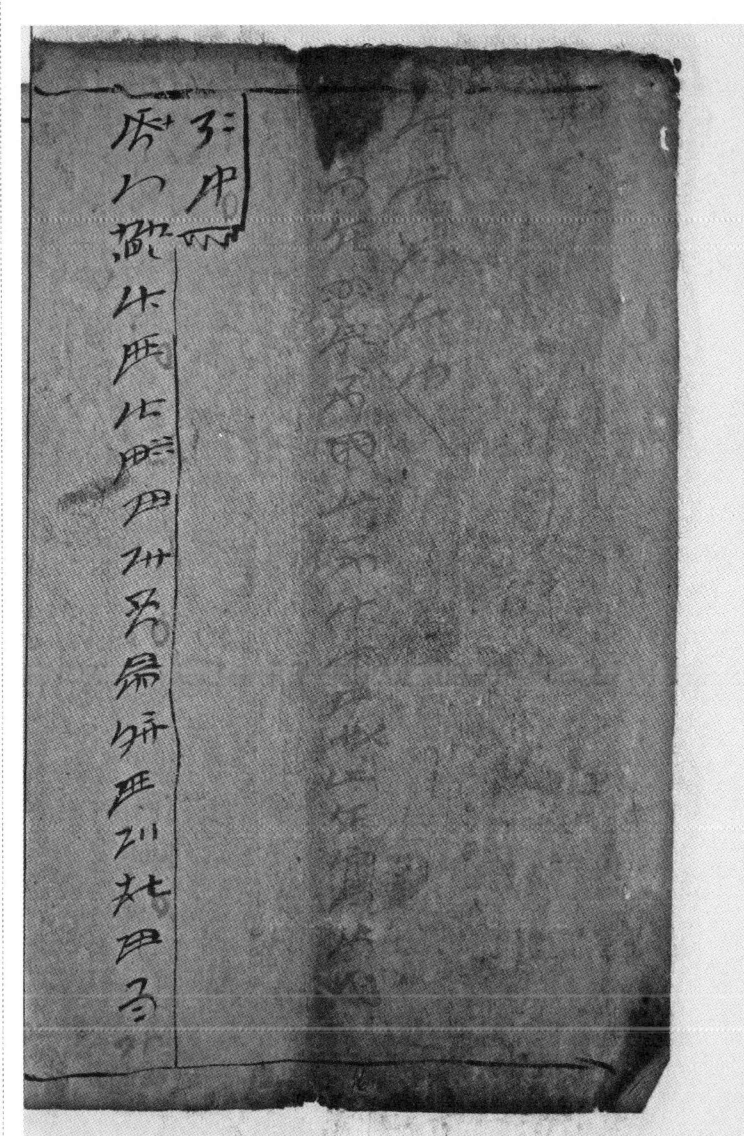

王有妹示

杨自学收交 九八五年 五月八日

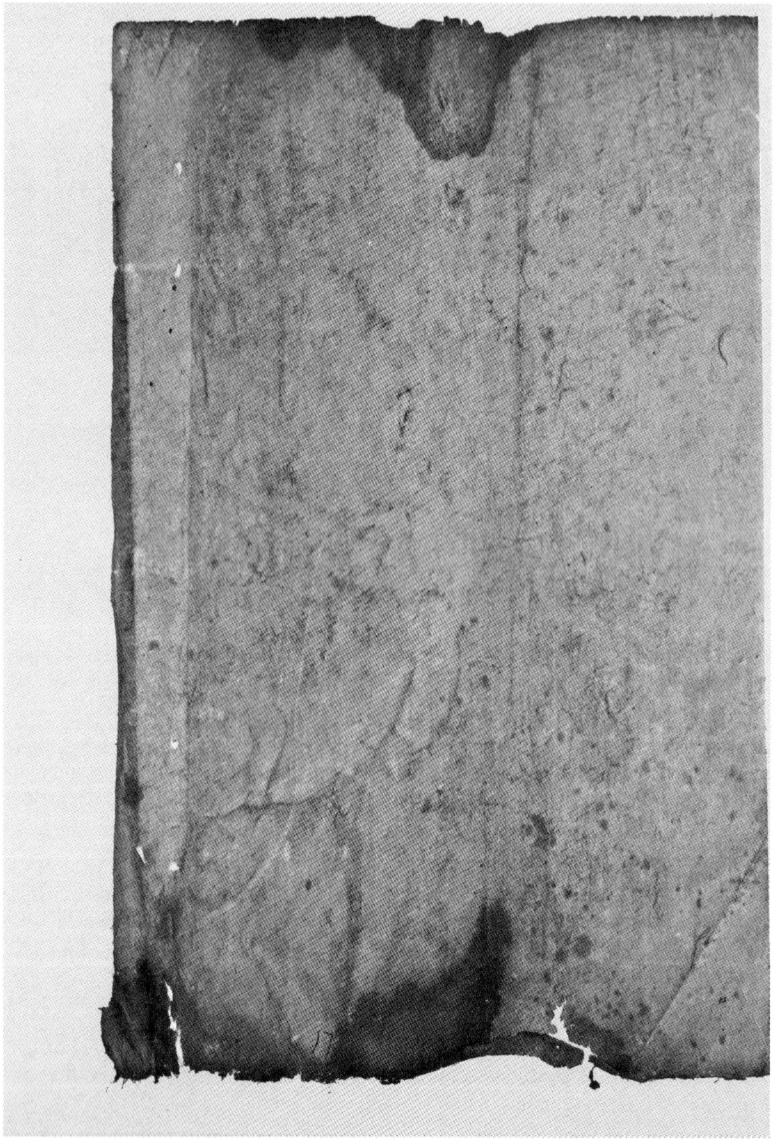

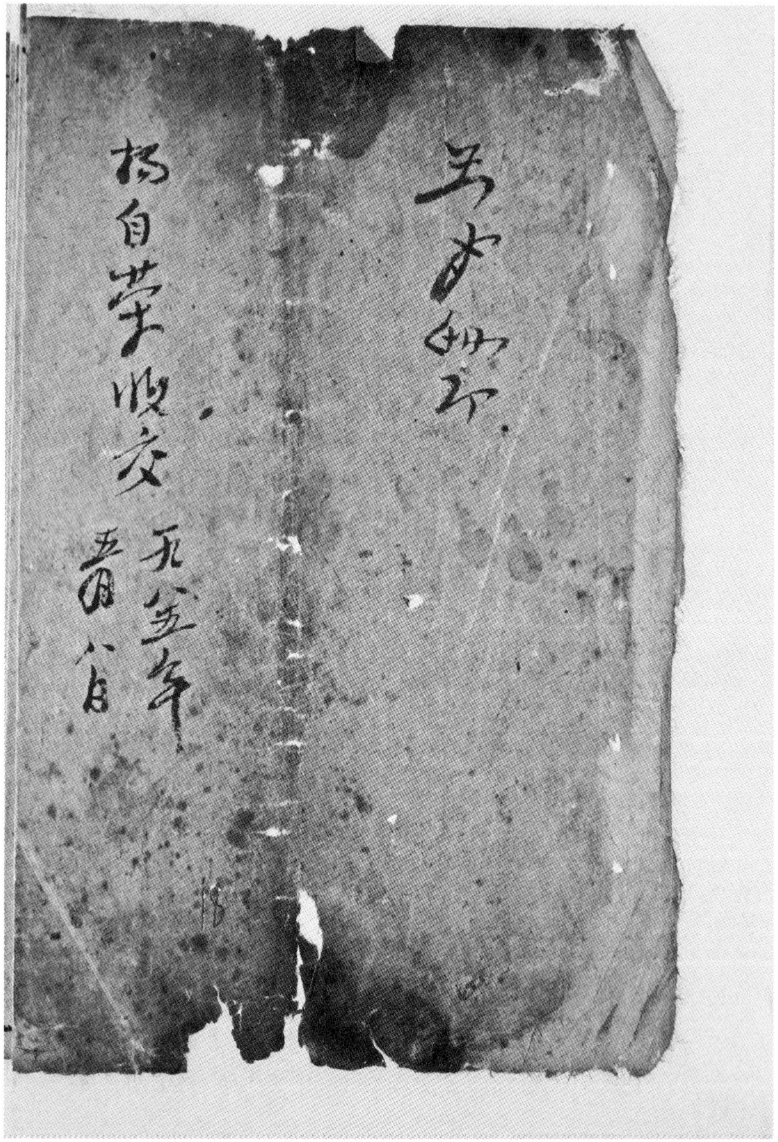

彝族六祖源流

《彝族六祖源流》，佚名著，清同治二年（1863年）抄本。存一卷，一册。页面高二十一厘米，广十点九厘米。半页六行，行十七至十八字。白口，无边栏。旧写本，本色，绵纸，线订册页装，墨书，有句读，标题有花边墨框。

彝族六祖源流

《彝族六祖源流》，佚名著，清同治二年（1863年）抄本。存一卷，一册。页面高二十一厘米，广十点九厘米。半页六行，行十七至十八字。白口，无边栏。旧写本，本色，绵纸，线订册页装，墨书，有句读，标题有花边墨框。

《彝族六祖源流》为彝族经典的历史典籍，流传于云南省武定县、禄劝县彝语东部方言彝区。全书内容分为前后两个部分，前一部分叙述了天地、万物从混沌中孕育产生，人类从万物进化中诞生。人类诞生后历经与群兽无异的时代，然后进入母系时代，再由母系社会进入到父系社会，接着重点记述了彝族共祖阿普笃慕如何成为部族首领，笃慕六子分支（彝族六祖分支）成为武、乍、尼、恒、布、默六大氏族。后一部分分别叙述“六祖分支”以后各部繁衍发展、开拓迁徙的历史。突出记录了各大氏族的发展、迁徙活动。是书充分反映了彝族宇宙观和唯物史观，明确记录了彝族人文共祖笃慕及其六子活动的真实境况，是研究彝族历史的重要彝文文献证据，若与汉文文献及考古资料相结合，上溯下疏，即能客观把握彝族历史发展的主干脉络。因典籍为默氏族彝族纳苏人毕摩所撰写和传承，书籍分叙各部历史的时候未曾遵循长幼次序，而是将默部排在前面，对各部历史的记录也是各有详略，布、默两部记录较详，其他四部相对简略。可供研究彝族历史与哲学参考。

云南省楚雄彝族文化研究院藏。国家珍贵古籍名录号09727。

彝族六祖源流

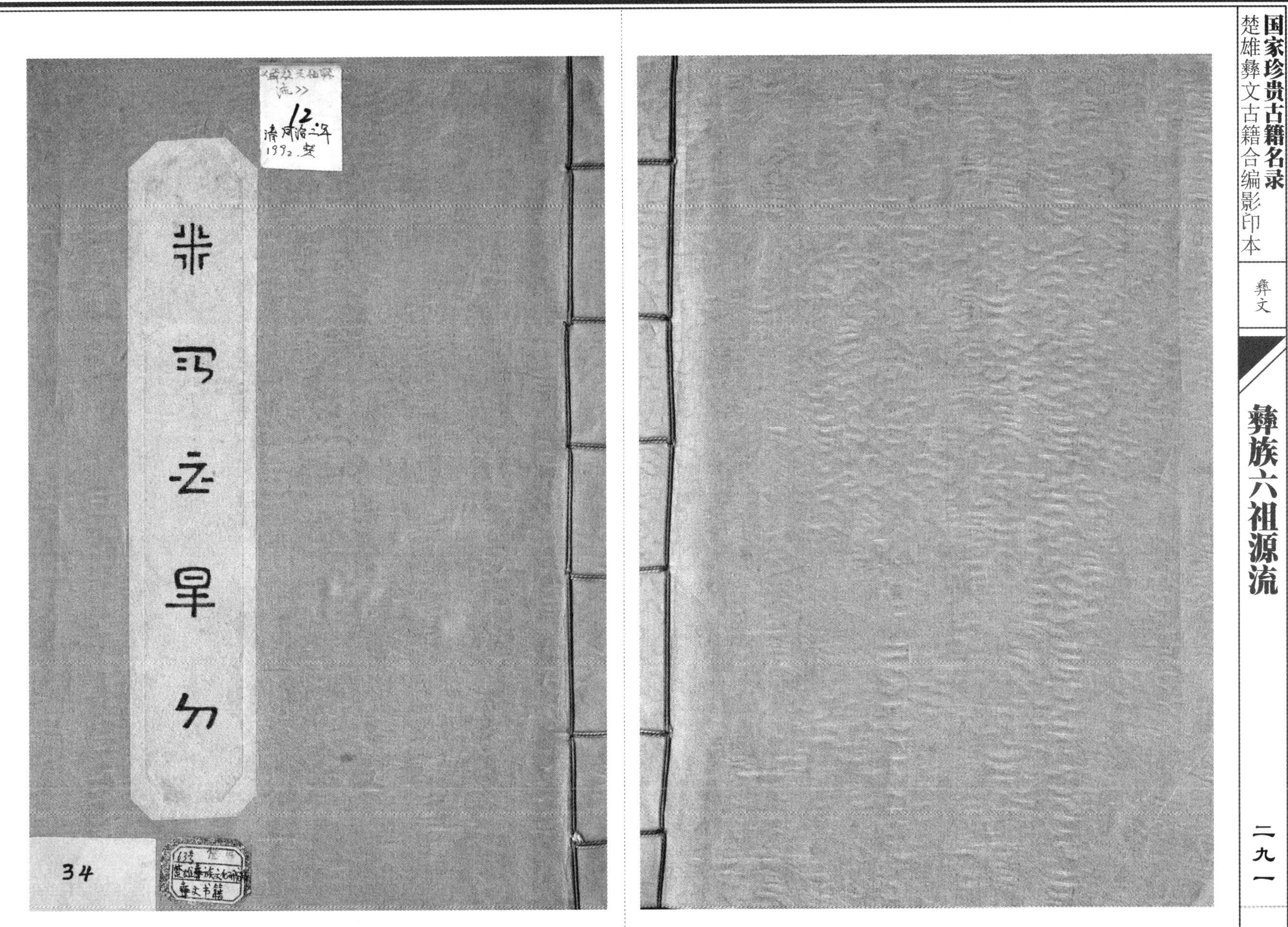

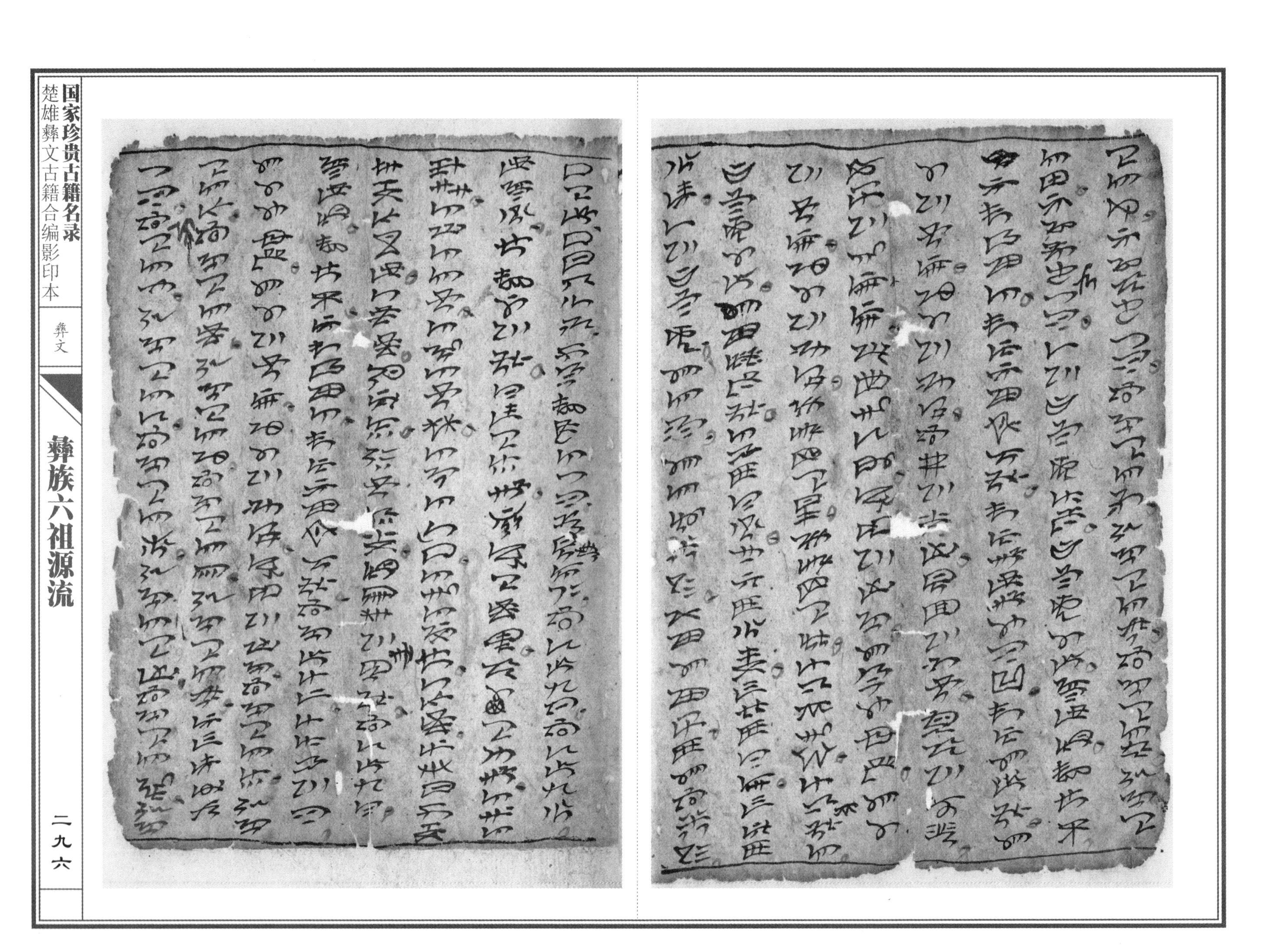

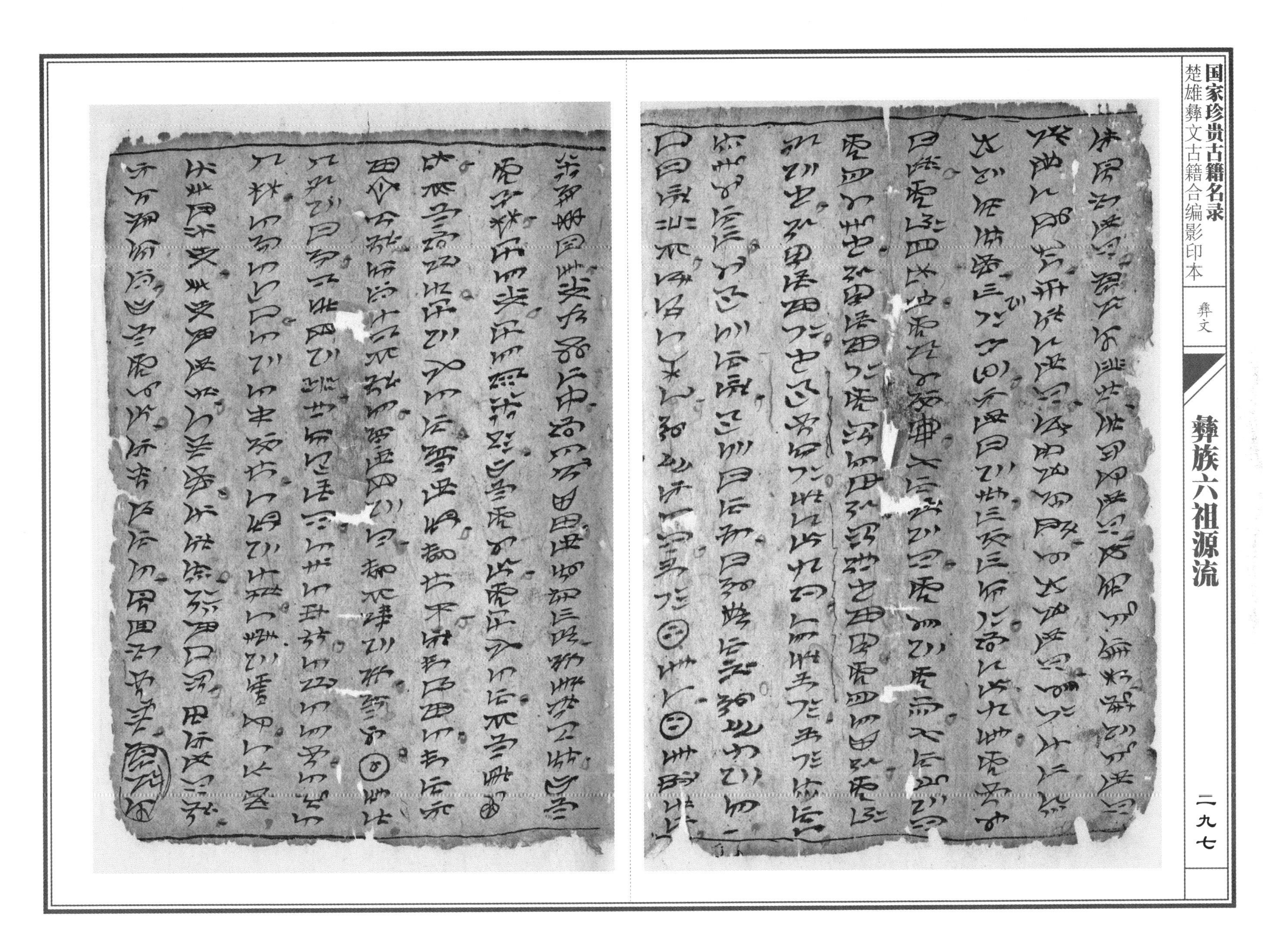

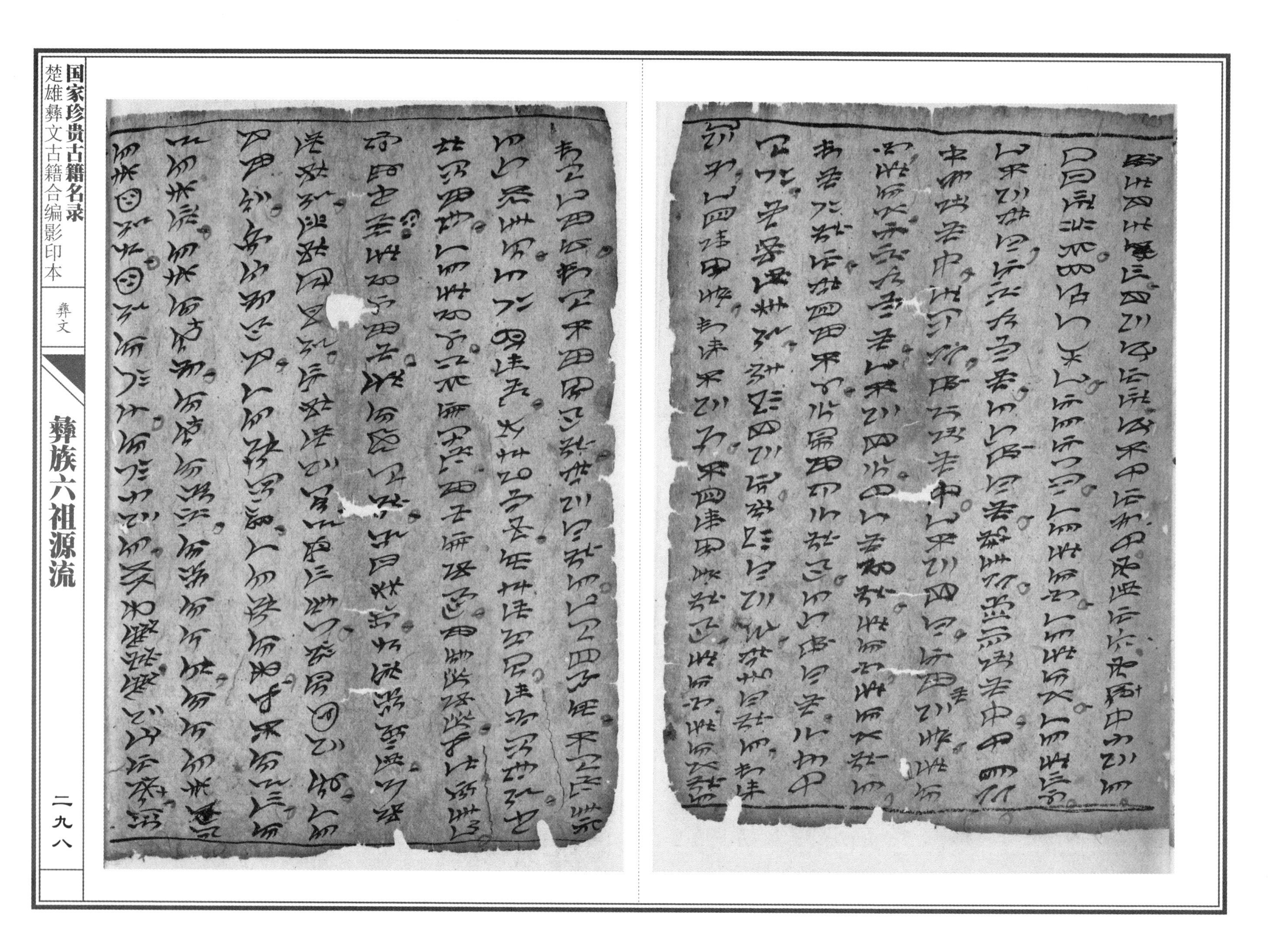

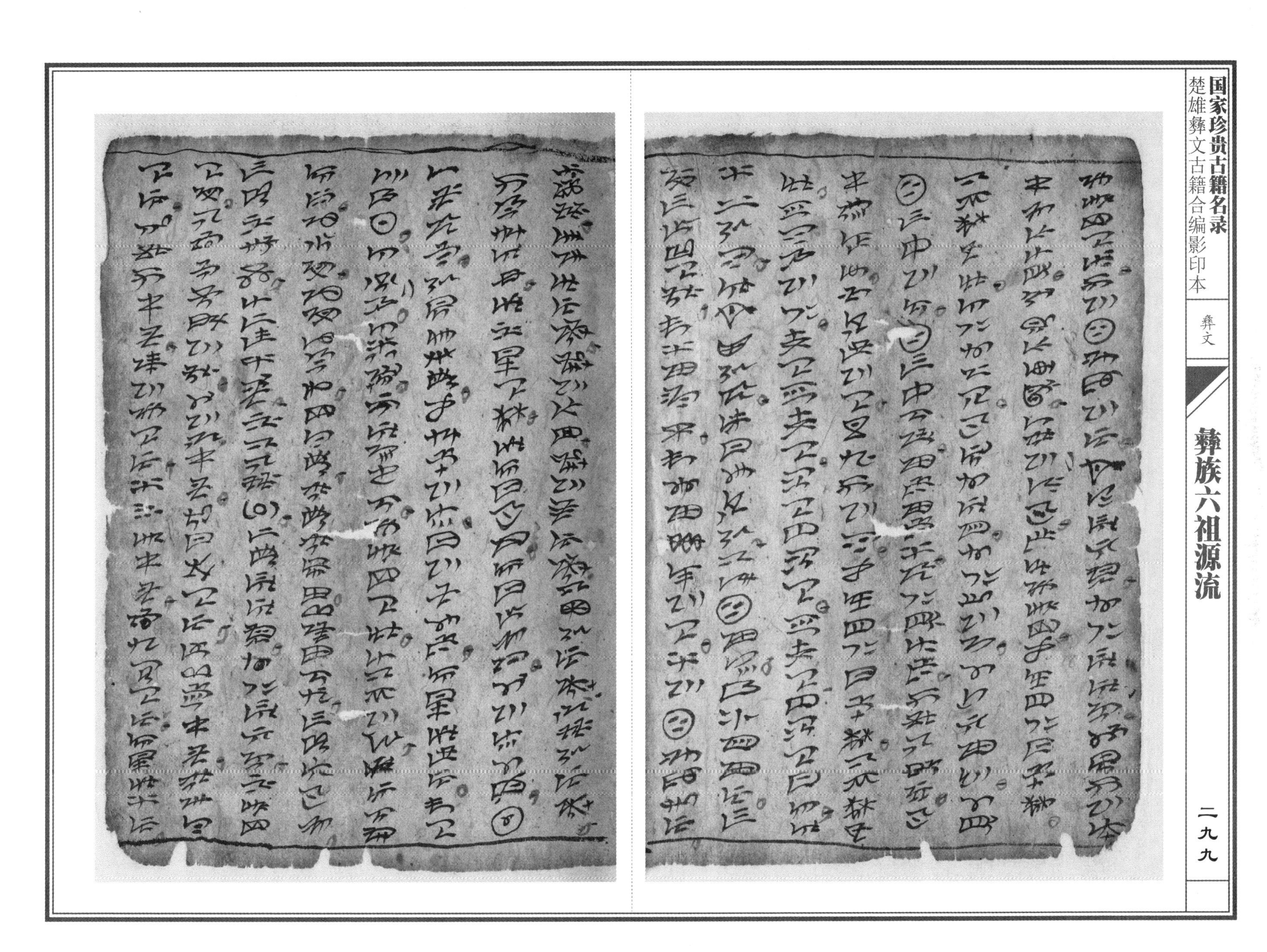

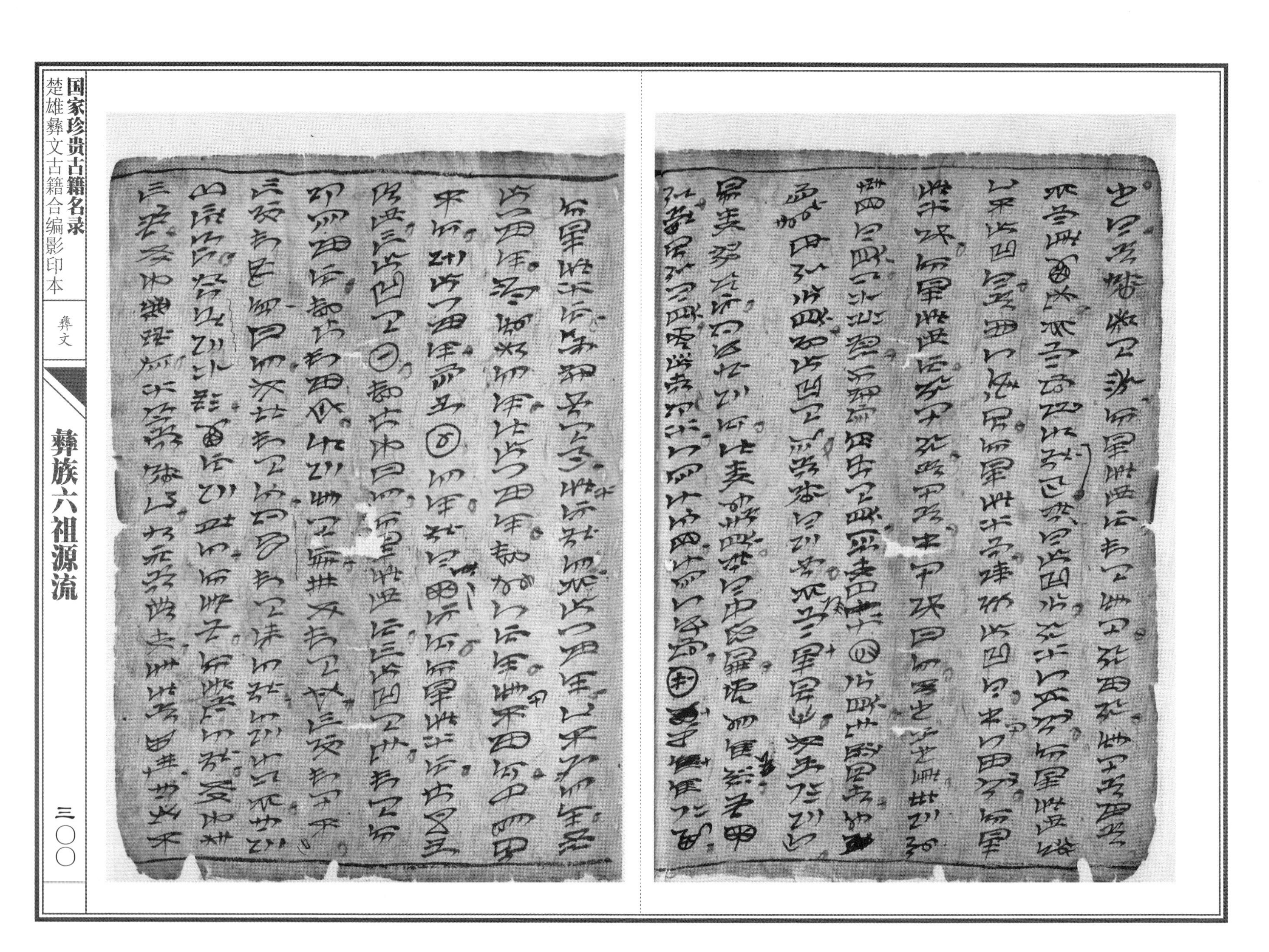

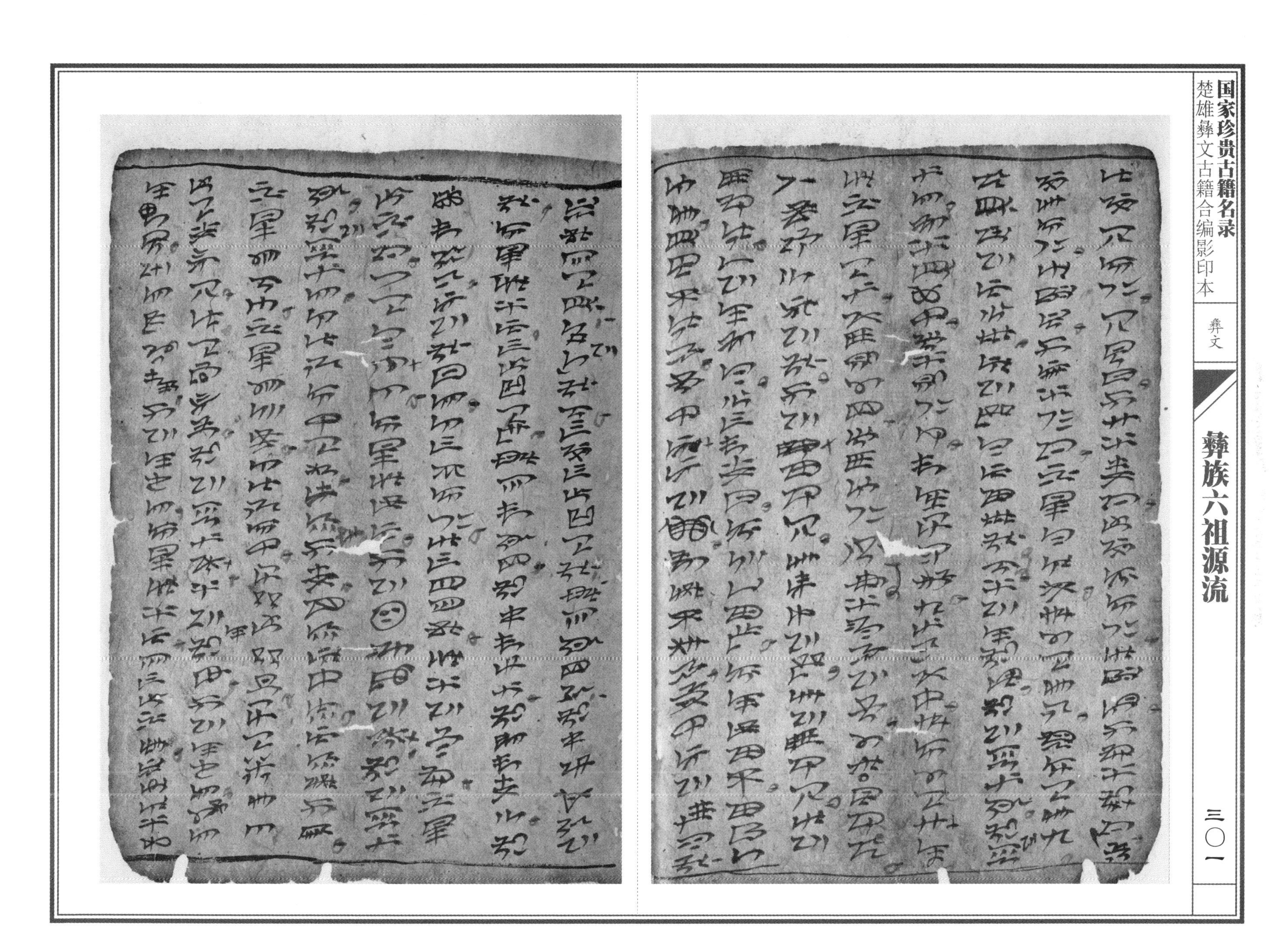

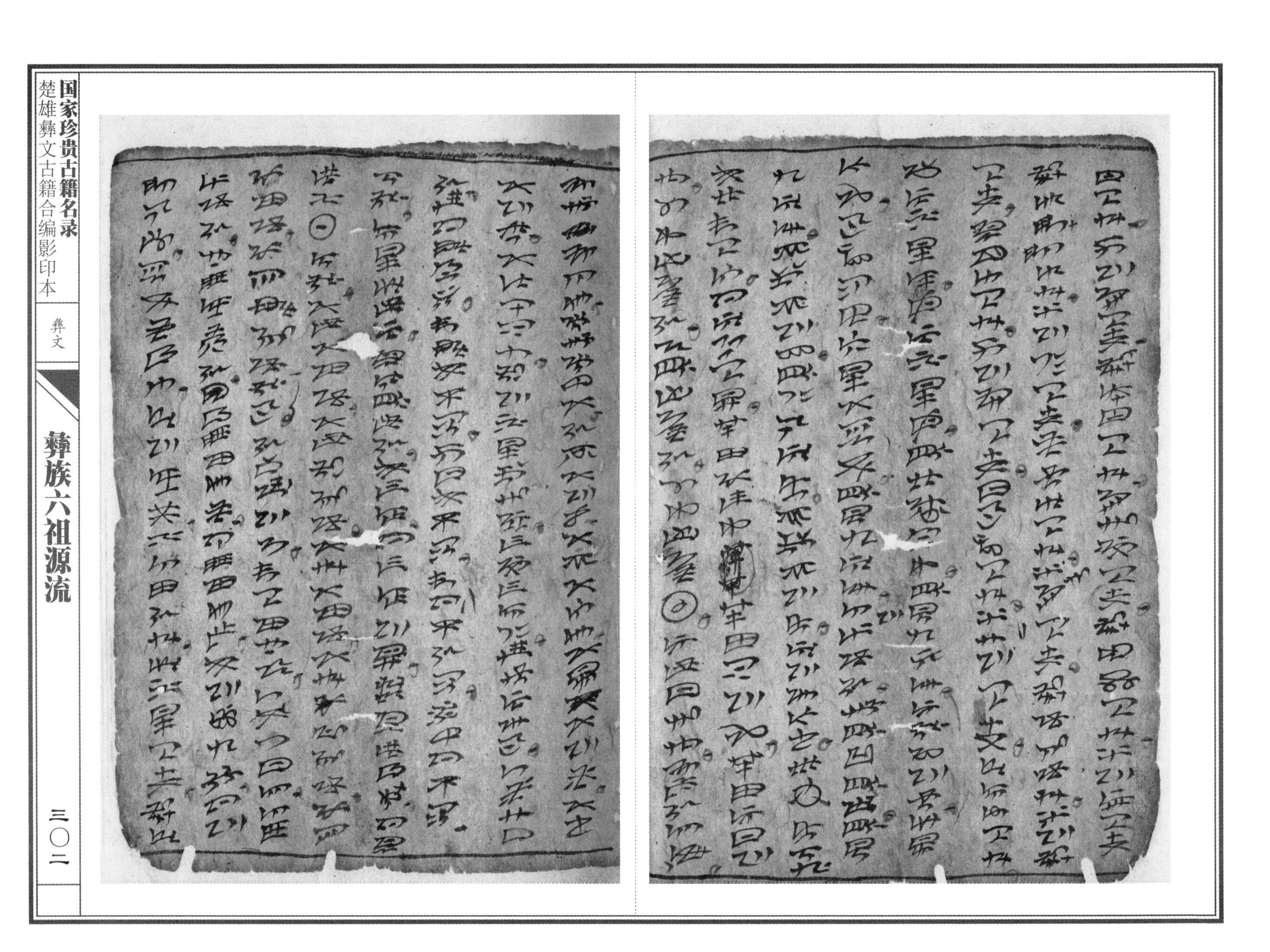

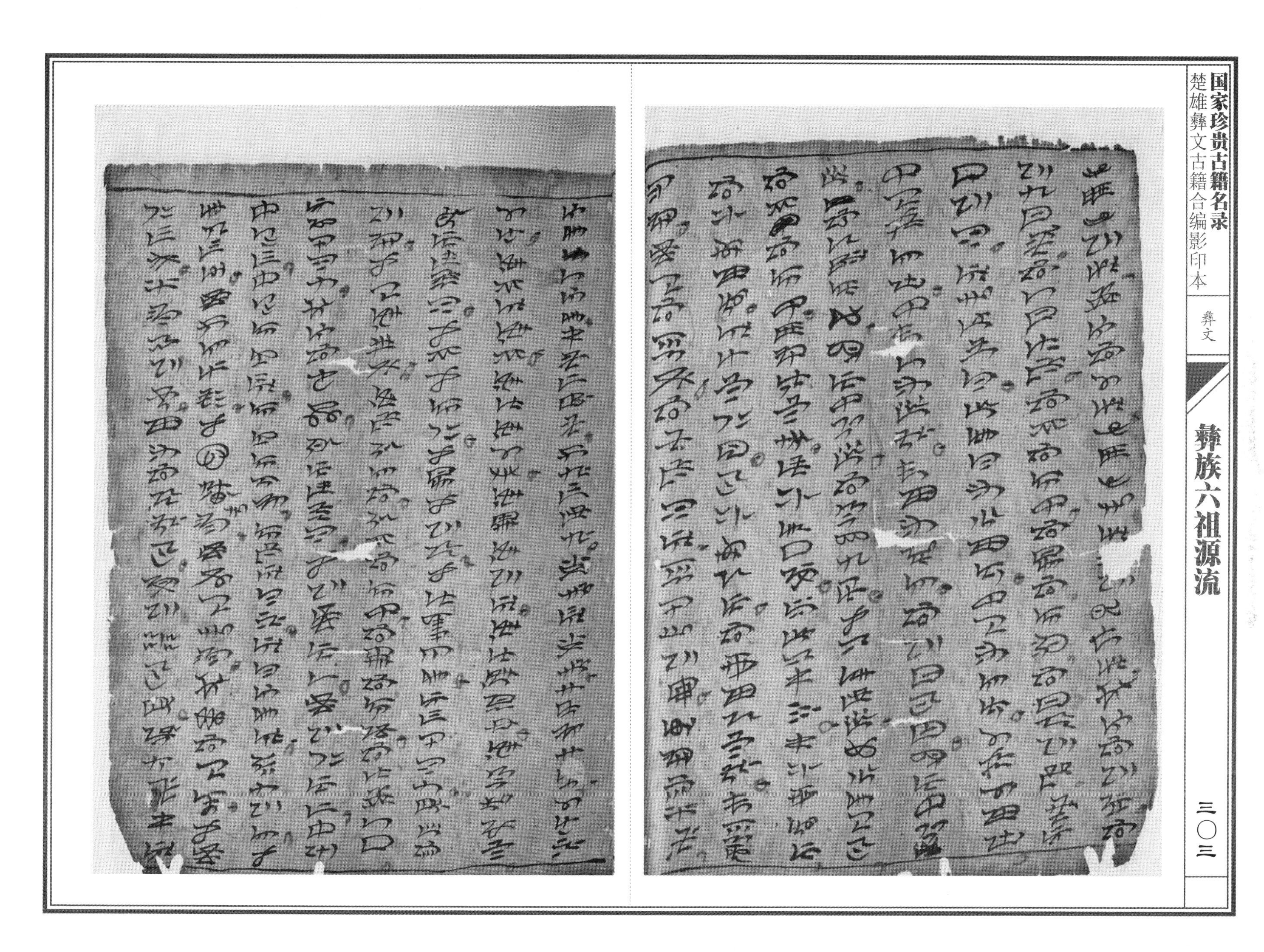

彝族六祖源流

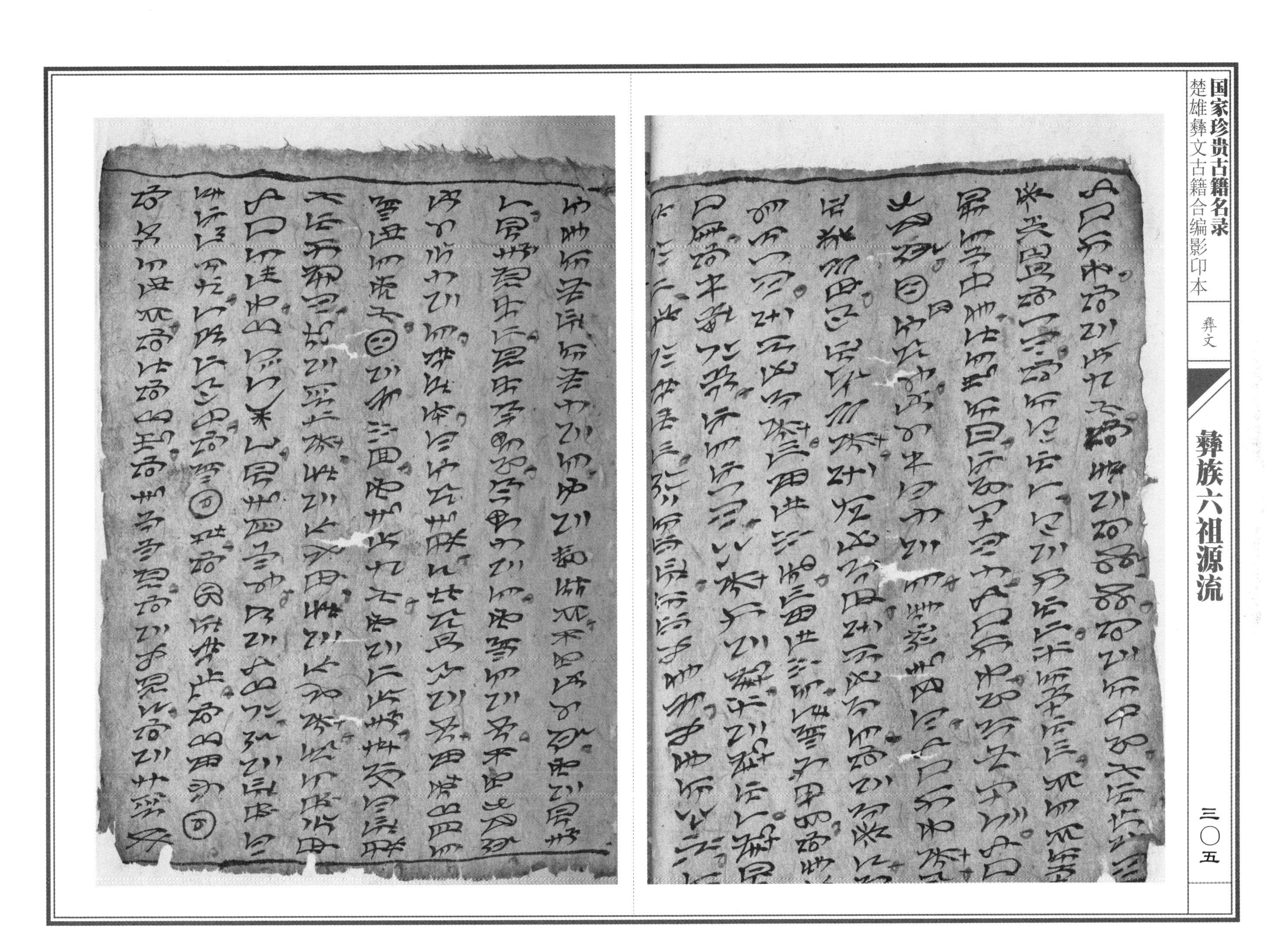

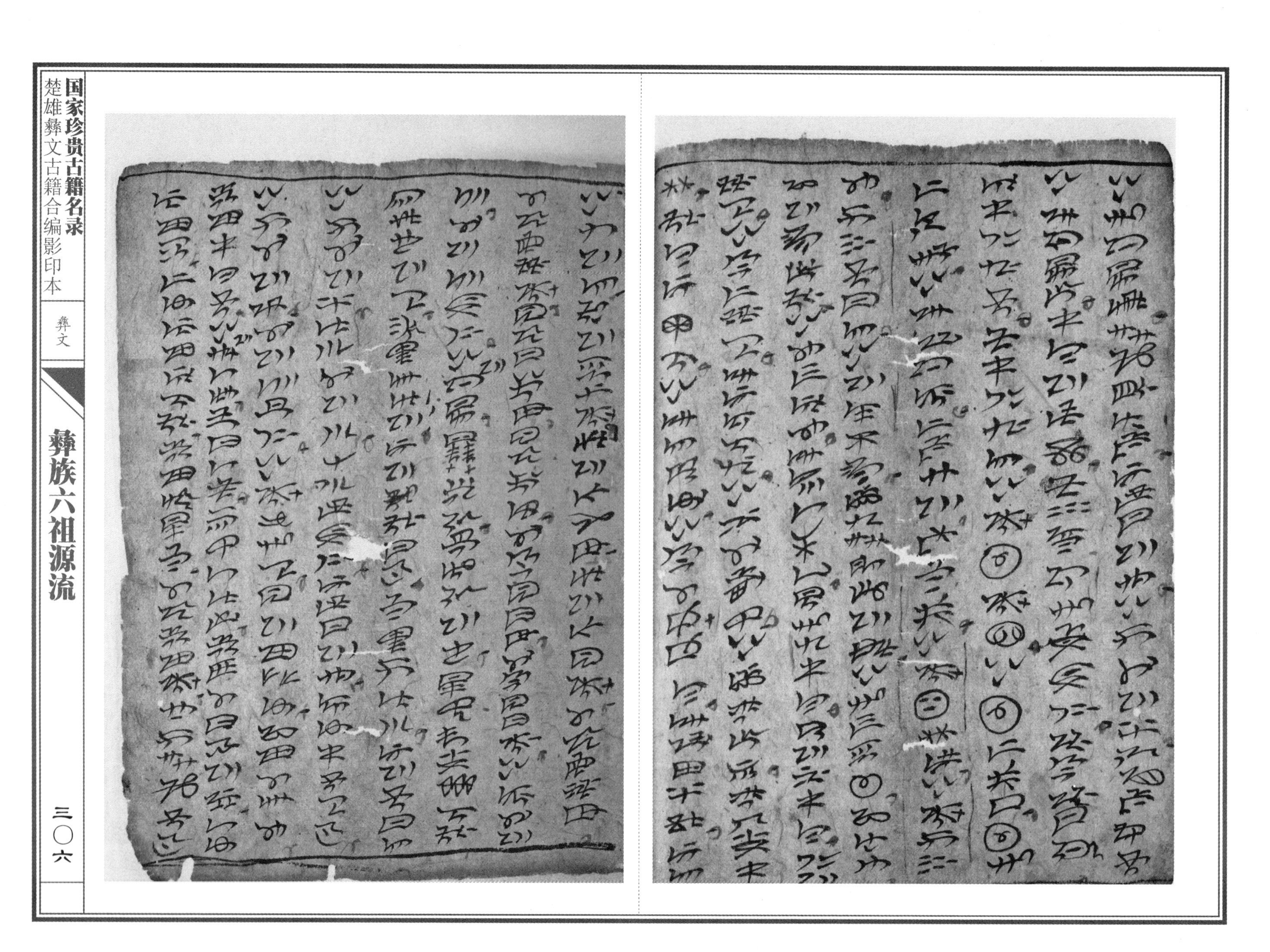

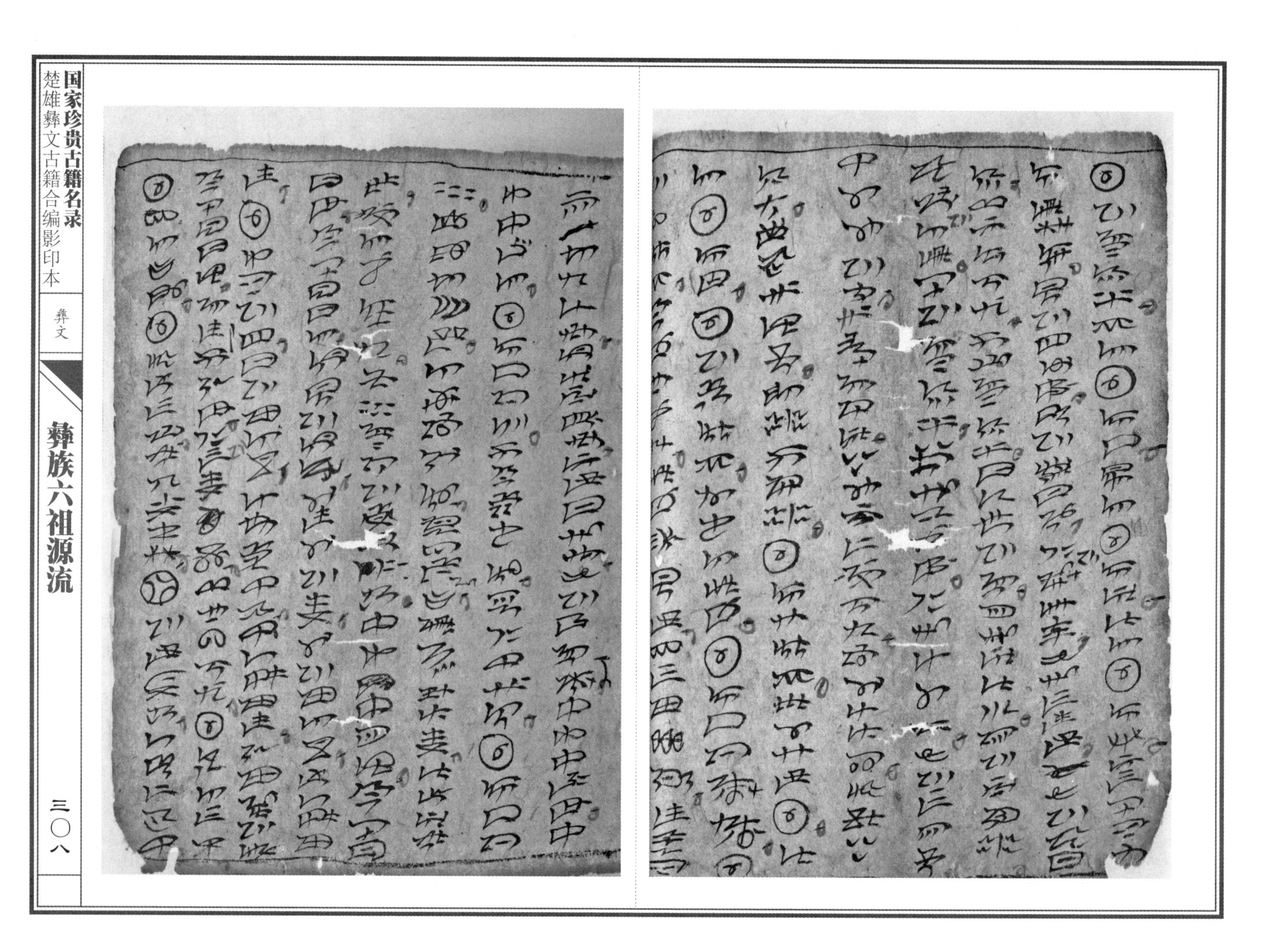

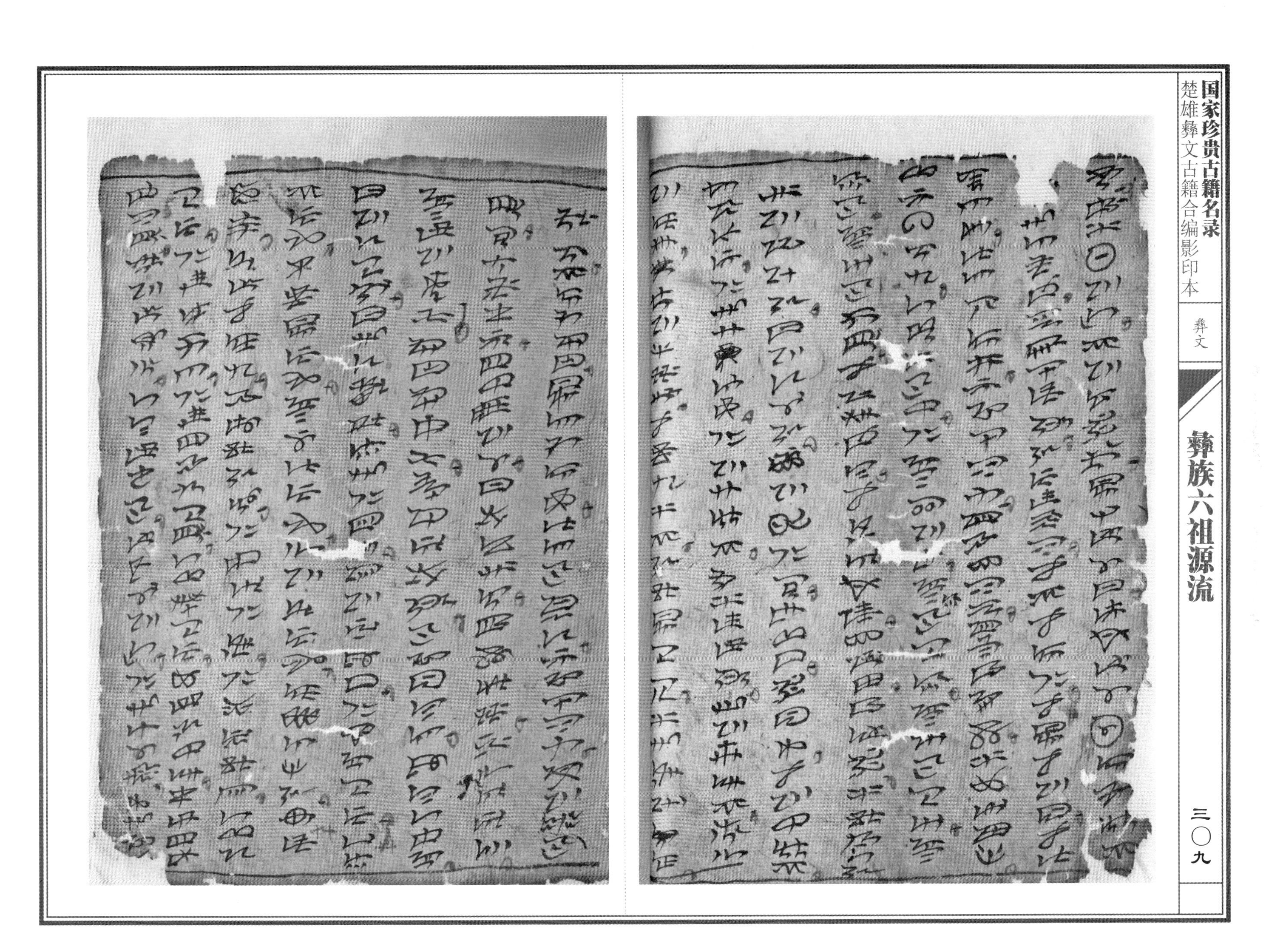

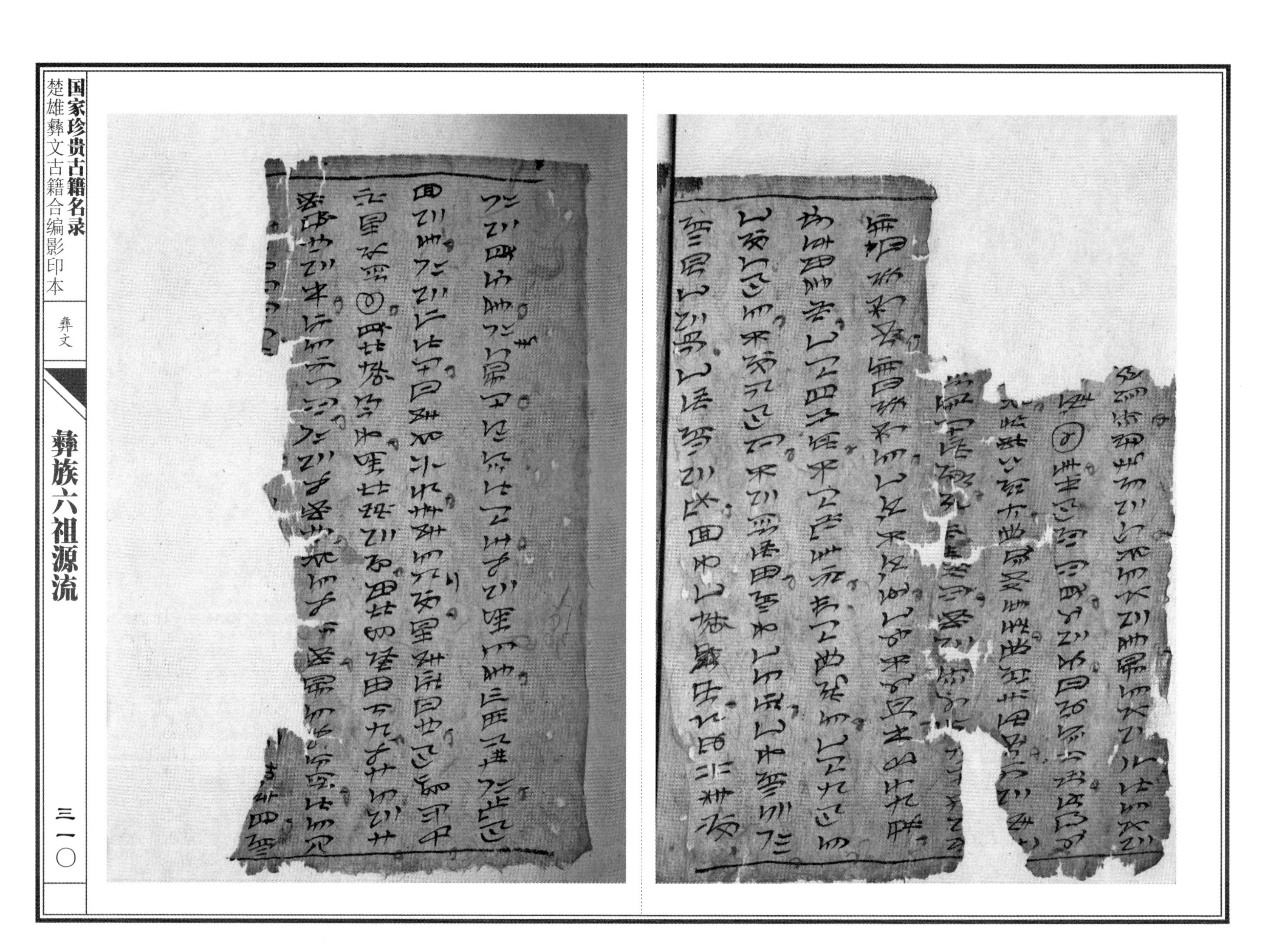

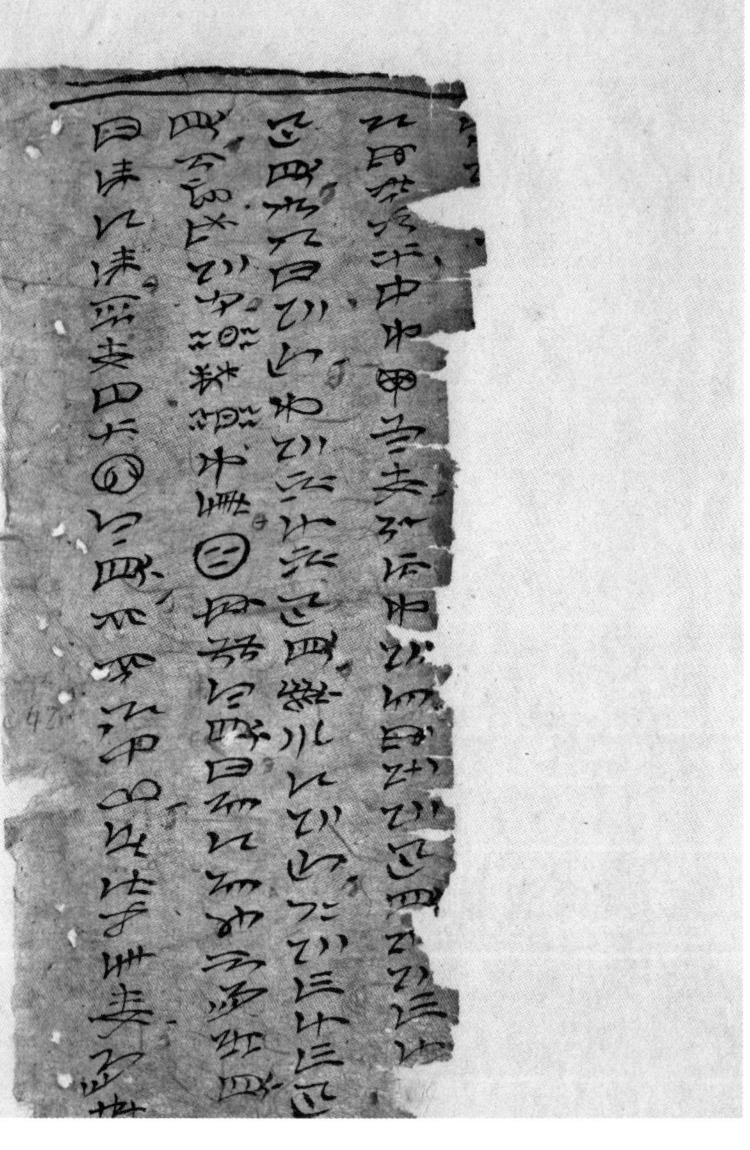

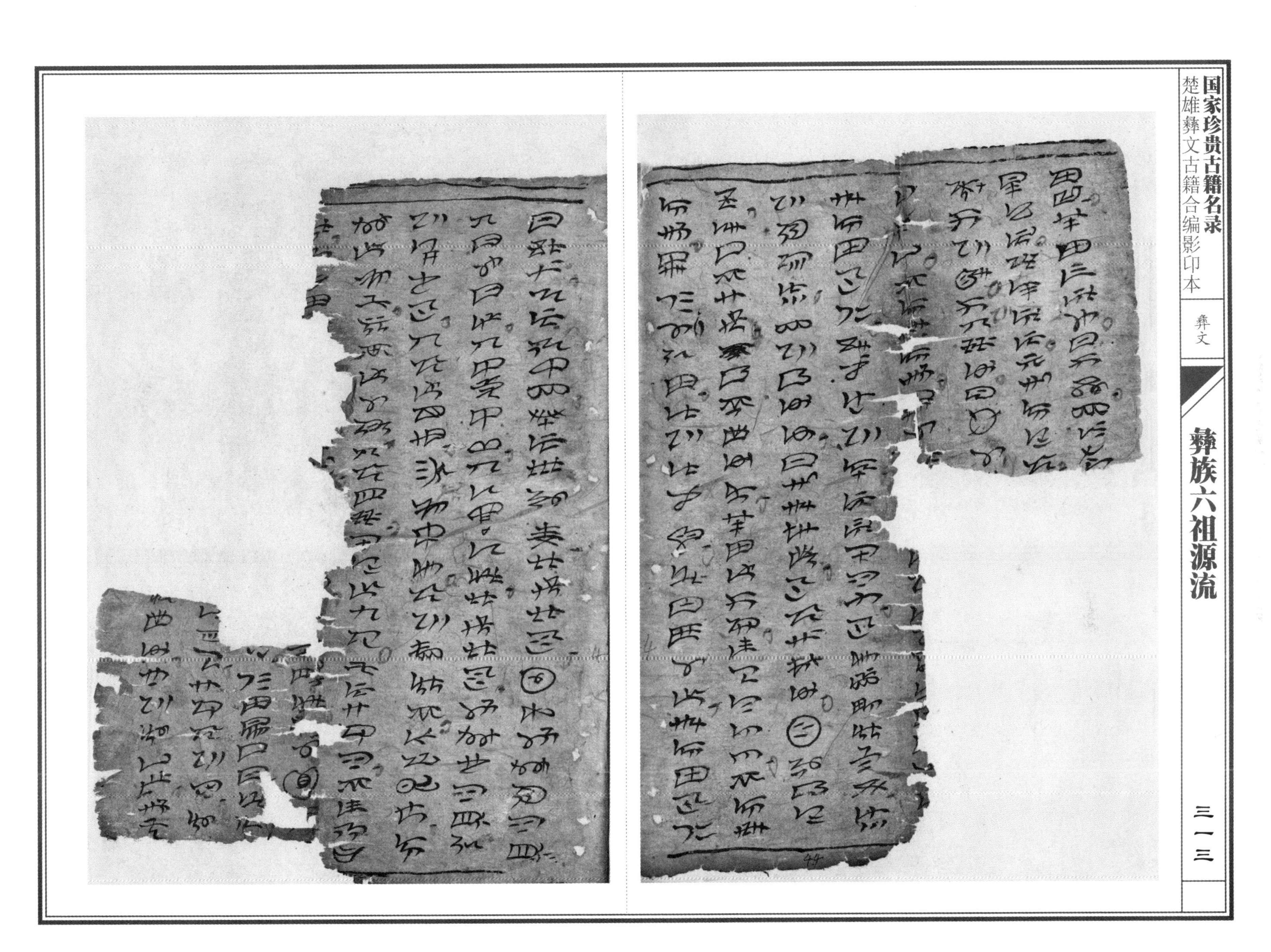

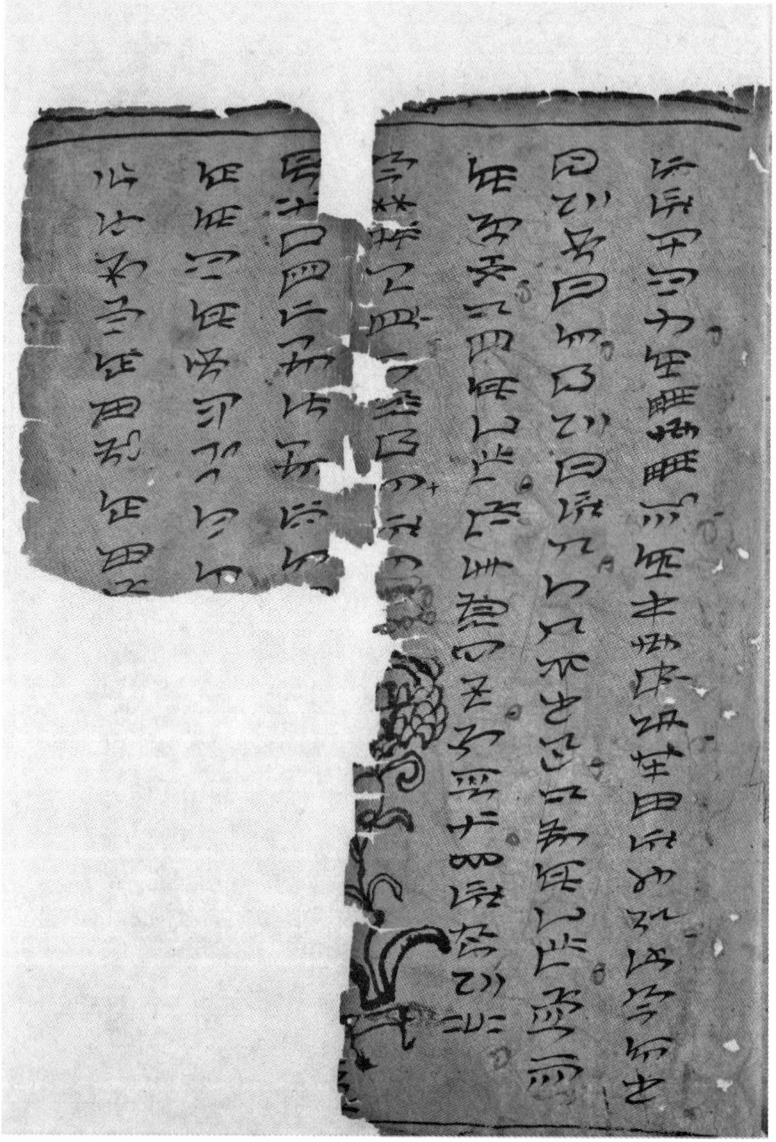

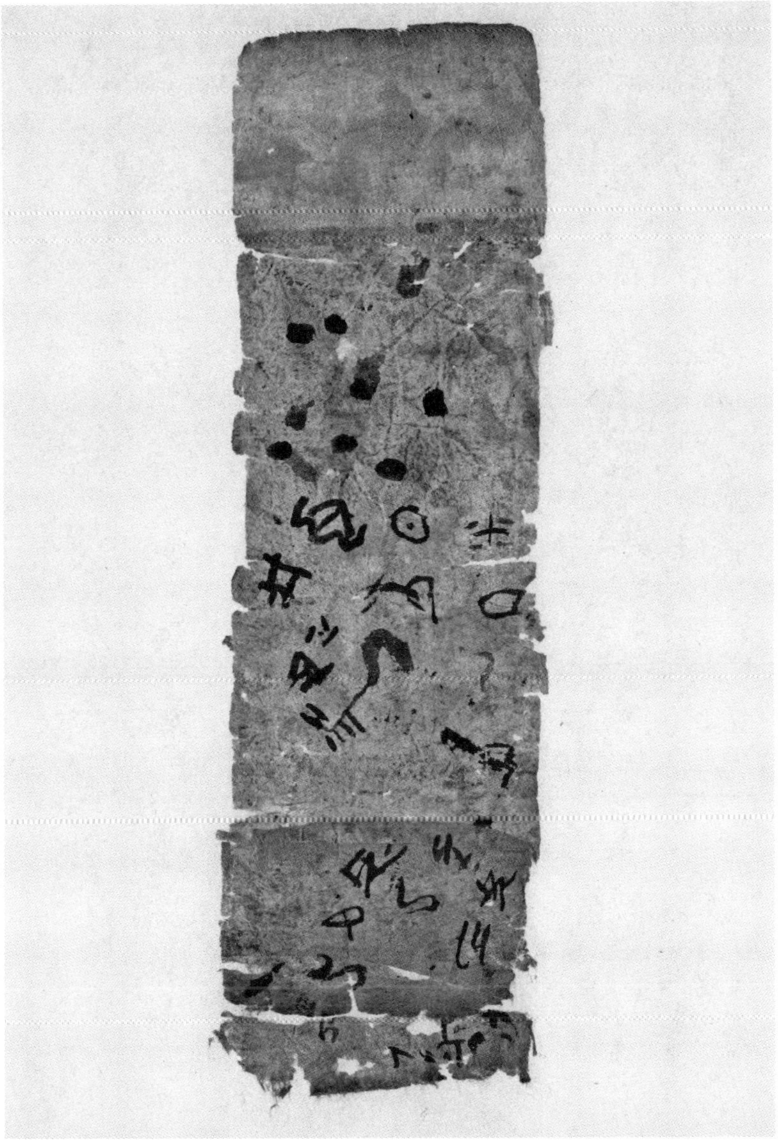

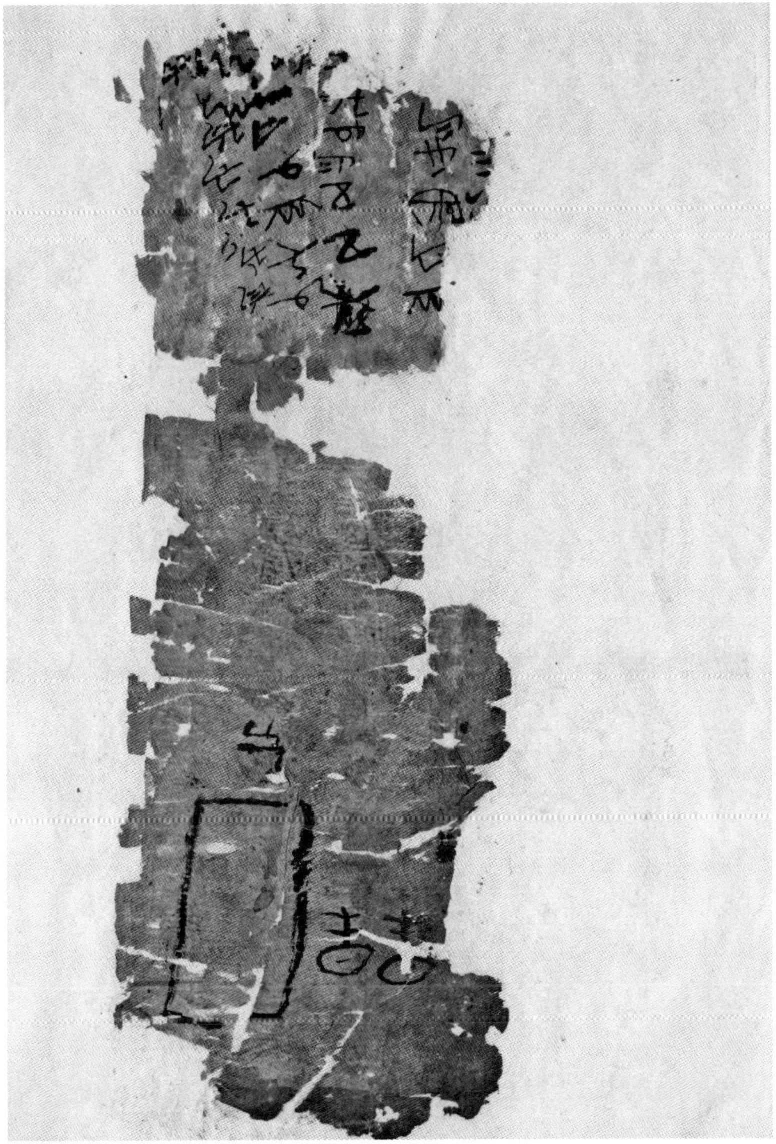

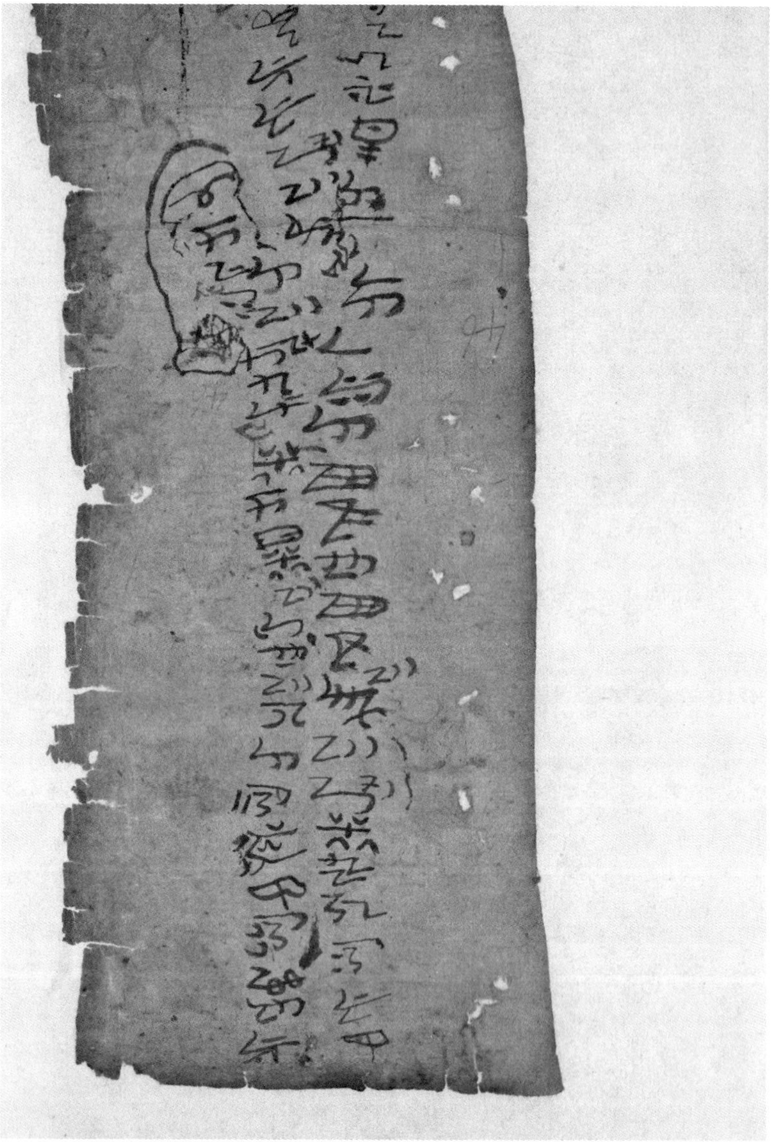

指路经（道光十年）

《指路经》，佚名著，清道光十年（1830年）抄本。存一卷，一册。页面高二十六点五厘米，广十八点八厘米。半页八行，行十六至十七字，白口，无边栏。回写本，本色，绵纸，有朱色句读及段落标记符号。

指路经（道光十年）

《指路经》，佚名著，清道光十年（1830年）抄本。存一卷，一册。页面高二十六点五厘米，广十八点八厘米。半页八行，行十六至十七字，白口，无边栏。旧写本，本色，绵纸，有朱色句读及段落标记符号。

《指路经》又译《教路经》。彝族丧葬仪式经书，系云南省武定县高桥一带彝族的指路经书。《指路经》是彝族祭师毕摩在丧葬祭礼中举行指路仪式指引和教导亡灵回归祖界也就是祖先发祥地的经书，灵魂不灭和送灵归祖是其核心内容，一站接一站的亡灵回归祖界地名是彝族迁徙的清晰路线图。彝族原始宗教灵魂观认为人有三魂，人一旦去世，灵魂其一经祭奠附于灵牌在家堂享受供奉；其二随灵柩到坟山守望坟茔；其三经指路祭仪，回归祖先发祥地。《指路经》说："人死不指路，不知祖先发祥地，不能与祖先团聚；人死毕摩指路，回归道路明朗朗，高高兴兴回到祖先身旁。"是书为现今居住武定县高桥镇老滔一带彝族指引亡灵回归祖先发祥地的经书。其路线为稍歹考山—昂吐歹山—显都山—以地利岭—云龙歹锁—罗尼山—和曲村—撒洪山—昂更恒姆—笃乌涛歹—洪克已普—备古景嘎—扫书赛嘎—维乃更普—采尼更金—直吐达姆—旦纳书确—矣蚩都—珠曲枯子额山崖—资吐俄阔—祖界。至此已是祖先发祥地，也是彝族子裔亡逝后回归与祖先相见的团聚地。教导彝族子裔切记准确找到自己安栖的位置。《指路经》是研究彝族历史源流、彝族迁徙史、彝族宗教文化、西南彝族古地名的重要彝族文献史料。

云南省楚雄彝族文化研究院藏。国家珍贵古籍名录号09722。

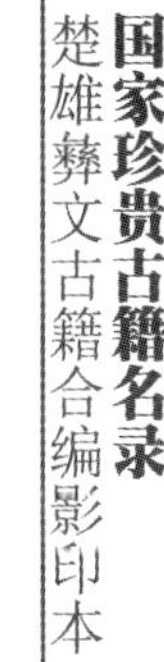

《指路经》
清道光十年
11.
第三批国家珍
贵古籍名录

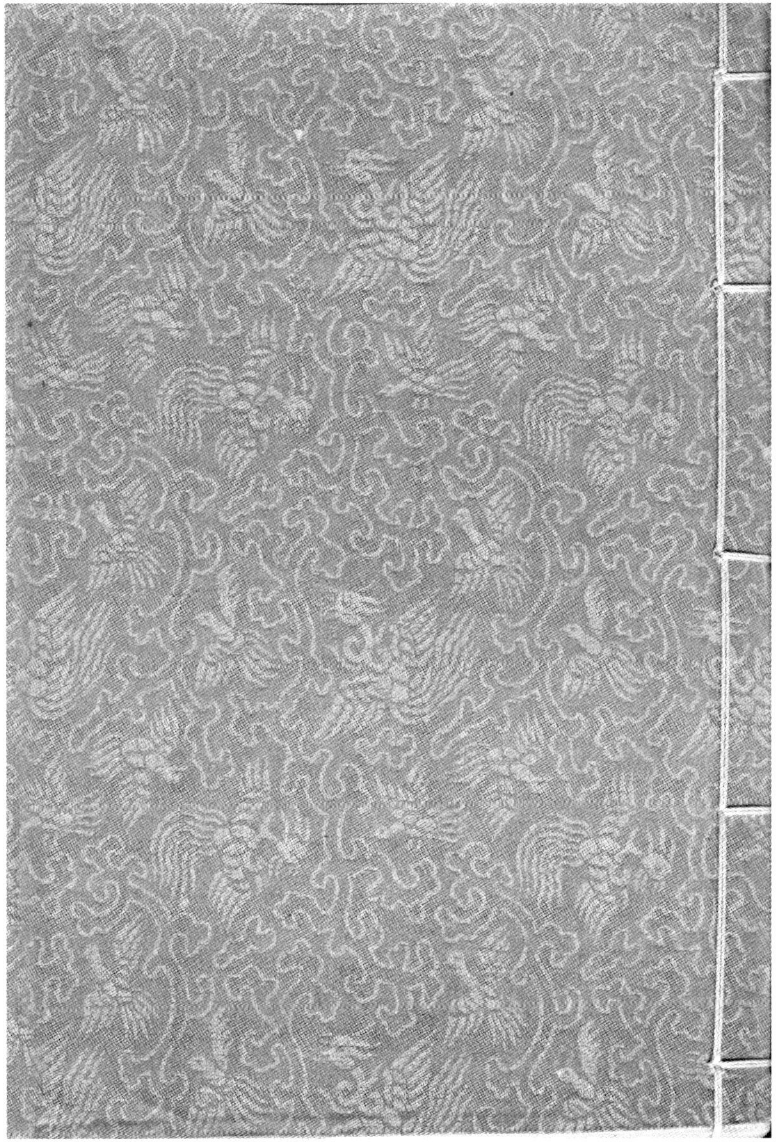

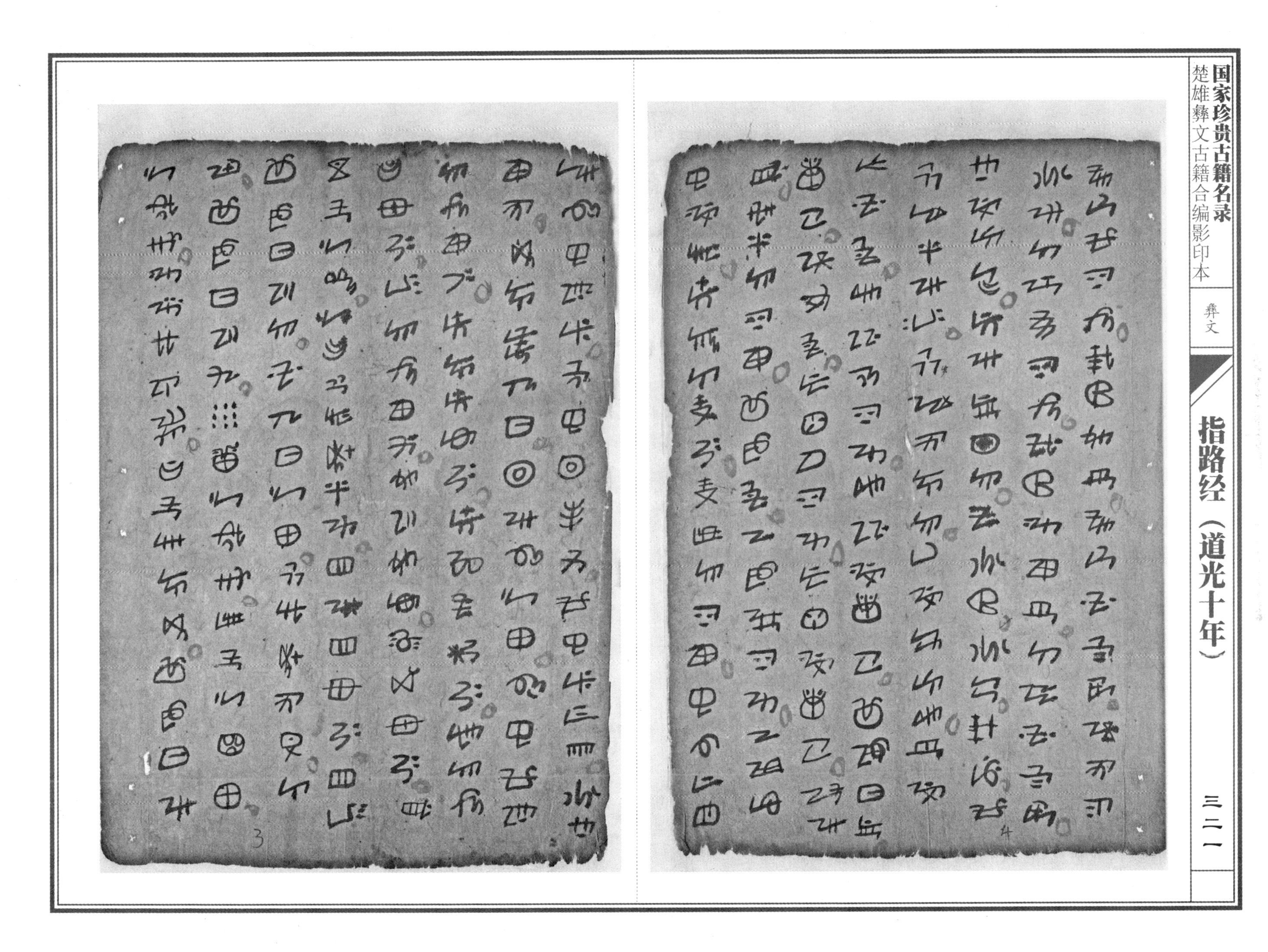

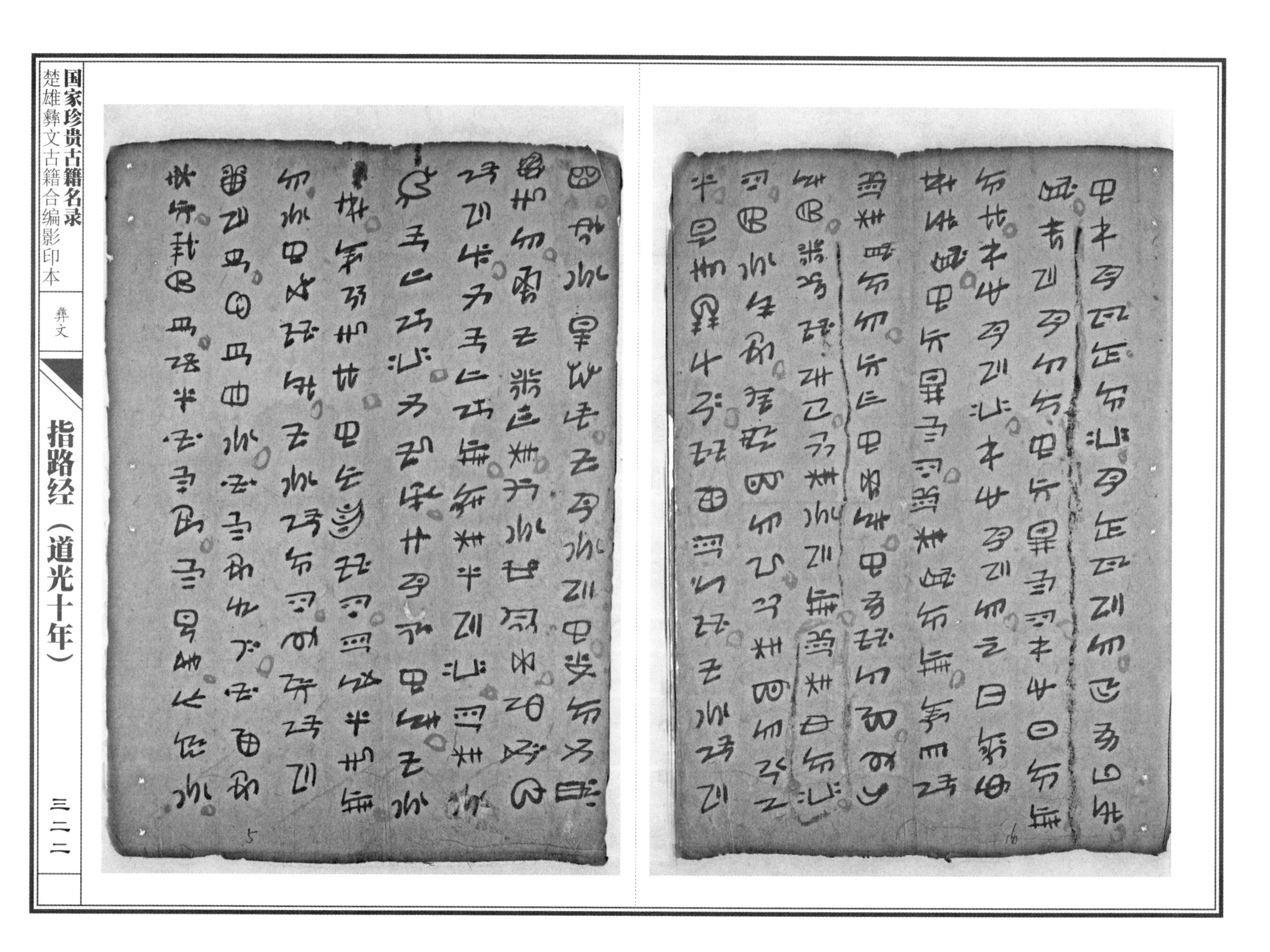

指路经（道光十年）

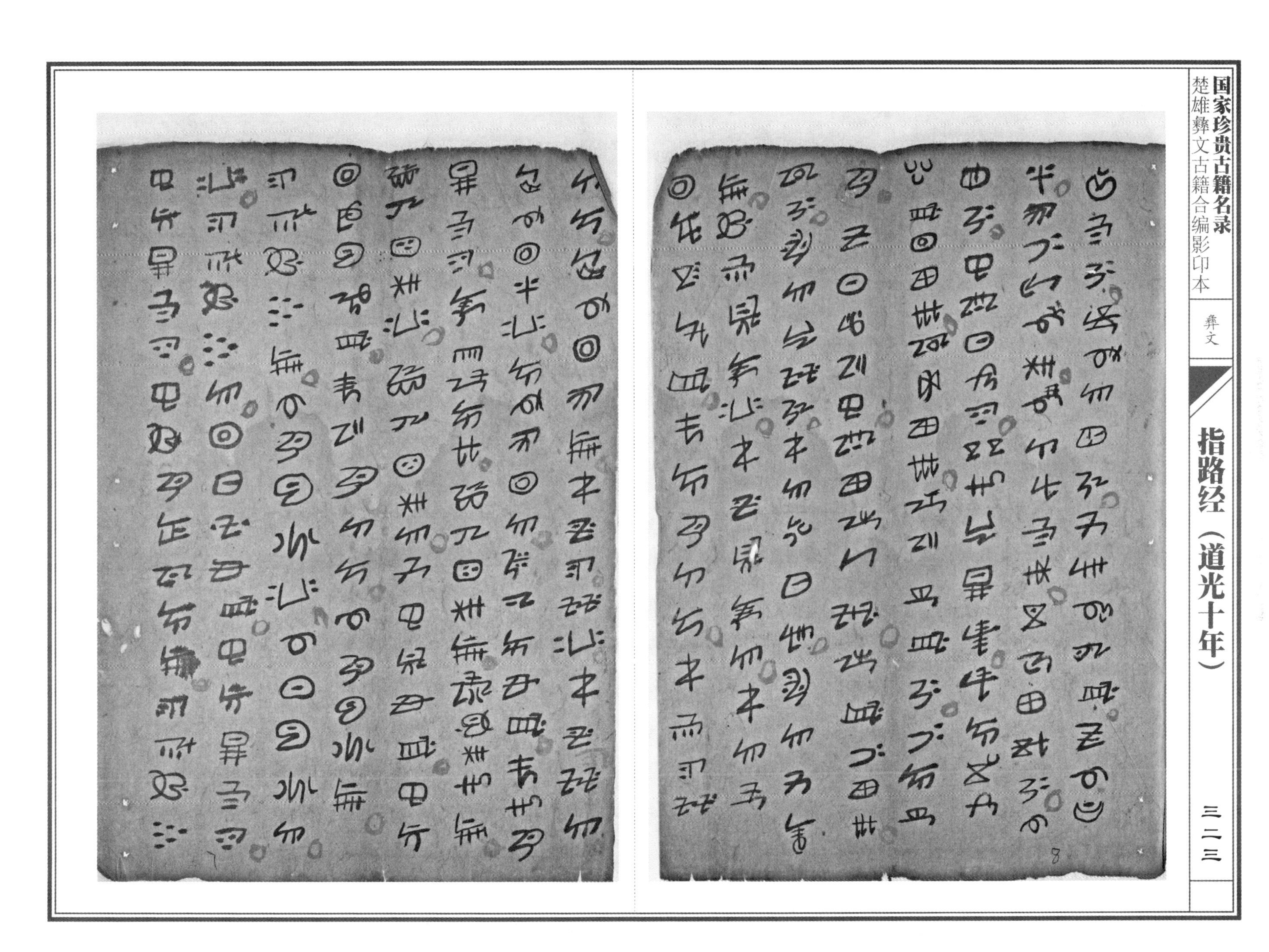

指路经（道光十年）

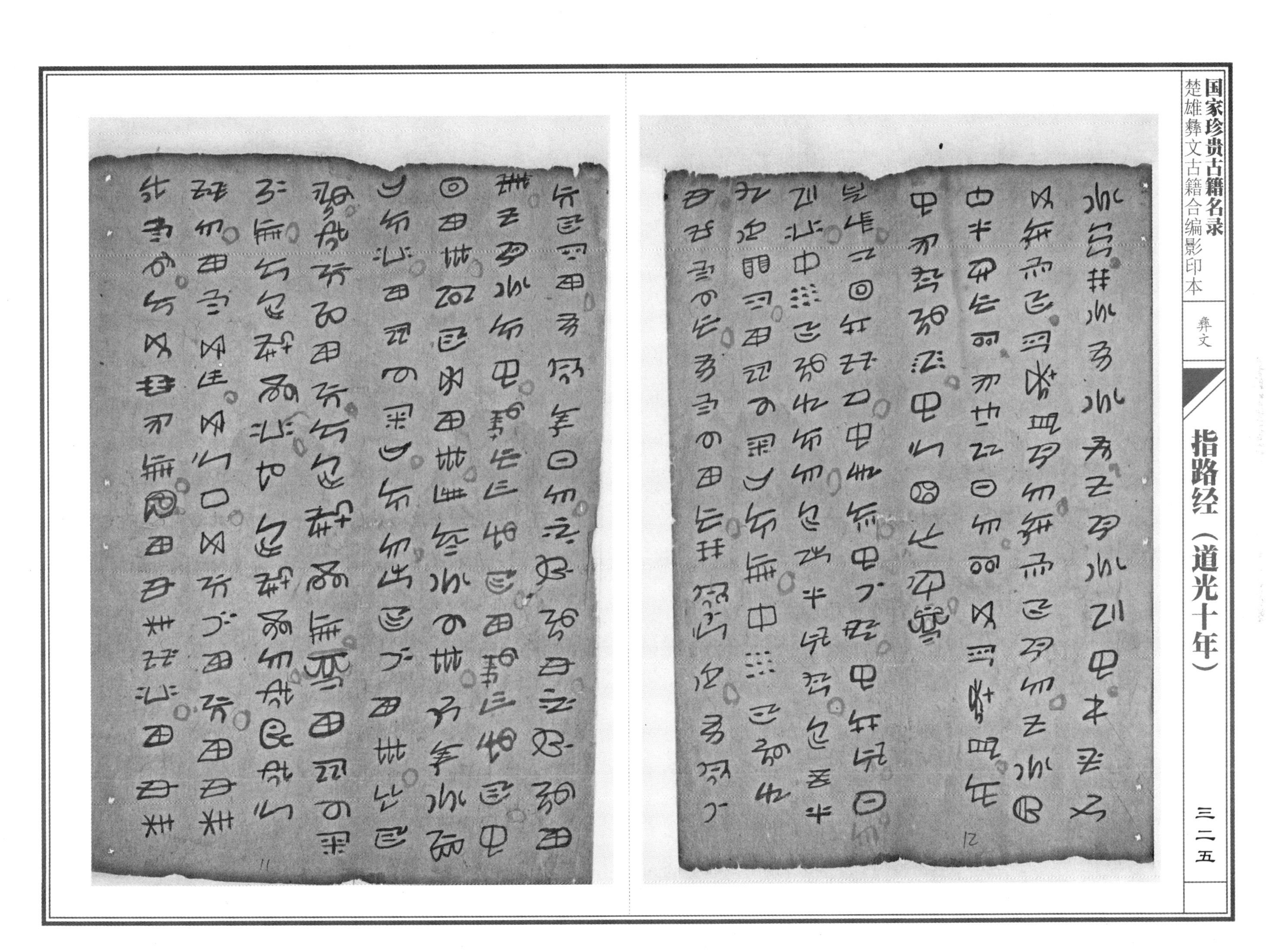

指路经（道光十年）

11

12

指路经（道光十年）

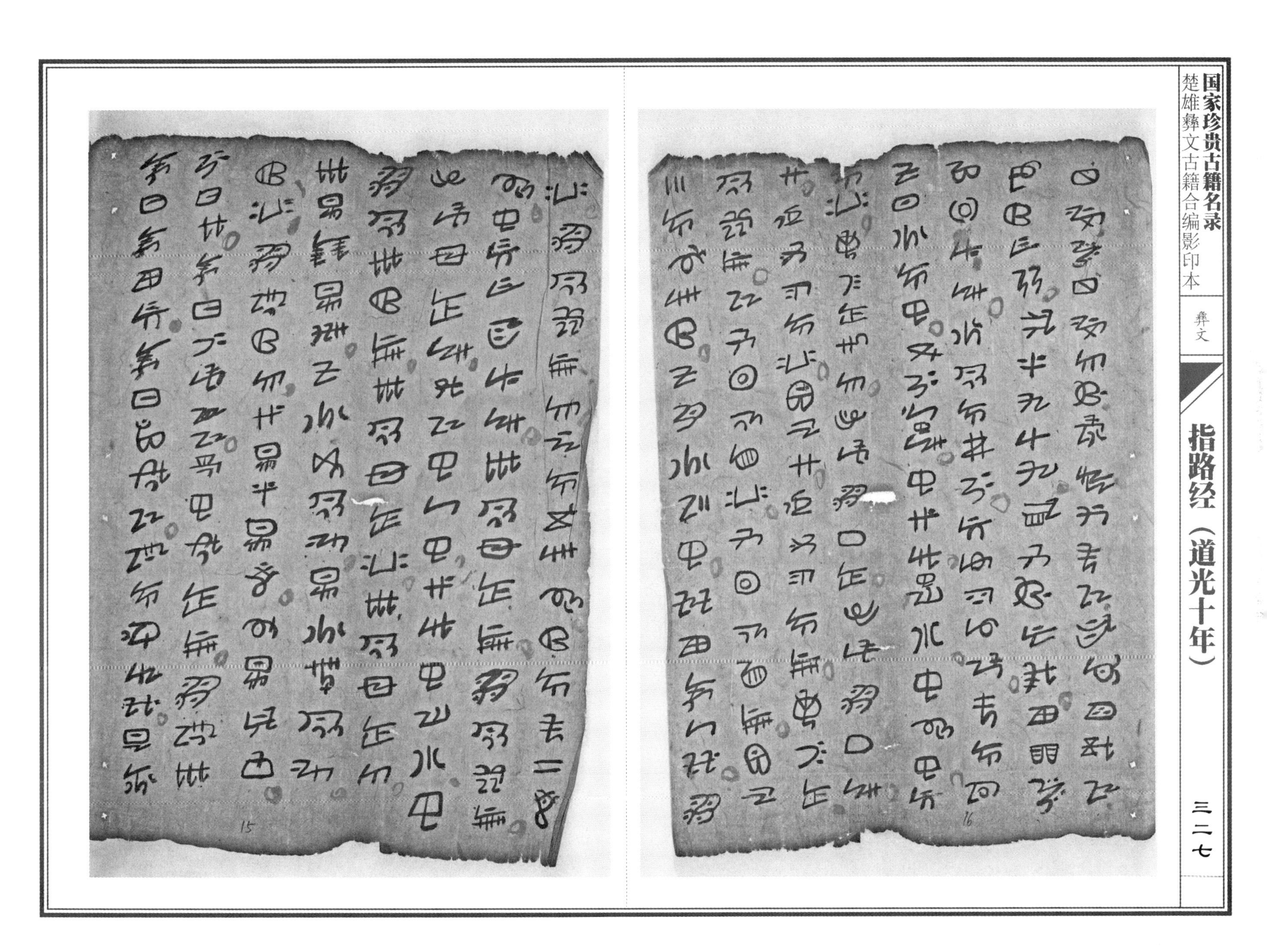

指路经（道光十年）

15

16

指路经（道光十年）

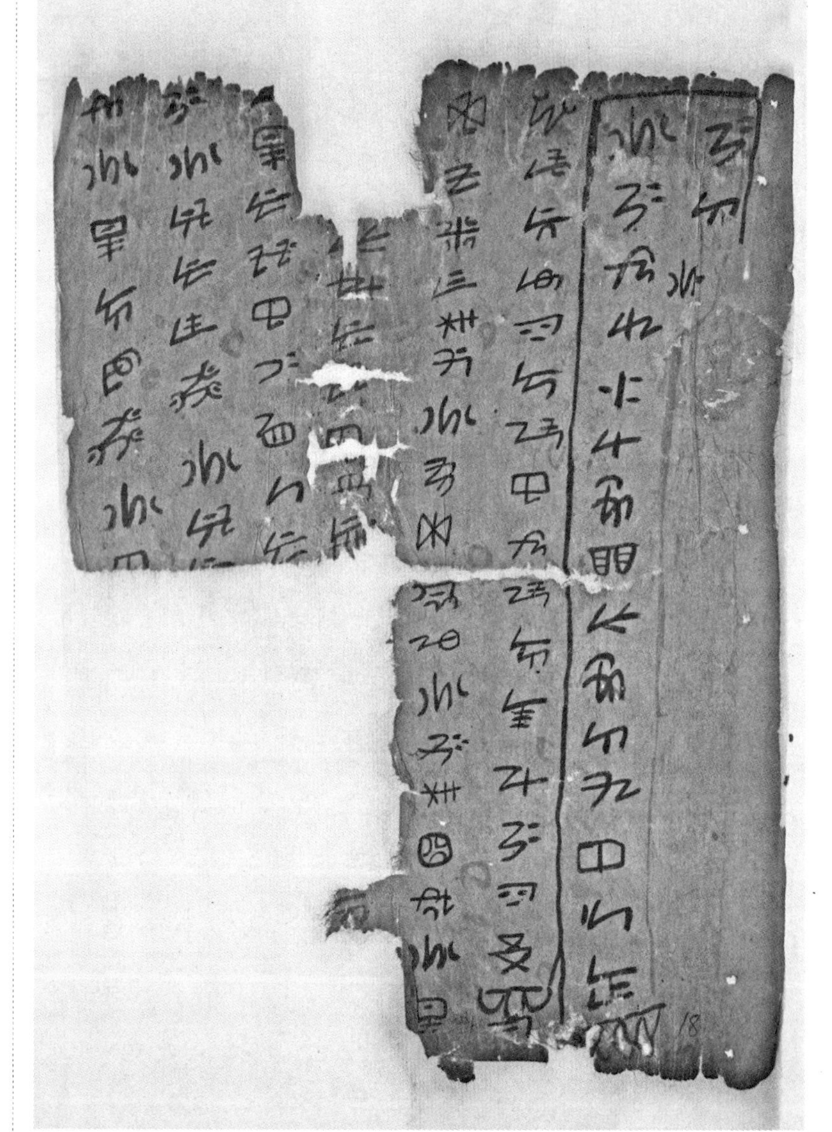

后　记

本书为民族文字出版资金资助项目，由云南人民出版社与楚雄彝族文化研究院联合申报。

楚雄彝族文化研究院经过三十多年的努力，先后收集到彝文古籍抄本、刻本700部，加上使用复印、拍照、借抄等措施共收集到彝文古籍1000余部，其中18部彝文古籍入选国家珍贵古籍名录。囿于篇幅，本书仅集录了其中16部，分别是：清乾隆年间《贿赂经》抄本，清嘉庆七年《指路经》抄本，清道光十年《指路经》抄本，清道光十八年《签书》抄本，清同治二年《彝族六祖源流》抄本，清光绪十六年《献水经》抄本，清光绪二十九年《献酒献茶经》抄本，明刻本《劝善经》，清乾隆十九年《卖查》，清乾隆三十二年《祭奠经》，清道光十年《池普纳氏族辖地及叙谱书》，清咸丰四年《叙谱续代书》，清光绪二十三年《祭场解口舌罪经》，清宣统三年《北方尼诺史》，清抄本《呗三小伙和叽红赛姑娘的故事》，清抄本《姑娘哭嫁调》。

用影印的方式公开出版彝文古籍，具有极其重要的现实价值和深远的历史意义，一是可以摆脱彝文作为世界六大古文字之一而深居闺中不为世人所知的境地，展示其独特的古老文字魅力；二是通过影印本公开出版的方式，为古彝文工作者、爱好者提供更加便利的条件；三是可以减轻珍贵彝文古籍的负担，使之减少或杜绝流通过程中人为损毁，以文物保护方式保留珍贵文物固有的表情。

与前期出版发行的彝文古籍编译类著作相比，本书具有彝文典籍本真面世的特色。

本书编撰人员在编撰过程中有分工、有合作，肖惠华、陈世聪、杨建林承担本书的编撰统筹与审定，罗文高负责具体编撰及统稿，钱丽云、施文贵承担汉文提要的撰稿，欧丽、朱成彦、王丽萍承担古籍扫描，普澄宇、张春艳、赵生燕、黄丽承担编务工作。同时，云南人民出版社陈浩东、熊凌、杜佳颖等同志为本书的编排、校对，付出了艰辛的努力，在此一并致谢！

楚雄彝族文化研究院

2017年12月